成功企业管理制度与表格典范丛书

企业内控管理必备
制度与表格典范

杨宗岳◎编著

企业管理出版社

图书在版编目（CIP）数据

企业内控管理必备制度与表格典范 / 杨宗岳编著.
—北京：企业管理出版社，2020.7
　ISBN 978-7-5164-2146-8

　Ⅰ.①企…　Ⅱ.①杨…　Ⅲ.①企业内部管理　Ⅳ.
①F272.3

中国版本图书馆CIP数据核字（2020）第091469号

书　　名	企业内控管理必备制度与表格典范
作　　者	杨宗岳
责任编辑	张　羿
书　　号	ISBN 978-7-5164-2146-8
出版发行	企业管理出版社
地　　址	北京市海淀区紫竹院南路17号　　邮编：100048
网　　址	http://www.emph.cn
电　　话	发行部（010）68701816　　编辑部（010）68701891
电子信箱	80147@sina.com
印　　刷	水印书香（唐山）印刷有限公司
经　　销	新华书店
规　　格	170毫米×240毫米　16开本　22.5印张　400千字
版　　次	2020年7月第1版　2020年7月第1次印刷
定　　价	68.00元

版权所有　翻印必究·印装错误　负责调换

PREFACE 前 言

　　成功的企业，其生存和发展能力都非常强，有的甚至维持上百年长盛不衰。企业之所以成功，原因之一是这些企业通常都聚集了一群优秀的管理者，而这些优秀的管理者又是靠什么来实现管理的呢？很简单，他们靠的是灵活运用管理方法、管理技能、管理体系、管理文书、管理流程等管理工具，进行科学的、规范的管理。

　　企业管理制度是企业员工在企业生产经营活动中须共同遵守的规定和准则的总称。企业管理制度的表现形式或组成包括企业组织机构设计、职能部门划分及职能分工、工作岗位说明、专业管理制度、工作方法或流程、管理表单等管理制度类文件。纵观成功的企业，自身无不拥有完善的管理制度、流程、表格体系，在制度化、流程化、表格化管理方面堪当表率。

　　任何企业的管理都是一个系统工程，要使这个系统正常运转，实现高效、优质、高产、低耗，就必须运用科学的方法、手段和原理，按照一定的运营框架，对企业的各项管理要素进行规范化、程序化、标准化设计，形成有效的管理运营机制，即实现企业的规范化管理。

　　企业管理制度主要由编制企业管理制度的目的、编制依据、适用范围、管理制度的实施程序、管理制度的编制形成过程、管理制度与其他制度之间的关系等因素组成，其中属于规范性的因素有管理制度的编制目的、编制依据、适用范围及其构成等；属于规则性的因素有构成管理制度实施过程的环节、具体程序，控制管理制度实现或达成期望目标的方法及程序，形成管理制度的过程，完善或修订管理制度的过程，管理制度生效的时间，与其他管理制度之间的关系。

　　企业管理制度是企业各项管理制度的规范性实施与创新活动的产物，通俗地讲，企业管理制度＝规范＋规则＋创新。一方面，企业管理制度的编制须按照一定的规范来进行，企业管理制度的编制在一定意义上讲也是企业管理制度的创新，企业管理制度的创新过程就是企业管理制度文件的设计和编制，这种设计或创新是有其相应的规则或规范的。另一方面，企业管理制度的编制或创新是具有规则的，起码的规则就是结合企业实际，按照事物的演变过程，依循事物发展过程中内在的本质规律，依据企业管理的基本原理，实施创新的方法或原则，进行编制或创新，形成规范。

为了帮助企业完善制度体系，我们组织相关专家、学者编写了"成功企业管理制度与表格典范丛书"，本套丛书包括8个管理模块，每个模块独立成书。具体为：《行政管理必备制度与表格典范》《客户管理必备制度与表格典范》《企业内控管理必备制度与表格典范》《人力资源管理必备制度与表格典范》《营销管理必备制度与表格典范》《安全管理必备制度与表格典范》《财务管理必备制度与表格典范》和《供应链管理必备制度与表格典范》。

本套丛书最大的特点是具有极强的实操性和可借鉴性，它提供了大量的制度、表格范本，所有的范本都是对成功企业制度的解读，可供读者参考。

本套丛书可以作为企业管理人员、工作人员、培训人员在制定本企业管理制度时的参照范本和工具书，也可供企业咨询师、高校教师和专家学者做实务类参考指南。

由于编者水平有限，加之时间仓促、参考资料有限，书中难免出现疏漏与缺憾，敬请读者批评指正。

CONTENTS 目 录

第一章 组织架构内部控制 ... 1

第一节 组织架构内部控制制度设计要领 ... 2
一、建立和完善组织架构的意义 ... 2
二、组织架构设计的内部控制 ... 2

第二节 组织架构内部控制制度 ... 5
一、组织架构管理制度 ... 5
二、组织职位管理制度 ... 10
三、组织架构调整管理制度 ... 16

第三节 组织架构内部控制表格 ... 18
一、部门决策权一览表 ... 18
二、定岗定员定编汇总表 ... 18
三、组织架构变更申请单 ... 19

第二章 发展战略业务内部控制 ... 21

第一节 发展战略业务内部控制要点 ... 22
一、发展战略制定的内部控制 ... 22
二、发展战略实施的内部控制 ... 23
三、发展战略转型的内部控制 ... 25

第二节 发展战略内部控制制度 ... 26
一、发展战略管理制度 ... 26

二、战略规划管理制度 29

第三节　发展战略内部控制表格 33
　　　一、业务战略规划项目计划书模板 33
　　　二、机会判断性行业／项目研究报告模板 33
　　　三、拟进入业务研究／评估报告模板 35
　　　四、现有业务战略规划调整报告模板 36
　　　五、战略规划书（参考） 37

第三章　全面预算业务内部控制 41

第一节　全面预算业务内部控制要领 42
　　　一、全面预算管理应关注的风险 42
　　　二、全面预算岗位分工与授权批准 42

第二节　全面预算业务内部控制制度 43
　　　一、集团公司全面预算内部控制制度 43
　　　二、预算管理内部控制业务流程规范 47

第三节　全面预算业务内部控制表格 50
　　　一、预算外资金使用审批表 50
　　　二、资金使用申请审批表 51
　　　三、预算调整申请表 52
　　　四、预算调整通知书 52

第四章　人力资源业务内部控制 53

第一节　人力资源业务内部控制要领 54
　　　一、人力资源管理应关注的主要风险与控制 54
　　　二、人力资源的引进与开发控制 54
　　　三、人力资源的使用与退出控制 57

第二节　人力资源业务内部控制制度 58
　　　一、人力资源内部控制制度 58
　　　二、人力资源管理内部控制业务实施细则 66

第三节　人力资源业务内部控制表格...73
　　一、人力资源需求申请表...73
　　二、部门年度人力需求计划表...74
　　三、年度人力需求计划报批表...74
　　四、招聘计划表...75
　　五、录用决定审批表...76
　　六、请假申请单...77
　　七、外勤／补休申请单...77
　　八、员工晋升申请表...78
　　九、管理职务晋升推荐表（主管及以上人员适用）...78
　　十、员工调薪申请表...79
　　十一、薪资变动申请表...80

第五章　研发业务内部控制...81

第一节　研发业务内部控制要点...82
　　一、研发业务应关注的风险...82
　　二、研发业务的内控措施...82

第二节　研发业务内部控制制度...86
　　一、研发业务内部控制办法...86
　　二、研发部内部控制循环管理办法...89

第三节　研发管理内控管理表格...93
　　一、项目建议书...93
　　二、设计开发任务书...94
　　三、设计开发计划书...94
　　四、设计开发评审报告...95
　　五、试产可行性报告...95
　　六、设计开发确认报告...96
　　七、设计开发更改表...97
　　八、设计变更通知单...97
　　九、图纸控制状态清单...98

第六章　合同管理业务内部控制ㆍㆍㆍㆍㆍㆍㆍㆍㆍㆍㆍㆍㆍㆍㆍㆍㆍㆍㆍㆍㆍㆍㆍㆍㆍㆍㆍㆍ99

第一节　合同管理内部控制要领ㆍㆍㆍㆍㆍㆍㆍㆍㆍㆍㆍㆍㆍㆍㆍㆍㆍㆍㆍㆍㆍㆍ100
一、合同管理应关注的风险ㆍㆍㆍㆍㆍㆍㆍㆍㆍㆍㆍㆍㆍㆍㆍㆍㆍㆍㆍㆍㆍㆍㆍㆍㆍ100
二、合同管理的总体要求ㆍㆍㆍㆍㆍㆍㆍㆍㆍㆍㆍㆍㆍㆍㆍㆍㆍㆍㆍㆍㆍㆍㆍㆍㆍㆍ100
三、合同管理的内控措施ㆍㆍㆍㆍㆍㆍㆍㆍㆍㆍㆍㆍㆍㆍㆍㆍㆍㆍㆍㆍㆍㆍㆍㆍㆍㆍ100
四、合同管理的后评估控制ㆍㆍㆍㆍㆍㆍㆍㆍㆍㆍㆍㆍㆍㆍㆍㆍㆍㆍㆍㆍㆍㆍㆍㆍ104

第二节　合同管理内部控制制度ㆍㆍㆍㆍㆍㆍㆍㆍㆍㆍㆍㆍㆍㆍㆍㆍㆍㆍㆍㆍㆍㆍ104
一、合同管理内部控制办法ㆍㆍㆍㆍㆍㆍㆍㆍㆍㆍㆍㆍㆍㆍㆍㆍㆍㆍㆍㆍㆍㆍㆍㆍ104
二、合同审计管理办法ㆍㆍㆍㆍㆍㆍㆍㆍㆍㆍㆍㆍㆍㆍㆍㆍㆍㆍㆍㆍㆍㆍㆍㆍㆍㆍㆍ108

第三节　合同管理内部控制表格ㆍㆍㆍㆍㆍㆍㆍㆍㆍㆍㆍㆍㆍㆍㆍㆍㆍㆍㆍㆍㆍㆍ115
一、合同审批单ㆍㆍㆍㆍㆍㆍㆍㆍㆍㆍㆍㆍㆍㆍㆍㆍㆍㆍㆍㆍㆍㆍㆍㆍㆍㆍㆍㆍㆍㆍㆍ115
二、合同备案清单ㆍㆍㆍㆍㆍㆍㆍㆍㆍㆍㆍㆍㆍㆍㆍㆍㆍㆍㆍㆍㆍㆍㆍㆍㆍㆍㆍㆍㆍ115
三、合同履约监控表ㆍㆍㆍㆍㆍㆍㆍㆍㆍㆍㆍㆍㆍㆍㆍㆍㆍㆍㆍㆍㆍㆍㆍㆍㆍㆍㆍㆍ116
四、合同变更审批会签单ㆍㆍㆍㆍㆍㆍㆍㆍㆍㆍㆍㆍㆍㆍㆍㆍㆍㆍㆍㆍㆍㆍㆍㆍㆍ116

第七章　工程项目业务内部控制ㆍㆍㆍㆍㆍㆍㆍㆍㆍㆍㆍㆍㆍㆍㆍㆍㆍㆍㆍㆍㆍㆍㆍㆍㆍ119

第一节　工程项目业务内部控制要领ㆍㆍㆍㆍㆍㆍㆍㆍㆍㆍㆍㆍㆍㆍㆍㆍㆍㆍ120
一、企业至少应当关注的工程项目风险ㆍㆍㆍㆍㆍㆍㆍㆍㆍㆍㆍㆍㆍㆍ120
二、工程项目内控的职责分工与授权批准控制ㆍㆍㆍㆍㆍㆍㆍㆍ120
三、工程立项的内部控制ㆍㆍㆍㆍㆍㆍㆍㆍㆍㆍㆍㆍㆍㆍㆍㆍㆍㆍㆍㆍㆍㆍㆍㆍㆍ121
四、工程设计的内部控制ㆍㆍㆍㆍㆍㆍㆍㆍㆍㆍㆍㆍㆍㆍㆍㆍㆍㆍㆍㆍㆍㆍㆍㆍㆍ122
五、工程招标的内部控制ㆍㆍㆍㆍㆍㆍㆍㆍㆍㆍㆍㆍㆍㆍㆍㆍㆍㆍㆍㆍㆍㆍㆍㆍㆍ123
六、工程建设的内部控制ㆍㆍㆍㆍㆍㆍㆍㆍㆍㆍㆍㆍㆍㆍㆍㆍㆍㆍㆍㆍㆍㆍㆍㆍㆍ124
七、工程验收的内部控制ㆍㆍㆍㆍㆍㆍㆍㆍㆍㆍㆍㆍㆍㆍㆍㆍㆍㆍㆍㆍㆍㆍㆍㆍㆍ126

第二节　工程项目业务内部控制制度ㆍㆍㆍㆍㆍㆍㆍㆍㆍㆍㆍㆍㆍㆍㆍㆍㆍㆍ128
一、工程项目内部控制制度ㆍㆍㆍㆍㆍㆍㆍㆍㆍㆍㆍㆍㆍㆍㆍㆍㆍㆍㆍㆍㆍㆍㆍ128
二、工程款支付管理办法ㆍㆍㆍㆍㆍㆍㆍㆍㆍㆍㆍㆍㆍㆍㆍㆍㆍㆍㆍㆍㆍㆍㆍㆍㆍ135

第三节　工程项目业务内部控制表格ㆍㆍㆍㆍㆍㆍㆍㆍㆍㆍㆍㆍㆍㆍㆍㆍㆍㆍ137
一、工程项目设计评审报告ㆍㆍㆍㆍㆍㆍㆍㆍㆍㆍㆍㆍㆍㆍㆍㆍㆍㆍㆍㆍㆍㆍㆍ137
二、施工方案审批会签栏ㆍㆍㆍㆍㆍㆍㆍㆍㆍㆍㆍㆍㆍㆍㆍㆍㆍㆍㆍㆍㆍㆍㆍㆍㆍ138

三、工程付款申请表 139
四、合同履行情况会签表 140
五、工程款支付证书 141
六、工程款支付申请（核准）表 141
七、工程合同款支付控制汇总表 142
八、拨款申请单 143

第八章 采购管理业务内部控制 **145**

第一节 采购管理业务内部控制要领 **146**
一、采购业务内部控制的目标 146
二、采购业务中重要的职务分离 146
三、采购业务各环节的管控措施 147
四、采购业务的后评估控制 150

第二节 采购管理业务内部控制制度 **151**
一、采购与付款内部控制制度 151
二、物资采购管理制度 156

第三节 采购管理业务内部控制表格 **159**
一、采购程序及准购权限表 159
二、采购作业授权表 159
三、请购单 160
四、采购合同审批表 160
五、预付款申请单 161
六、请款单 161
七、付款申请单 162

第九章 销售业务内部控制 **163**

第一节 销售业务内部控制要点 **164**
一、销售计划管理的内控措施 164
二、客户开发与信用管理的内控措施 164
三、销售定价的内控措施 165

  四、订立销售合同的内控措施 165

  五、发货的内控措施 165

  六、收款的内控措施 166

  七、客户服务的内控措施 166

  八、会计系统的内部控制 167

 第二节 销售业务内部控制制度 **168**

  一、销售与收款内部控制制度 168

  二、销售与收款流程内部控制办法 171

 第三节 销售业务内部控制表格 **183**

  一、销售政策总表 183

  二、市场营销方案执行表 183

  三、产品价格估算表 184

  四、产品定价分析表 185

  五、销售合同评审表 186

  六、销售合同统计表 186

  七、合同履行跟踪表 187

  八、商品订货单 187

  九、订货登记表 188

  十、订货统计表 188

  十一、商品发货单 188

  十二、销售账款回收计划表 189

  十三、催款通知单 189

  十四、收款通知单 190

第十章 资金管理业务内部控制 **191**

 第一节 资金管理内部控制要点 **192**

  一、货币资金的内部控制目标 192

  二、货币资金的内部控制环境 192

  三、筹资活动的内部控制 193

  四、投资活动的内部控制 194

  五、资金营运活动内部控制 195

第二节 资金管理内部控制制度..................................198
  一、货币资金内部控制制度..................................198
  二、对外投资管理制度..................................203
  三、集团筹资内部控制制度..................................211

第三节 资金管理内部控制表格..................................214
  一、资金支出计划表..................................214
  二、部门用款计划表..................................214
  三、资金收入、支出计划表..................................215
  四、公司用款计划汇总表..................................216
  五、公司收入计划汇总表..................................216
  六、公司用款计划执行情况表..................................216
  七、公司收入计划执行情况表..................................217
  八、货币资金周（日）报表..................................217
  九、融资成本分析表..................................218
  十、融资审批表..................................218
  十一、贷款申请表..................................219
  十二、贷款明细表..................................221
  十三、投资收益分析表..................................221
  十四、公司投资计划表..................................221
  十五、短期投资月报表..................................222

第十一章 资产管理业务内部控制..................................223

第一节 资产管理业务内部控制要点..................................224
  一、资产管理应关注的风险..................................224
  二、存货的内部控制..................................224
  三、固定资产的内部控制..................................226
  四、无形资产各环节的内部控制..................................228

第二节 资产管理业务内部控制制度..................................229
  一、固定资产内部控制制度..................................229
  二、无形资产日常管理内部控制规定..................................237
  三、存货内部控制制度..................................241

第三节　资产管理业务内部控制表格 244
一、固定资产购置申请表 244
二、固定资产入库验收单 245
三、固定资产使用保管登记表 245
四、固定资产报废申请表 245
五、固定资产领用责任状 246
六、固定资产盘点统计表 246
七、公司内部专利申请表 246
八、专利奖励申请表 247
九、存货盘点表 248
十、存货动态表 249

第十二章　担保业务内部控制 251

第一节　担保业务内部控制要点 252
一、担保业务应关注的风险 252
二、担保业务的职责分工与授权批准 252
三、担保业务的关键控制点和主要管控措施 253

第二节　担保业务内部控制制度 257
一、担保业务内部控制办法 257
二、对外担保管理制度 261

第三节　担保业务内部控制表格 267
一、委托担保申请书 267
二、申保企业基本情况表 268
三、对外担保明细表 270

第十三章　业务外包内部控制 271

第一节　业务外包内部控制要点 272
一、业务外包应关注的风险 272
二、业务外包的管控措施 272

第二节	业务外包风险与内部控制制度	276
	一、业务外包内部控制制度	276
	二、业务外包流程管理规范	281
第三节	业务外包风险与内部控制表格	285
	一、承包方资质审查表	285
	二、外包项目保密协议书	286

第十四章 财务报告业务内部控制 ... 287

第一节	财务报告内部控制要点	288
	一、财务报告内部控制的目标	288
	二、财务报告编制阶段的管控措施	288
	三、财务报告对外提供阶段的管控措施	291
	四、财务报告分析利用阶段的管控措施	293
第二节	财务报告内部控制制度	294
	一、财务报告内部控制办法	294
	二、财务报告业务流程规范	297

第十五章 内部信息传递内部控制 ... 303

第一节	内部信息传递内部控制要点	304
	一、内部信息传递的内控总体要求	304
	二、内部信息传递的管控措施	305
	三、反舞弊	307
第二节	内部信息传递内部控制制度	309
	一、内部信息传递内部控制办法	309
	二、内部信息传递管理办法	311
第三节	内部信息传递内部控制表格	315
	一、销售部信息外传登记表	315
	二、销售部信息接收表	315
	三、市场部信息外传表	316

四、市场部信息接收表 317

五、售后服务部信息外传表 317

六、售后服务部信息接收表 317

七、行政部信息外传表 318

八、行政部信息接收表 318

九、财务部信息外传表 319

第十六章 信息系统业务内部控制 321

第一节 信息系统内部控制要点 322

一、信息系统内控的岗位分工与授权审批 322

二、信息系统开发的内部控制 323

三、信息系统运行与维护的内部控制 326

第二节 信息系统内部控制制度 328

一、信息系统内部控制办法 328

二、信息系统软件变更管理制度 335

第三节 信息系统内部控制表格 338

一、网络安全系统检查审计数据备份表 338

二、涉密计算机日常审计记录表 338

三、设备审计系统检测记录表 339

四、设备审计系统审计数据备份表 339

五、安全钥匙领用申请表 340

六、系统变更申请表 340

七、用户测试报告 341

八、程序变更验收报告 342

第一章

组织架构内部控制

第一节 组织架构内部控制制度设计要领

组织架构是指企业按照国家有关法律法规、股东（大）会决议、企业章程，结合本企业实际，明确董事会、监事会、经理层和企业内部各层级机构设置、职责权限、人员编制、工作程序和相关要求的制度安排。

一、建立和完善组织架构的意义

企业无论是处于新建、重组改制还是存续状态，要实现发展战略，就必须把建立和完善组织架构放在首位。否则，其他方面都无从谈起。
（1）建立和完善组织架构可以促进企业建立现代企业制度。
（2）建立和完善组织架构可以有效防范和化解各种舞弊风险。
（3）建立和完善组织架构可以为强化企业内部控制建设提供重要支撑。

二、组织架构设计的内部控制

企业在设计组织架构时，必须考虑内部控制的要求，合理确定管理层及内部各部门之间的权力和责任，并建立恰当的报告关系。

1. 组织架构设计的原则

组织架构设计至少应当遵循以下几项原则：
（1）依据法律法规设计。治理结构的设计必须遵循《公司法》等法律法规的要求。
（2）有助于实现企业发展战略。组织架构设计应当以企业发展目标和战略规划为中心和出发点，要有利于企业形成核心竞争力。
（3）符合管理控制要求。组织架构的设计应当考虑企业内部控制的需要。
（4）能够适应内外环境变化。组织架构设计应当与企业的市场环境、行业特征、经营规模等相适应。

2. 治理结构的设计

（1）治理结构设计的一般要求。
企业治理结构的设计必须符合《公司法》及其他有关法律法规的要求，一般涉及股东（大）会、董事会、监事会和经理层，如下表所示。

企业治理结构设计应遵循的法规要求

序号	治理层次	具体说明
1	股东（大）会	股东（大）会是股东按照法定的方法和程序，决定投资计划、经营方针、选举和更换董事与监事并决定其报酬等重大事项的权力机构
2	董事会	董事会是企业最高决策机构，接受股东（大）会委托，负责企业发展战略和资产经营，并在必要时撤换不称职的经理人员
3	监事会	监事会是股东（大）会领导下的监督机构，与董事会并立，依法监督企业董事、经理和其他高级管理人员的履职情况
4	经理层	经理层包括经理和其他高级管理人员，由董事会委任，具体负责企业生产经营管理工作

（2）上市公司治理结构设计的特殊要求。

上市公司具有重大公众利益，须对投资者和社会公众负责。因此，上市公司治理结构的设计应当充分地反映"公众性"特点，其特殊要求主要如下表所示。

上市公司治理结构设计的特殊要求

序号	特殊点	具体说明
1	独立董事制度	（1）上市公司董事会应当设立独立董事，独立董事由与聘请他的上市公司及其主要股东不存在可能妨碍其进行独立客观判断的人员担任 （2）独立董事不得在上市公司担任除独立董事外的其他任何职务 （3）独立董事对上市公司及全体股东负有诚信与勤勉义务，应当按照有关法律法规和公司章程的规定独立履行职责
2	董事会专业委员会	（1）上市公司董事会应当根据治理需要，按照股东大会的有关决议设立战略决策、审计、提名、薪酬与考核等专门委员会 （2）董事会各专业委员会、审计委员会、薪酬与考核委员会中独立董事应当占多数并担任负责人，审计委员会中至少应有一名独立董事是会计专业人士
3	董事会秘书	（1）上市公司应当设董事会秘书，以及设立由其负责管理的信息披露事务部门（即董秘办） （2）董事会秘书为上市公司高级管理人员，对上市公司和董事会负责，由董事长提名，董事会任免

（3）国有独资公司治理结构设计的特殊要求。

国有独资公司是我国在利用公司制对国有企业进行制度创新过程中产生的，是我国社会主义市场经济体制中较为独特的一类企业群体。为此，其治理结构的设计应充分地反映企业自身的特色，其特殊之处主要表现在以下几方面：

表现一：国有资产监督管理机构代行股东（大）会职权。国有独资公司不设股东（大）会，由国有资产监督管理机构行使股东（大）会职权。国有独资公司董事会可以根据授权部分行使股东（大）会的职权

表现二：国有独资公司董事会成员中应当包含职工代表。国有独资公司董事长、副董事长由国有资产监督管理机构从董事会成员中指定产生。

| 表现三 | 国有独资公司监事会成员不得少于5人，其中职工代表的比例不得低于1/3 |
| 表现四 | 外部董事由国有资产监督管理机构提名推荐，由任职公司以外的人员担任 |

3. 内部机构的设计

内部机构的设计是组织架构设计的重要环节，具体包括职能机构的设置、岗位职责的划分以及权限体系的分配。

（1）职能机构的设置。

常见的职能机构包括规划、设计、采购、生产、销售、会计、审计、人力资源、法律、后勤等。一般而言，内部职能机构的设置不宜过于复杂，相同或类似的职能应该由同一机构负责，从而有利于业务的开展、信息的沟通和权力的制衡，但对于不相容的职能，必须严格设置不同的内部职能机构。

（2）岗位职责的划分。

企业应当对内部各职能机构的职责进行科学合理的分解，确定具体岗位的名称、职责和工作要求等，明确各个岗位的权限和相互关系。企业在确定职权和岗位分工过程中，应当着重体现不相容职务相互分离的控制要求。

（3）权限体系的分配。

组织架构指引明确规定，企业应当制定组织结构图、业务流程图、岗（职）位说明书和权限指引等内部管理制度或相关文件，使员工了解和掌握组织架构设计及权责分配情况，正确履行职责。

4. 对"三重一大"的特殊考虑

"三重一大"问题，即"重大决策、重大事项、重要人事任免及大额资金支付业务"问题。组织架构指引明确要求，企业的重大决策、重大事项、重要人事任免及大额资金支付业务，必须按照规定的权限和程序实行集体决策审批或者联签制度，任何个人不得单独作出决策或者擅自改变集体决策意见。一般而言，"三重一大"应当包括下表所列的内容。

"三重一大"的事项说明

序号	三重一大	事项说明
1	重大决策	（1）企业的发展方向、经营方针，中长期发展规划等重大战略管理事项 （2）资产损失核销、重大资产处置、利润分配和弥补亏损、增加和减少注册资本 （3）年度生产经营计划、企业年度工作报告，财务预算、决算，从事高风险经营以及内部机构设置、职能调整等重大生产经营管理事项 （4）企业改制重组、兼并、破产、合并、分立、解散或者变更公司，国（境）外注册公司、投资参股、重大收购或购买上市公司股票

续表

序号	三重一大	事项说明
1	重大决策	（5）企业薪酬分配以及涉及职工重大切身利益等重大利益调配事项 （6）需要提交股东会、董事会审议决定的事项 （7）有关企业全局性、方向性、战略性的其他重大事项
2	重大事项	（1）年度投资计划和融资、担保项目 （2）计划外追加投资项目 （3）重大、关键性的设备引进和重要物资设备购置等重大招投标管理项目 （4）重大工程承发包项目以及其他重大项目的安排
3	重要人事任免	（1）对本企业中层以上经营管理人员（包括重大项目负责人和重要管理岗位人员）以及所属二级子企业领导班子成员的选聘、任免 （2）向控股、参股企业委派或更换股东代表（包括委派高级经营管理人员），推荐董事会、监事会成员；对后备人才的管理 （3）涉及本企业中层以上经营管理人员以及所属二级子公司领导班子成员的重要奖惩 （4）与其他人事任免相关的重要事项
4	大额资金支付业务	（1）年度计划的大额度资金使用，以及较大额度预算外资金使用 （2）较大额度的非生产性资金使用以及重大捐赠、赞助 （3）其他大额度资金使用

第二节 组织架构内部控制制度

一、组织架构管理制度

标准文件		组织架构管理制度	文件编号	
版次	A/0		页次	

1. 目的

为了规范和加强公司的组织架构管理，优化治理结构、管理体制和运行机制，建立科学的组织架构体系，明确各部门职责和权限，根据《企业内部控制基本规范》《企业内部控制应用指引》《公司组织架构管理制度》的规定，并结合公司实际，特制定本制度。

2. 适用范围

本制度规定了公司在内部机构设置、机构调整、职能调整、机构更名和机构撤销等方面的职责权限和工作程序，适用于公司组织架构管理活动。

3. 定义

3.1 本制度所称组织架构，是指公司整体的结构，是在公司管理要求、管控定位、管理模式及业务特征等多因素影响下，公司内部组织资源、搭建流程、开展业务、落实管理的基本要素，也是公司内部明确管理层和公司内部各层级机构设置、职责权限、工作程序和相关要求的制度安排，一般可用组织机构图来简单地表示。

3.2 本制度所称组织架构设计，亦称组织设计，是指对组织架构的组成要素和它们之间联接方式的设计，它是根据组织目标和组织活动的特点，划分管理层次，确定组织系统，选择合理的组织架构形式的过程。

4. 原则

4.1 目标一致原则。公司及各组织机构的目标必须和决策层确定的战略目标保持高度一致。

4.2 职责分明原则。组织中的职权必须明确，使每一项管理职能都能落实到一个执行机构。职责既不能过于分散，又不能呈现多头领导，造成互相扯皮推诿。

4.3 责权对等原则。组织职能与权限必须对等，任何组织都必须拥有相应的权力，以保证这个组织能够合法有效地履行职责。

4.4 控制幅度原则。企业设计组织架构时，应尽量地减少管理层级。适当的组织扁平化可破除公司自上而下的垂直结构，减少管理层次，增加管理幅度，达到使组织变得灵活、敏捷、富有柔性、创造性的目的。

4.5 分工协作和专业化原则。分工协作和专业化管理不仅能提高劳动生产率，而且能发挥整体效益。公司能否最大程度地发挥整体效益，取决于组织机构的专业分工与相互协调程度。

4.6 效率优先、兼顾成本的原则。企业组织设计时，在保证管理效率的前提下，要充分考虑管理成本因素。

5. 职责

5.1 总经理办公会

负责公司机构设置、调整、更名、撤销和公司职能调整方案的决策。

5.2 公司总经理

5.2.1 负责审核组织机构调整方案和公司职能调整方案。

5.2.2 批准班组的设置、调整、更名和撤销。

5.2.3 批准部门组建方案或部门职责。

5.3 综合办公室

是公司组织机构管理的主管部门。

5.3.1 负责机构调整方案或职能调整方案的拟订、组织实施。

5.3.2 负责班组调整的审核、组织实施。

5.3.3 负责部门组建方案和部门职责的组织编制和审核。
5.4 各部门
5.4.1 负责本部门或班组调整的提议和申请。
5.4.2 负责本部门的部门职责的起草。
5.4.3 负责本部门或班组职责的制（修）订。

6. 程序

6.1 组织机构管理职权

6.1.1 总经理办公会。

（1）决定公司的经营方针、经营计划和投资方案。

（2）制订公司的年度财务预算方案、决算方案。

（3）决定公司内部管理机构的设置。

（4）制定公司的基本管理制度。

（5）决定公司层管理人员的权责分工。

6.1.2 总经理由公司总经理办公室任命，行使下列职权：

（1）主持公司的研发经营管理工作。

（2）组织实施公司年度经营计划和投资方案。

（3）拟定公司内部管理机构设置方案。

（4）拟定公司的基本管理制度。

（5）制定公司的具体规章。

（6）提请聘任或解聘公司副总经理、财务负责人和其他高级管理人员。

（7）聘任或解聘中层管理人员。

（8）召集和主持总经理办公会议，总经理办公会议由总经理、副总经理及其他高级管理人员参加。

（9）决定对公司员工的奖惩，包括升级或降级、加薪或减薪、聘任、雇用、解聘、辞退。

（10）在公司的授权范围内，行使抵押、出租、分包或转让公司资产的权力。

（11）副总经理协助总经理工作，并对总经理负责。副总经理的聘任由总经理提名，公司任命。

6.1.3 公司各部门负责人均由总经理聘任，全权负责本部门职责范围内的管理工作。各级管理机构或管理者行使权限时，应遵循以下规则：

（1）指示与命令应自上而下逐级下达。

（2）下级应以不妨碍上级指挥、监督和控制为前提，严格执行上级下达的指示和命令，上级应注意不要干涉下级正常行使权限。

（3）涉及跨部门的业务，相关部门应主动联系并有效地协调解决。

（4）执行情况与结果，应及时、准确、全面地逐级上报。

（5）管理者之间发生分歧或纠纷时，应按以下程序处理：

① 通过共同的上一级领导解决。

② 通过各自的上一级领导协调解决。

③ 提交总经理办公会议裁决。

6.1.4 公司的重大决策、重大事项、重要人事任免及大额资金支付业务等，应当按照规定的权限和程序实行集体决策审批，任何个人不得单独进行决策或者擅自改变集体决策意见。

6.1.5 各部门应按照科学、精简、高效的原则，合理地设置内部岗位编制，明确岗位职责、权限和相互之间的责、权、利关系，形成各司其职、各负其责、相互协调、相互制约的工作机制。

6.2 公司与各子公司的权责关系

6.2.1 总公司对各子公司行使管理权，指导除董事会、监事会之外内部组织机构的设立、调整。

6.2.2 各子公司基本责任：

（1）对本公司的经营管理以及相应的业务执行结果负责。

（2）对本公司的盈利状况、经济效益和生存发展负责。

（3）对提高企业内部管理水平和工作效率负责。

（4）对提高员工工作积极性，开发和合理利用人力、物力资源负责。

（5）对维护提高公司的整体经济效益和信誉形象负有相对责任。

（6）按照公司各职能部门有关规定和要求，及时、准确地提供和上报有关报表及相关资料。

（7）承担公司以其他方式所规定的责任。

6.2.3 各子公司基本权限：

（1）拟定并推行本公司的经营管理方针、目标、规划。

（2）设计本公司组织机构，聘免和配置副总经理以下管理人员，聘用和辞退各类员工。

（3）公司授权范围内的资金筹措、使用与管理以及债权债务转化与处置。

（4）依照公司有关资产管理原则和公司章程所限定的权限，对其所管理的资产享有使用维护权和增设交换处置权。

（5）按照公司有关规定，享有相应投资和经营项目的策划、筛选、决策权。

（6）在不突破工资总额的前提下，拥有自主分配权。

（7）与公司有关规定及公司章程不相抵触的其他生产经营和管理权限。

（8）上述以外未提到的权限，按公司章程的相关规定执行。

6.3 报告关系的适当性

6.3.1 公司管理层和各部门之间通过定期（每月或每季）会议、书面文件等形式建立良好的报告关系渠道。

6.3.2 公司内部汇报采用逐级汇报形式。除了各部门、企业管理层每年向公司管理层汇报以外，各部门、企业的业务部门定期（每月或每季）或根据工作需要随时向公司各归口业务部门汇报，以确保汇报及时、准确、对口。公司内部汇报均以签报形式呈送。

6.4 管理层职责及履职条件

6.4.1 公司应建立完善的岗位职责，对管理层的职责和权限进行明确定义。

6.4.2 公司要求管理层具备履行相关职责的知识和经验，通过岗位职责对管理层的任职资格、任职条件进行明确规定，对管理层的推荐选拔严格把关。

6.5 机构调整及员工配置

6.5.1 公司如因发展战略、经营环境、管理模式等发生变化需调整部门设置时，由人力资源部业务主管根据战略发展规划提出组织架构调整提议，经部门主管领导审核通过，报公司主管领导审核后，提交总经理办公会审议。审议通过后由综合办公室人力资源业务主管发文公布，并组织实施。综合办公室人力资源业务主管起草《组建方案》或《职能调整通知》，经主管领导审核通过，报公司主管领导审核后公布，并修订组织机构图。

6.5.2 公司各部门在工作中发现组织结构影响工作效率，或因出现新的业务、环境发生变化等原因需要增加或调整内部班组设置时，由部门提出书面申请，综合办公室人力资源业务主管、部门主管领导审核通过，并经生产计划部、财务部会签后，提交公司主管领导审核批准后，由综合办公室组织实施。

6.6 定期评估

6.6.1 公司各部门及各子公司每年对自身的组织结构运行的效率和效果进行评估。

6.6.2 组织架构评估要全面地分析组织架构设计运行中存在的缺陷，确保部门、岗位和人员设置及其运作模式满足实际经营管理工作的需要，并有效实施公司或各部门赋予的职能，形成评估报告。

6.7 组织架构管理风险

6.7.1 公司关注组织架构设计与运行中的下列风险：

（1）治理结构不合理，可能导致公司缺乏科学决策和运行机制，难以实现公司的发展战略和经营目标。

（2）组织架构不适当，结构层次不科学，责权分配不合理，可能导致机构臃肿、职能缺位、运行效率低下。

6.7.2 公司各类组织架构管理业务流程设计中，编制了相应的审核控制点，以避免和减少组织架构管理活动中各项风险的发生。

7. 监督、考核

7.1 综合办公室负责对各部门组织架构管理制度执行情况进行检查、监督和考核。

7.2 对各部门违反公司组织架构管理相关制度的现象和行为，按公司《综合管理考核办法》的规定执行。

拟定		审核		审批	

二、组织职位管理制度

标准文件		组织职位管理制度	文件编号	
版次	A/0		页次	

1. 目的

为确保××集团组织职位管理工作的高效运作，规范集团组织架构、职位设置、编制管理，特制定本制度。

2. 原则

集团组织架构与职位编制的设置均以满足集团的阶段战略发展目标为核心，体现以下原则：

2.1 战略发展，即组织设计满足经营发展需要、保障战略目标实现的原则。

2.2 精简高效，即在确保集团各项业务有效运作的前提下，简化组织与职位的设置，并充分考虑管理层次和管理幅度等因素，尽量减少管理层级，以确保决策效率。

2.3 流程优化，即设计精简的业务决策流程，尽可能使流程的关键环节由专业部门、专业职位完成，提高专业性的同时减少需要多方协调的环节。

2.4 责权明晰，即各部门设置应确保从上到下指挥统一、汇报关系明确，避免出现多头领导、权责不清。部门及岗位设置职责明确，避免出现职责交叉，关键职责不相容部门及职位必须分离。

2.5 风险管控，即通过合理的权利制衡机制，及全面的风险管理机制，组织与职位的设置及调整应基于集团各项业务的正常有效运作，不能基于例外情况，以保持一定的稳定性。

3. 适用范围

本制度适用于××集团总部及各事业部各部门。

4. 相关角色和职责

4.1 集团高层领导

集团高层领导包括总裁、常务副总裁、CFO、高级副总裁、副总裁、总裁助理，是集团组织架构与岗位、编制管理的最终决策者，其主要职责如下：

4.1.1 负责集团整体组织架构的设置与调整方案审批。

4.1.2 负责集团整体职位体系的设置及调整方案的审批。

4.1.3 负责集团年度编制预算报告及人员任免的审批。

4.2 集团人力资源部

集团人力资源部是组织架构与职位编制的管理部门，负责规范架构组织名称、职位编制的设置与调整，其具体职责如下：

4.2.1 负责集团组织职位管理制度的建立和修订。

4.2.2 负责集团总部及事业部组织架构与职位编制设置及调整的总体管理工作，每年定期组织对集团和事业部的组织设计进行审视回顾，并提出调整方案，报集团经营决策层审批。

4.2.3 负责审核集团总部部门组织架构与职位编制的设置与调整，并提出调整改进建议。

4.2.4 负责审核事业部 3 级以上部门组织架构设置和 5 级以上职位编制的设置与调整。

4.2.5 负责组织集团各部门及事业部各部门制订年度人员编制计划，对年度人员编制预算进行分析及核定汇总，并监督人员编制预算的执行情况。

4.2.6 负责集团组织架构图、职位职级图、人员编制计划等组织职位管理文件的编制与维护，以及 5 级以上职位设置的人事任免工作。

4.3 事业部人力资源部

各事业部人力资源部是组织架构与职位编制管理工作的监管和执行部门，在集团人力资源部的指导下工作，负责监督检查本事业部组织架构与职位编制计划的执行情况，其主要职责如下：

4.3.1 负责执行组织职位管理制度及事业部组织职位管理实施细则的制定。

4.3.2 每年定期对事业部的组织设计、职位设计进行审视回顾，并提出调整方案，报集团人力资源部审核。

4.3.3 负责事业部组织架构与职位编制的日常管理工作，执行每年对事业部各子公司组织设计的审视回顾，报集团人力资源部审核。

4.3.4 负责事业部 3 级以上组织单元（含 3 级）及 5 级以上（含 5 级）职位编制的设置与调整的提案，四级或四级以上组织单元及 5 级以下职位编制的设置与调整审核。

4.3.5 负责组织与指导事业部各部门完成年度部门职位编制计划，分析汇总形成年度人员编制预算并具体负责编制计划的监督与执行。

4.3.6 负责执行事业部组织架构图、职位职级图、人员编制计划等组织职位管理文件的编制与维护。

4.4 各部门

集团及事业部各部门是组织架构与职位编制管理的执行机构，参与部门组织架构与职位编制的调整与维护，包括职位设置、岗位定位与职责调整、职位说明书的撰写和修订、编制调整等。

5. 组织架构的设置与调整

5.1 组织架构的设置

集团各事业部组织架构的设置原则上可拆分为四级，每级组织架构为一级组织单元，四级以上的组织单元，由各事业部根据部门规模和业务性质不同需要来判断设置。

5.1.1 集团总部架构设置规范。

集团总部组织架构的设置共分为三级组织单元，一级组织单元为"中心"或"部"，二级以上组织单位为"部"或"组"，三级以上组织单位为"组"。

（1）"部"通常指职能相对单一领域的组织单元，业务相对单一而明确，部门间业务性质不同，比较多元化。

（2）"中心"一般指多个职能领域同时涵盖的一个组织单元，一般由多个相关的职能组织联合完成某特殊业务，在规模达到一定程度之后，增设二级组织单元为"部"的设置。

（3）如果一级组织单元为"中心"，下设的二级组织单元即为"部"；如果一级组织单元为"部"，下设的二级组织单元即为"组"。

5.1.2 事业部组织架构设置规范。

事业部组织架构的设置原则上共分为四级组织单元，一级组织单元为事业部名称，二级组织单元为事业部下设的职能部门和业务部门或下属单位名称，三级组织单元为事业部职能和业务部门下设的职能小组或事业部下设的业务单元部门、机构（如工厂或者销售城市办事处等），四级组织单元及四级以上组织单元由事业部根据部门规模和业务性质不同需要来判断设置。

5.1.3 组织架构设置原则。

集团各部门二级以上及事业部三级以上组织单元的设置，在部门规模和业务需要的前提下应满足以下条件：

（1）部门人数应达到一定规模（至少5人以上）。

（2）工作内容存在较大的跨度，专业分工差异较大。

5.2 组织架构的调整

5.2.1 当整体经营战略及部门级业务流程、部门职责分工发生变化时，通过分析组织架构的影响因素，识别组织架构的调整需求，具体如下：

（1）因集团发展战略或实现业务目标导致某一级组织单元发生新增设、或撤销或合并、拆分而引起的组织架构变化。

（2）因归属组织架构的部门职责增加、减少或业务流程变更或部门职责调整导致某一级组织单元发生合并、拆分或名称的调整，从而引起的当前组织架构的变化。

5.2.2 组织架构的调整审批。

由所属人力资源部识别并提出调整组织架构调整需求，相关各部门或各单位同时填写"组织架构调整审批表"并拟定《组织架构调整方案讨论稿》，报集团人力资源部，集团人力资源部对调整后部门的组织架构图、部门职责、岗位定位及人员编制等进行综合评审并报相关决策层审批，通过评审审批后须所属人力资源部依据组织管理文件的规定，更新事业部或部门《组织管理手册》文件，所属组织单元调整按照组织单元级别进行分级审批，具体如下：

（1）三级以上（含三级）组织单元的调整，经所属人力资源部和集团人力资源部审核，报各级主管领导和分管副总裁、常务副总裁批准后执行。

（2）四级以下（含四级）组织单元的调整，须由所属人力资源部和各级主管领导审核，报分管副总裁最终审批，由集团人力资源部执行。

（3）具体组织架构调整审批流程遵照《组织架构变更调整流程》及《权限指引》执行，并按照各级审批人设置进行分级审批。

6. 职位设置与调整

6.1 职位设置

6.1.1 职位类别：根据职位在组织中的角色性质不同共划分为四大序列，分别为高管类、管理类、专业类、操作类。

6.1.2 职位名称：根据该职位的工作内容、工作性质等因素确定，一般由该职位所在职位序列的职衔加上工作内容简称组成。

6.1.3 职位职级：运用科学的外部职位评估工具将组织架构下设置的职位共划分为1～14个级别，又根据职位职责区分每个职位在序列中的相对等级，形成职位的职级，每年定期对职位职级进行回顾。

6.1.4 职位设置的原则。

（1）业务不相容原则，在流程上存在相互监督的业务不能由同一岗位负责，例如会计与出纳不能由一人兼任。

（2）职能不重叠和交叉原则，同一业务应由同一（类）岗位或架构负责。

（3）根据工作量适当的原则设置岗位，通过工作量分析，工作量不饱满的不得设置独立岗位，应考虑与其他岗位合并或分担工作。在不相容业务的岗位不得由一人兼任，例如会计与出纳不能由一人兼任。

6.2 职位调整

6.2.1 当集团或事业部经营战略、组织结构、业务流程、岗位职责发生变化时，各部门可提出职位调整申请需求，主要包括组织架构规划、人岗匹配、职位名称等变化所导致的职位调整，具体如下：

（1）公司战略调整引起组织架构变化或部门职能分解，从而导致部门职位需要新增、撤销、合并和拆分。

（2）因业务流程变化或原有职位职责发生变更，职能增加或减少，从而导致职位名称的调整。

（3）因任职员工的能力有待提升或工作量不饱和等因素导致须将原职位评估职级降低或上调，从而导致职位名称的变化。

（4）其他对职位职责产生较大影响，导致职位需要进行调整的情况。

6.2.2 职位调整的审批。

由提出调整职位的部门填写"职位/编制调整审批表"并提交调整职位岗位工作量分析和职位说明书作为附件，所属人力资源部根据需职位调整部门的业务发展状况或现有人员能力及工作量分析等进行合理合规性审核，在避免出现因人设岗、工作量不饱和、职责重叠等基础上做出判定并给予审核意见，同时需对申请调整职位进行职位评估，根据建议调整职位的所属的职位职级后再进行分级审批，具体如下：

（1）5级以上（含5级）职位的增设、删减和职位职责等调整，需由事业部人力资源部初审后报集团人力资源部，由集团人力资源部根据集团业务发展需要提出职位调整意见，并经各级审批人审批。

（2）5级以下职位的增设、删减和职位职责等调整，需由各部门向所属事业部与人力资源部职位提出申请，由所属事业部人力资源部根据业务发展需要提出职位调整意见，并经各级审批人审批通过后，报集团人力资源部备案。

（3）具体审批流程遵照《职位编制调整流程》及《权限指引》执行，并按照各级审批人设置进行分级审批。

7. 编制管理

7.1 编制预算的确定

7.1.1 根据集团业务发展需要，依据和年度组织架构设置规划方案，结合集团的经营指标、人均利润、人均产量等指标，由集团各级人力资源部测算年度编制总量规划。

7.1.2 在确定编制总量的前提下，由各事业部各级人力资源部牵头组织各部门制订年度定岗定编计划，由所属人力资源部进行合理合规性审核。在规划编制时应充分考虑以下两个因素：

（1）按既定的组织架构，将年度经营计划分解到各部门的各个岗位，以确定每个岗位下一年度的工作任务和工作量。

（2）判断现有人员编制是否满足下一年度工作任务和工作量的需求。如果满足需求，则保持编制数量不变；如果超出或不满足需求，则进行编制变更。

7.1.3 各事业部人力资源部审核部门编制计划后，汇总制定《年度编制报告》，报集团人力资源部进行合理合规性审核，经各级高层领导审批，以确定年度编制预算。

7.2 编制预算的调整

当集团或事业部各部门因组织架构调整、新设立岗位或岗位业务量调整等因素需增加岗位编制时，可申请调整编制数量，审批程序如下：

7.2.1 由提出调整编制部门填写"岗位/编制调整审批表"并附上调整岗位编制的《岗位工作量分析》，经所属人力资源部报集团人力资源部和相关领导审批后，由集团人力资源部进行编制调整，具体如下：

（1）5级以上（含5级）岗位编制的增设、删减，须由所属人力资源部提出申请调整意见，报集团人力资源部进行合理合规性审核，再由各级审批人审核后报常务副总裁审批后执行。

（2）5级以下岗位编制的增设、删减，在不能调剂当前组织单元内各岗位编制时，可提出申请调整当前组织单元编制总数，须由所属人力资源部审核后报主管副总裁审批后执行。

7.2.2 各级岗位编制的调整由集团人力资源部统一执行，具体审批流程参见《职位编制调整流程》和《权限指引》中各审批节点设置，进行分级审批。

7.3 编制管控

7.3.1 5级以上（含5级）各序列岗位编制，按核定岗位的编制数量严格控制。

7.3.2 5级以下各序列岗位编制，按照当前部门级组织单元编制进行总数控制，在当前部门级组织单元内各岗位编制可相互调剂。

8. 组织管理文件

8.1《部门组织管理手册》

《部门组织管理手册》共包括以下五个部分的内容：

8.1.1 部门基本情况。主要描述部门的基本情况，包括部门的名称、主要职能概述、定岗及定编的总数，部门负责人及直接上级的岗位名称、所属单位等。

8.1.2 组织架构图。主要描述部门组织架构和职位设置情况，以指导年度的组织运作和组织管理，需根据部门职能和工作任务分工不同，设置制作部门的组织架构图，部门组织架构图必须体现具体的岗位。

8.1.3 部门职责。主要描述部门承担的主要职能领域和主要职责内容，需列出本部门的主要工作项并将主要工作项按模块分类，以确定主要职能领域。

8.1.4 岗位职能定位。主要描述部门岗位的设置、各岗位的职能定位。

8.1.5 定岗定编计划（含拟聘人员）。主要描述部门中各岗位职级的人员编制计划及匹配该编制岗位的人员配置建议。

8.2 《组织管理文件汇编》

由所在人力资源部根据确定的《部门组织管理手册》文件，编制事业部《组织管理文件汇编》，作为各部门年度组织管理的指导文件，主要包括：

8.2.1 组织架构图。依据集团经营计划和战略发展目标，分析组织架构的影响因素，选择最佳的组织架构表现模式，形成整体组织架构图，整体组织架构图的表现形式包括绘制设置到各单位的下属各部门，各部门的组织架构图必须体现具体的岗位。

8.2.2 部门职责。包括描述部门名称、所属单位、部门负责人的岗位，直接上级领导的岗位与部门工作职能领域和主要职责内容。

8.2.3 人员编制报告。包括各事业部各部门编制数量预算、部门级负责人任职匹配情况等。

拟定		审核		审批	

三、组织架构调整管理制度

标准文件		组织架构调整管理制度	文件编号	
版次	A/0		页次	

1. 目的

为了加强公司的组织及部门架构设置的规范性，确保组织架构满足公司战略的发展要求，保障公司的正常运营，特制定本制度。

2. 调整原则

2.1 反映公司战略：反映公司的五年发展战略定位及经营目标。

2.2 体现业务流程：按流程进行专业分工。

2.3 明确各自职责：部门、个人职责界定清晰。

2.4 提高运作效率：扁平化，有效授权，减少责任重叠。

3. 架构层面

3.1 公司架构：为保证公司战略目标的达成而设置的部门。

3.2 部门架构：为保证部门职能目标的达成而设置的岗位及其相互关系。

4. 组织架构调整

4.1 组织架构调整时机

正常情况下，公司每年对组织架构进行一次回顾，当遇到以下情况时，可以进行调整：

4.1.1 公司战略目标发生变化、业务发生重大转型、经营环境发生剧烈变化及发生并购、重组等。

4.1.2 公司因生产经营需要进行业务流程再造、管理创新、新技术引进及裁减人员等。

4.1.3 其他需要调整组织架构的因素出现。

4.2 公司架构调整的责任部门与流程

4.2.1 总经理：公司架构调整的审核者，主要监督公司架构运行情况。

4.2.2 办公室：公司架构调整的实施机构，主要职责是收集、整理、分析公司架构运营情况中存在的问题，并提交专项报告，为上级提供决策依据；根据总经理提出的公司架构调整建议，撰写公司架构调整的文本文件；组织开展公司架构调整工作。

4.3 各部门架构调整依据

正常情况下，部门架构根据公司架构调整进行同步调整，但是当遇到以下情况时，可临时进行调整：

4.3.1 部门职能发生变化。

4.3.2 国家政策、市场环境等因素发生重大变化导致岗位职责发生变化。

4.3.3 其他需要调整的情况。

4.4 各部门架构调整的责任部门与流程

4.4.1 总经理：部门架构调整的决策者，主要对部门架构调整作出最终决策。

4.4.2 办公室：部门架构调整的审核机构及组织机构，主要职责是监督部门架构运行情况；收集、整理、分析部门架构运营情况中存在的问题，并提交专项报告，为上级提供决策依据；组织开展部门架构调整工作；提出部门架构调整的审核意见。

4.4.3 各职能部门：主要负责提出部门架构调整建议并拟订调整方案；撰写部门架构调整的文本文件，上报办公室。

4.4.4 各部门协助进行岗位体系的调整与维护。

拟定		审核		审批	

第三节　组织架构内部控制表格

一、部门决策权一览表

部门决策权一览表

日期：

项目 决策类别	1级		2级		3级	
	状况	决定者	状况	决定者	状况	决定者

制表人：

备注：（1）新产品开发依其业务性质类别归属不同核决权限，这是业务的重要性所决定的。
　　　（2）决策权的类别或决定者要根据公司的发展以及组织结构的变化及时地进行更新，以适应公司的发展。

二、定岗定员定编汇总表

定岗定员定编汇总表

部门	部门人数	岗位	配岗人数	岗位工资	员工姓名

三、组织架构变更申请单

组织架构变更申请单

申请部门		申请人		申请日期	
变更类别	□新增部门　□拆分部门　□增加层级　□行政管理调整					
变更需求说明：					
变更具体说明：					
原组织架构示意图					
附后					
变更后组织架构示意图					
附后					
部门部长/区域经理意见：	事业部总经理/大区经理意见：	生产副总裁/销售副总裁意见：	总裁意见：	人力资源部执行变更确认：	

备注：1. 组织架构变更最低提出人员为部门主管。
　　　2. 事业部\销售区进行组织变更须提交给生产副总裁\销售副总裁审批。
　　　3. 所有组织架构变更必须经由总裁审批后方可变更。
　　　4. 人力资源部接到审批通过的申请单后应即时修订组织架构相关文件，企划部分发到各部级/区域级部门。
　　　5. 涉及人员职务变动的应填写员工异动单。

第二章

发展战略业务内部控制

第一节　发展战略业务内部控制要点

战略是长远规划，包括使命、愿景和目标。发展战略是企业在对现实状况和未来趋势进行综合分析和科学预测的基础上，制定并实施的中长期发展目标与战略规划。

一、发展战略制定的内部控制

1. 建立健全发展战略

（1）企业应当在董事会下设立战略委员会，或指定相关机构负责发展战略管理工作，履行相应职责。

战略委员会的主要职责是对企业长期发展战略和重大投资决策进行研究并提出建议，具体包括对企业的长期发展规划、经营目标、发展方针进行研究并提出建议，对企业涉及产品战略、市场战略、营销战略、研发战略、人才战略等经营战略进行研究并提出建议，对企业重大战略性投资、融资方案进行研究并提出建议，对企业重大资本运作、资产经营项目进行研究并提出建议等。

（2）在内部机构中设置专门的部门或指定相关部门，承担战略委员会有关具体工作。

2. 综合分析评价影响发展战略的内（外）部因素

企业要综合分析评价影响发展战略的内（外）部因素，如下表所示。

影响发展战略的内外部因素

外部因素	内部因素
（1）与经济有关的因素——包括价格变动、资本的可获得性，或者竞争性准入的较低障碍，它们会导致更高或更低的资本成本以及出现新的竞争者 （2）自然环境因素——包括洪水、火灾或地震，它们会导致工作场所或建筑物的损失，限制获取原材料，或者人力资本的损失 （3）政治因素——包括新的法律和监管等，它们会导致诸如对国外市场新的开放或限制进入，或者更高或更低的税收 （4）社会因素——包括人口统计、社会习俗、家庭结构、对工作和生活优先考虑的变化，它们会导致对产品或服务需求的变化、新的购买场所和人力资源	（1）基础结构——包括增加用于防护性维护和呼叫中心支持的资本配置，减少设备的停工待料期，以及提高客户满意度 （2）人员——包括工作场所的意外事故、欺诈行为以及劳动合同到期，它们会导致失去可利用的人员、货币性或者声誉性的损失以及生产中断 （3）流程——包括没有适当变更管理规程的流程修改、流程执行错误以及对外包的客户送达服务缺乏充分的监督，它们会导致丢失市场份额、低效率以及客户的不满和丢失重复性的业务 （4）技术——包括增加资源以应对批量变动、安全故障以及潜在的系统停滞，它们会导致订货减少、出现欺诈性交易以及不能持续经营业务，无法区分风险和机会

续表

外部因素	内部因素
问题，以及生产中断 （5）技术——包括电子商务的新方式，它会导致数据可取得性的提高、基础结构成本的降低，以及对以技术为基础的服务需求的增加	（5）事件——具有负面影响、正面影响，或者二者兼有。具有负面影响的事件代表风险，它需要管理当局的评估和应对。相应的，风险是一个事件将会发生并对目标的实现产生负面影响的可能性。具有正面影响或者抵消风险的负面影响的事件代表机会，它是一个事件将会发生并对实现目标和创造价值产生正面影响的可能性

3. 科学编制发展战略

发展战略可以分为发展目标和战略规划两个层次。

（1）制定发展目标。

发展目标通常包括盈利能力、生产效率、市场竞争力、技术领先程度、生产规模、组织结构、人力资源、用户服务以及社会责任等。值得注意的是，发展目标应当突出主业，不能过于激进，不能盲目追逐市场热点，不能脱离企业实际，否则可能导致企业过度扩张或经营失败。

（2）编制战略规划。

编制战略规划包括使用何种手段、采取何种措施、运用何种方法来达到目标。企业应严格审议和批准发展战略，具体内容包括：

- 发展战略是否符合国家行业发展规划和产业政策
- 发展战略是否符合国家经济结构战略性调整方向
- 发展战略是否突出主业，是否有助于提升企业核心竞争力
- 发展战略是否具有可操作性
- 发展战略是否客观全面地对未来商业机会和风险进行分析预测
- 发展战略是否有相应的人力、财务、物力和信息等资源保障等

二、发展战略实施的内部控制

科学制定发展战略是一个复杂的过程，实施发展战略更是一个系统工程。企业应当加强对发展战略实施的统一领导，制订详细的年度工作计划，通过编制全面预算分解、落实年度目标，确保企业发展目标的实现。

1. 着力加强对发展战略实施的领导

企业要确保发展战略有效实施,其中加强组织领导是关键。企业应本着"统一领导、统一指挥"的原则,围绕发展战略的有效实施,卓有成效地发挥企业经理层在资源分配、内部机构优化、企业文化培育、信息沟通、考核激励相关制度建设等方面的协调、平衡和决策作用,确保发展战略的有效实施。

2. 着力将发展战略分解落实

发展战略制定后,企业经理层应着手将发展战略逐步细化,确保"文件上"的发展战略落地到实处,具体要求有以下几项:

(1)根据战略规划制订年度工作计划。

(2)按照上下结合、分级编制、逐级汇总的原则编制全面预算,企业经理层应将发展目标分解并落实到产销水平、资产负债规模、收入及利润增长幅度、投资回报、风险管控、技术创新、品牌建设、人力资源建设、制度建设、企业文化、社会责任等可操作层面,确保发展战略能够真正有效地指导企业各项生产经营管理活动。

(3)进一步将年度预算细分为季度、月度预算,通过实施分期预算控制促进年度预算目标的实现。

(4)企业经理层应通过建立发展战略实施的激励约束机制,将各责任部门年度预算目标完成情况纳入绩效考评体系,切实做到有奖有惩、奖惩分明,以促进发展战略的有效实施。

3. 着力保障发展战略有效实施

战略实施过程是一个系统的有机整体,需要研发、生产、营销、财务、人力资源等各个职能部门之间的密切配合。企业应当采取切实有效的保障措施,确保发展战略的顺利贯彻实施。具体的要求如下:

(1)培育与发展战略相匹配的企业文化。

(2)优化调整组织结构。企业必须在发展战略制定后,尽快调整企业组织结构、业务流程、权责关系等,以适应发展战略的要求。

(3)整合内(外)部资源。企业在战略实施过程中,只有对拥有的资源(人力、财力、物力和信息)进行优化配置,达到战略与资源的匹配,才能充分地保证战略的实现。

(4)相应调整管理方式。如由粗放、层级制管理向集约、扁平化管理转变,为发展战略的有效实施提供强有力的支持。

4. 着力做好发展战略宣传培训工作

企业应当重视发展战略的宣传培训工作,为推进发展战略实施提供强有力的思想支撑和行为导向。

（1）在企业董事、监事和高级管理人员中树立战略意识和战略思维，充分发挥其在战略制定与实施过程中的模范带头作用。

（2）通过采取内部会议、培训、讲座、知识竞赛等多种行之有效的方式，把发展战略及其分解落实情况传递到内部各管理层级和全体员工，营造战略宣传的强大舆论氛围。

（3）企业高管层要加强与广大员工的沟通，使全体员工充分地认清企业的发展思路、战略目标和具体举措，自觉地将发展战略与自己的具体工作结合起来，促进发展战略的有效实施。

三、发展战略转型的内部控制

因经济形势、产业政策、技术进步、行业状况以及不可抗力等因素发生变化时，确需对发展战略作出调整优化甚至转型的，企业应当按照规定权限和程序调整发展战略或实现战略转型。

1. 加强对发展战略实施的监控

企业应当建立发展战略评估制度，加强对战略制定与实施的事前、事中和事后评估。从发展战略监控的角度讲，企业应当将重点放在对实施中及实施后的评估。

（1）实施中评估。

实施中评估是对实施中发展战略的效果进行评估，是战略调整的重要依据。企业应当结合战略期内每一年度工作计划和经营预算完成情况，侧重对战略执行能力和执行效果进行分析评价。

（2）实施后评估。

实施后评估是对发展战略实施后效果的评估，企业应结合战略期末发展目标实现情况，侧重对发展战略的整体实施效果进行概括性的分析评价，总结经验教训，并为制定新一轮的发展战略提供信息、数据和经验的支持。

2. 根据监控情况持续优化发展战略

企业在开展战略监控和评估过程中，发现下列情况之一的，应当调整、优化发展战略，以促进企业内部资源能力和外部环境条件保持动态平衡。

（1）经济形势、产业政策、技术进步、行业竞争态势以及不可抗力等因素发生较大变化，对企业发展战略实现有较大影响。

（2）企业内部经营管理发生较大变化，有必要对发展战略作出调整。发展战略调整牵一发而动全身，企业管理层应当按照规定的权限和程序进行，如下图所示。

第一步	各战略执行部门提出各自的战略规划评估报告和修订意见
第二步	战略管理部门汇总各部门意见，并提出修订后的发展战略规划草案
第三步	战略委员会对修订后的发展战略规划草案进行评估论证，向董事会提出发展战略建议方案
第四步	企业董事会严格审议战略委员会提交的发展战略建议方案。按公司章程规定，董事会审议通过的方案须报经股东大会批准的，必须履行相应的程序
第五步	战略管理部门将批准的新发展战略下发至各战略执行部门，各战略执行部门须遵照执行

发展战略调整的程序

3. 抢抓机遇顺利实现战略转型

当企业外部环境尤其是所从事行业的竞争状况发生重大变化，或当企业步入新的成长阶段需要对生产经营与管理模式进行战略调整时，企业必须选择新的生存与发展模式，即战略转型。企业战略转型不是战略的局部调整，而是各个战略层次上的方向性改变。例如：海尔从产品制造企业向高端制造服务型企业的战略转型；吉利汽车从低端汽车产品向中端产品的战略转型等。

第二节　发展战略内部控制制度

一、发展战略管理制度

标准文件		发展战略管理制度	文件编号	
版次	A/0		页次	

1. 目的

为规范公司发展战略管理工作，提高公司发展战略管理工作的科学性、有效性和及时性，防范发展战略制定与实施中的风险，确保公司战略目标的实现，根据财政部等五部委颁布的《企业内部控制基本规范》《企业内部控制应用指引》的要求，特制定本制度。

2. 适用范围

本制度适用于公司及所属各子公司对发展战略的管理。

3. 机构设置和职责分工

3.1 公司的发展战略方案经董事会审议通过后，报经股东大会批准实施。

3.2 公司董事会下设战略委员会。战略委员会负责对公司发展战略进行研究并向董事会提出议案；对发展战略实施情况进行监控，及时地收集和分析相关信息，对明显偏离发展战略的情况向董事会报告；对发展战略调整提出议案。

3.3 公司董事会秘书处是公司发展战略的归口管理部门，负责按照董事会战略委员会的要求组织公司发展战略的起草编制、调整修订工作。

3.4 公司各相关部门参与公司发展战略的编制、管理工作。

3.5 各子公司应明确发展战略管理的工作机构，建立相应的工作制度，在公司战略委员会的指导下制定本公司发展战略目标，并对实施情况进行监控。

4. 发展战略规划编制、调整

4.1 公司发展战略规划的主要内容

4.1.1 企业现状。包括企业概况、组织机构、法人治理结构、控股参股公司情况、主要经济技术指标、主要业务构成等方面内容的介绍。

4.1.2 企业内（外）部发展环境分析。

（1）企业内部环境分析。分析企业的发展条件和能力，确定企业的竞争优势和劣势，明确企业的业务范围及核心业务。包括企业基本发展条件分析、核心竞争能力分析、存在的主要问题等。

（2）企业发展外部环境分析。包括宏观环境分析、产业发展分析、竞争对手的分析等三个方面。宏观环境分析主要是分析与企业相关的国际国内政治、经济、社会、技术环境及其对企业的影响；产业发展分析主要是分析产业发展现状、竞争环境以及未来发展趋势，预测企业主要产品的国内市场容量，企业面临的发展机遇与挑战；竞争对手分析主要是分析国际和国内竞争对手的现状、发展模式、主要经济指标等。

4.1.3 发展战略与指导思想。包括公司战略定位与战略描述、发展总体思路、指导思想以及核心价值等。

4.1.4 企业发展规划目标。包括企业远景规划目标、未来 3～4 年发展战略规划目标、主要经济指标、主要财务指标、各类业务发展目标，以及业务结构、产业结构、组织结构调整目标，资产结构调整目标，人力资源目标，年度目标分解。

4.1.5 发展战略实施要点。按业务板块分别提出发展战略实施的关键点及量化指标。

4.1.6 发展战略实施保障措施和建议。

4.2 公司发展战略规划的编制

4.2.1 公司董事会秘书处提出发展战略规划编制要求，公司下达正式的编制计划，各部门（包括分子公司）准备相关的基础资料。

4.2.2 董事会秘书处根据各部门递交的基础资料，组织编制公司发展战略规划方案草稿，递交总经理办公会议讨论，总经理办公会议讨论通过后的公司发展战略规划方案草稿递交董事会战略委员会审议。

4.2.3 战略委员会在对公司发展战略规划方案草稿进行审批后，向公司董事会提交议案进行审批；若超出公司董事会权限的需按照规定程序提交股东大会审批。

4.2.4 公司发展战略规划每3年或每5年编制一次。

4.3 公司发展战略规划的调整

4.3.1 当以下情况出现时，发展战略规划应进行及时的调整：

（1）公司外部环境发生了重大变化。

（2）公司内部资源和运营能力发生了重大变化。

（3）董事会基于对经营形势的判断认为有必要调整的情况。

4.3.2 公司发展战略规划调整流程与编制流程一致。

5. 发展战略规划实施与监控

5.1 公司董事会秘书处负责对发展战略规划的实施过程进行日常管理、监控和分析，确保发展战略规划有效实施，公司相关部门应积极配合。具体包括：根据发展战略规划制订年度工作计划，并将年度目标分解、落实；对公司及分子公司发展战略规划的实施情况进行跟踪监控，提出改进或调整建议；对公司的重大战略事项进行研究分析等。

5.2 公司总经理办公会议通过内部各层级会议或培训等方式宣传公司的发展战略规划，将发展战略及其分解落实情况传达到公司各层级和全体员工。

5.3 公司董事会战略委员会每年对发展战略规划实施情况进行评价考核，并向董事会提交议案，对实施发展战略规划目标的情况进行奖罚。

6. 发展战略规划实施后评价

6.1 公司发展战略规划实施完毕后3个月内，由公司审计监督室牵头组织相关部门组成评价小组对其进行实施后评价。

6.2 发展战略规划实施后评价，主要是对战略实施组织的有效性和及时性、调整的必要性、实施的结果，以及对公司的影响等进行总结分析，积累经验和教训，从而为下一轮的战略规划方案编制提供参考。

拟定		审核		审批	

二、战略规划管理制度

标准文件		战略规划管理制度	文件编号	
版次	A/0		页次	

1. 目的

为加强集团公司战略管理，实现战略规划制订的科学适宜，保证稳步正确实施，特制定本制度。

2. 适用范围

本制度适用于整个集团公司范围战略规划制订及实施的管理。

3. 释义

3.1 企业战略是在市场经济条件下，企业以超越对手、发展自己为目的，以赢得市场为主要内容，为求得长期生存和不断发展而作出的具有全局性、总体性和长期性的谋划。它是与环境相适应的企业活动的基本方向、方针，是企业经营活动的方向性、纲领性、指导性、原则性文件。

3.2 战略规划是将战略方案转变为可实施的计划，其关键是进行战略目标和战略任务的分解，并建立一整套针对战略目标和战略任务完成情况的指标监控和奖惩体系。

3.3 企业战略规划是企业总体战略与战略实施计划的中继，起承上启下作用，是战略实施的关键环节和重要步骤；对战略方案起实际化和验证作用，对计划起具体指导作用；对企业的短期行为起遏制作用，引导企业树立全局和长远观念；对于一些全局性、关键性而在短期计划内不能完成的重要项目起统筹和协调作用；对企业的战略储备如人才储备、技术储备、资源储备进行通盘筹划，使企业能及时地捕获发展机会，争得竞争优势。

3.4 企业战略规划为5年期滚动计划，滚动周期暂定为一年。

3.5 企业战略规划是企业制订生产经营综合计划的重要依据。企业年度经营目标的制定、实施是战略规划的具体体现。

4. 战略规划体系构成战略规划内容

4.1 战略规划体系

战略规划体系包括以下四个层次，每一个层次都包含战略目标、重要的战略举措、相关工作计划以及与战略目标完成相关的奖惩机制。

4.1.1 整个集团公司和所有业务的战略（公司战略）。

4.1.2 集团多元化业务中各个业务领域内的战略（业务战略）。

4.1.3 各个业务领域中各个具体职能单元的战略（职能战略）。每一个业务领域通常都有生产战略、市场营销战略、财务战略等。

4.1.4 基本经营运作部门的战略，即生产、销售以及职能领域内的各个部门战略（经营运作战略）。

4.2 不同层次战略的关注点（见下表）

战略层次	主要责任者	各个管理层次制定战略时的首要关注点
公司战略	首席执行官/其他关键的执行经理（通常是由董事会批准所作的决策）	建立和管理好一个高业绩的业务单元组合（购并公司，加强现有业务的地位，剥离那些不符合公司计划的业务）
业务战略	业务单元的总经理/领导（通常是由高级执行经理人员/董事会评审/批准所作的决策）	设计恰当的经营方式和行动方案，以取得竞争的成功，获取竞争优势
职能战略	职能经理（通常是由单个业务单元的领导评审/批准所作的决策）	制订恰当的行动方案和经营策略，以支持业务战略，完成其职能/部门业绩目标
经营运作战略	职能领域内的基层单元领导/低层管理者（通常是由职能领域/部门的领导评审/批准所作的决定）	制订更细更具体的行动方案/经营策略，旨在支持职能战略的业务战略，完成经营运作单元的目标

4.3 战略规划内容

4.3.1 业务单元发展的宏图及 5 年战略目标。

4.3.2 宏观经济环境与行业发展分析。

4.3.3 本业务单元现状分析。

4.3.4 主要竞争对手分析。

4.3.5 本业务单元 5 年战略方案。

4.3.6 战略的财务分析。

4.3.7 主要资源需求预测。

4.3.8 与上一年战略规划的差异总结。

5. 制订原则

5.1 因应环境原则

战略规划的制订，必须以客观充分的宏观政策环境分析、行业发展环境分析、内部资源分析为基础，适应企业经营环境。

5.2 全员参与、全过程管理原则

企业战略规划涉及经营管理的方方面面，高层领导人员必须统一领导，统一指挥，全员参与，全过程管理。只有这样，企业资源的分配、组织机构的调整、企业文化的建设、信息的沟通及控制、激励制度的建立等各方面才能相互协调、平衡，才能使企业为实现战略目标而卓有成效地运行。

5.3 整体最优原则

战略规划以其长期性、系统性对企业影响重大，其制订必须立足全局、勇于创新。战略规划要远粗近细，制订多种方案。各种方案均须上下沟通、反复研讨，最终定案整体最优。

5.4 反馈修正原则

要认真识别战略实施中的关键变量，并进行敏感性分析，提出这些关键变量的变化超过一定的范围时与原定的战略相应的替代方案，对可能发生的变化及其对企业造成的后果，以及应变替代方案，都要有足够的了解和充分的准备，以使企业有充分的应变能力。

6. 管理职责

6.1 董事会

领导集团和下属公司及相关部门的发展战略规划工作，负责发展战略规划的审批；根据集团的发展战略，审定集团各项业务的发展原则；在集团发展战略框架下，确定人力资源战略原则。

6.2 战略委员会

作为集团战略决策支持机构，负责向董事会报告宏观经济、产业、行业市场等相关信息；负责集团战略发展纲要的制订，对公司发展战略规划进行研究并提出建议。

6.3 集团总裁

根据集团战略发展纲要，明确集团战略规划的指导思想，领导战略规划的制订工作，负责集团发展战略规划的审核，组织集团战略规划的实施。

6.4 企业管理部

协助战略委员会制订集团发展战略、编制集团中长期发展规划；负责确定战略规划框架并明确部门分工；提出战略备选方案及风险分析；组织讨论确定集团发展战略规划并起草、制订实施方案并存档。

6.5 集团各部门、子公司

负责对本领域内外部资源进行分析，并提出本领域发展规划建议。按照实施方案组织战略规划的实施及控制。

7. 制订步骤

7.1 董事会下发编制集团发展战略规划的通知，战略规划制订工作正式启动。

7.2 各有关部门依据战略规划流程规定的职责分工、权限及工作程序开展工作。

8. 战略规划的实施

8.1 规划实施发动阶段

8.1.1 战略实施的任务是将战略规划转变为行动和效果，它涉及企业人、财、物、产、供、销、技、质、研各方面大量的工作安排，而且持续时间长，波及范围较广，需要全员、全过程、全方位的积极参与。企业战略的实施是战略管理过程的行动阶段，因此它比战略的制订更加重要。

8.1.2 战略规划一经确定，集团须建立具有能力、实力和资源力量的战略推行领导机构。战略推行领导机构研究如何将企业战略规划变为企业大多数员工的实际行动，对企业管理人员和员工进行培训。

8.1.3 战略发动工作要通过分析企业内外环境的变化给企业带来的机遇和挑战，使大多数员工尤其是关键人员能够认清形势，认识到实施战略规划的必要性和迫切性。向全员灌输新的思想、新的观念，提出新的口号和新的概念，消除一些不利于战略实施的旧观念和旧思想，使全员树立信心，打消疑虑，对战略规划予以充分的认识、理解和支持，调动起大多数员工实现新战略的积极性和主动性，扫清战略实施的障碍。

8.2 战略规划运作

8.2.1 企业战略的实施运作主要与六个因素有关，即各级领导人员的素质和价值观念；企业的组织机构；企业文化；资源结构与分配；信息沟通；控制及激励制度。通过这六个因素使战略真正进入到企业的日常生产经营活动中去，成为制度化的工作内容。

8.2.2 以"企业组织机构服从于战略，组织机构为战略服务"的原则，完善组织架构，建立有效的战略实施组织机构。

8.2.2 以战略目标为导向，绘制战略地图，从财务、客户、内部流程、学习成长四个维度确定关键成功因素、关键绩效指标，并将目标从时间和空间上进行分解，使整个计划按时间同步性和空间协调性实现综合平衡和补充协调。

8.2.3 制订预算，将主要的资源转移到对取得战略成功非常关键的价值链活动中。

8.2.4 建立绩效管理机制，运用奖励和刺激手段以使业绩目标很好地与实施战略相联系，建立支持战略的政策和程序。

8.2.5 创建支持战略的工作环境和企业文化。

8.2.6 推行最佳实践活动，促进价值链活动运作的持续改进。

8.3 战略规划的评估与控制

8.3.1 战略规划是在变化的环境中实践的，企业只有加强对战略执行过程的控制与评价，才能适应环境的变化，完成战略任务。该阶段主要是建立控制系统、监控绩效和评估偏差、控制及纠正偏差。

8.3.2 建立战略评价子系统，确定评价指标，评价实施环境变化，评价实际效果。

8.3.3 建立战略纠正子系统，根据评价子系统得到的信息，采用科学的方法，及时采取必要的行动，纠正战略实施过程中出现的偏差。

| 拟定 | | 审核 | | 审批 | |

第三节　发展战略内部控制表格

一、业务战略规划项目计划书模板

业务战略规划项目计划书模板

研究项目	具体内容
一、项目来源	
二、研究背景及基本判断	
三、研究内容/范围	
四、研究方法	
五、研究提纲	
六、研究的组织方式和人员	
七、项目费用预算	
八、研究的进度、质量控制	
九、研究报告的评审	
十、研究报告的提交	

编制：　　　　　　审核：　　　　　　批准：　　　　　　日期：

二、机会判断性行业／项目研究报告模板

机会判断性行业／项目研究报告模板

研究项目	具体内容
一、研究背景	
二、主要结论	
三、报告内容	
1. 行业经济指标 （1）销售总额 （2）平均利润率 （3）增长率	

33

续表

研究项目	具体内容
2. 行业价值链 （1）行业价值链结构 （2）总增加值 （3）主要增值环节增加值	
3. 行业集中度 （1）企业总数 （2）第一位企业所占份额 （3）前十位企业所占份额 （4）企业群分布特征 （5）行业纵向整合度	
4. 行业主管部门 （1）主管部门角色 （2）主要行业政策／规范／标准	
5. 行业投资机会 （1）所处生命周期阶段 （2）进入、撤出障碍 （3）主要机会、威胁	
6. 竞争层面、竞争因素和竞争强度	
7. 行业的关键成功因素	
8. 推荐的切入层面	
9. 切入层价值结构 （1）总营业额 （2）关键增值关节增加值 （3）原材料价格走势 （4）产品价格走势	
10. 切入层经营结构 （1）供应商 （2）生产组织方式 （3）关键技术 （4）关键质量指标 （5）人力／劳动力资源状况 （6）营销通路结构 （7）客户群 （8）客户主要购买／消费特征	
11. 目标企业 （1）目标企业名单 （2）目标企业概况	
12. 行业领袖 （1）行业领袖名单 （2）主要行业领袖简介	
四、研究总结	

报告人： 　　　　　　　　　　　　　　　　　　　　日期：

三、拟进入业务研究／评估报告模板

拟进入业务研究／评估报告模板

研究项目	具体内容
一、研究背景	
二、主要结论	
三、报告内容	
1. 同机会判断性行业研究内容	
2. 行业五种力量分析 （1）新进入者威胁 （2）供应商讲价能力 （3）客户讲价能力 （4）替代品威胁 （5）业内竞争强度	
3. 竞争群体分析	
4. 竞争者分析 （1）未来目标 （2）当前战略 （3）预期的可能变动 （4）能力	
5. 行业的长期盈利性及其比较研究 （1）环境趋势对行业未来盈利性的影响预测 （2）行业的未来成长曲线模拟 （3）行业的未来利润曲线模拟 （4）行业未来利润曲线的跨行业比较／投资的机会成本分析	
6. 行业现有的发展模式研究 （1）行业现有发展模式总结 （2）各种模式的历史、现状及演变分析	
7. 行业的可整合型判断 （1）行业的整合效益预测 （2）可行的行业整合思路 （3）行业整合的商业模型	
8. 业务进入战略建议 （1）进入模式 （2）切入点及长期战略规划 （3）阶段性战略目标和战略重点	
四、研究总结	

报告人： 日期：

四、现有业务战略规划调整报告模板

现有业务战略规划调整报告模板

研究项目	具体内容
一、研究背景	
二、主要结论	
三、报告内容	
1. 目标业务空间分析 （1）宏观分析 （2）中观分析 （3）国际趋势参照 （4）目标业务空间分析	
2. 目标市场结构分析 （1）目标市场结构现状 （2）目标市场结构影响因素分析 （3）消费者调查测试结果 （4）目标市场结构发展趋势	
3. 竞争群体分析 （1）产业竞争格局分析 （2）产业成功关键因素分析 （3）产业成功关键因素可能变化分析	
4. 竞争者分析 （1）未来目标 （2）当前战略 （3）预期的可能变动 （4）能力	
6. 业务技术发展趋势分析 （1）业务技术发展历史演变 （2）业务技术发展的国际比照 （3）业务技术发展影响因素 （4）业务技术发展趋势判断	
5. 行业的长期盈利性及其比较研究 （1）环境趋势对行业未来盈利性的影响预测 （2）行业的未来成长曲线模拟 （3）行业的未来利润曲线模拟 （4）行业未来利润曲线的跨行业比较／投资的机会成本分析	
6. 资源能力分析	
7. 业务规划 （1）产业定位 （2）战略目标 （3）战略重点 （4）竞争位次 （5）市场份额 （6）业务总量 （7）业务结构	

续表

研究项目	具体内容
8.业务品牌规划 （1）业务品牌架构 （2）业务品牌定位 （3）业务品牌理念 （4）业务品牌核心信息	
9.业务收益规划 （1）业务收入规划 （2）业务利润规划 （3）业务投资规划 （4）业务投资回报率规划	
四、研究总结	

报告人：　　　　　　　　　　　　　　日期：

五、战略规划书（参考）

战略规划书（参考）

一、集团公司及各业务单元愿景及 5 年战略目标			
1.集团公司及各业务单元愿景及 5 年战略目标			
2.集团公司及各业务单元为实现该战略目标采取的战略举措的阐述			
二、宏观经济环境与行业发展分析			
具体内容	所含议题	分析	资料来源
1.宏观经济环境	（1）未来 5 年经济发展速度 （2）产品需求及预测 （3）产品需求结构分析 （4）4 年内可能的技术变革及其对公司的影响		
2.今后 5 年行业的发展变化及经营环境变化	（1）市场需求和增长模式 （2）产品价格趋势 （3）潜在技术革新的影响		
2.1 经营环境变化	2.1.1 行业供应特点	（1）行业内参与者数量及各自的份额 （2）生产量趋势 （3）生产能力发展及计划		
	2.1.2 行业标杆	（1）行业内生产能力利用预测 （2）预测的行业突变及其可能的影响		
	2.1.3 行业业绩	（1）生产能力发展及计划		

续表

具体内容		所含议题	分析	资料来源
3. 威胁与机会	3.1 创造的主要机会	（1）潜在的正向及逆向整合机会 （2）这些机会创造价值的潜力		（1）行业专家访谈 （2）案例分析
	3.2 造成的主要威胁	（1）投资需求 （2）政府政策控制 （3）区域（地区）基础设施造成的进入壁垒		

三、各业务单元现状分析

具体内容	所含议题	分析	资料来源
1. 技术水平分析	（1）研究开发投入 （2）与竞争对手技术水平的比较		（1）内部分析 （2）竞争对手调查
2. 政策影响力分析	（1）受政府行业政策的影响力 （2）与当地政府的合作关系		
3. 市场渗透开拓能力分析	（1）市场占有率 （2）市场营销网络 （3）自身价值定位 （4）与终端客户的关系评估 （5）市场营销水平		
4. 生产水平分析	（1）目前的生产效率 （2）生产成本上的优势		
5. 综合能力评估	（1）融资能力 （2）联盟的能力 （3）资产组合的管理水平		
6. 行业成功要素	（1）行业成功的关键因素以及本公司进入该行业后的相对优劣势 （2）现有主要参与者在这些成功因素上的优劣势 （3）联盟及合资的必要性		（1）行业专家访谈 （2）竞争对手访谈
7. 本公司进入行业后的竞争力	（1）本公司的成本竞争力（行业的成本曲线） （2）本公司对付竞争对手报复性措施的能力		竞争对手年报表

四、各业务单元主要竞争对手分析

具体内容	所含议题	分析	资料来源
1. 近几年业绩分析			
主要竞争对手档案 近期/预期的竞争环境变化	（1）竞争对手的规模、利润率和增长率 （2）其他潜在进入者的档案 （3）近期行业内兼并及收购活动 （4）对新进入行业者的大致分析		（1）竞争对手访谈，年报 （2）行业协会及公开材料
2. 竞争对手在今后五年可能采取的战略举措			

续表

具体内容	所含议题	分析	资料来源
竞争对手可能采取的战略	所采取或计划采取的举措		（1）竞争对手访谈，年报 （2）行业协会及公开材料
3. 对手战略举措对本业务单元的潜在威胁			
竞争对手战略举措对本业务单元的潜在威胁	所采取或计划采取的举措		（1）竞争对手访谈，年报 （2）行业协会及公开材料
五、各业务单元 5 五年战略（方案）			
	年	年	年	年	年
1. 本业务单元今后将在哪些市场竞争 1.1 地理市场 1.2 产品市场 1.3 业务模型					
2. 如何竞争					
3. 主要战略举措 3.1 市场扩张 3.2 新客户、新渠道的建立 3.3 技术创新、质量提高					
六、各业务单元战略的财务分析					
	年	年	年	年	年
1. 销售收入 （1）成本 （2）费用					
2. 现金流					
3. 投资资本回报率					
七、各业务单元主要资源需求预测					
	年	年	年	年	年
1. 资本投资 （1）资本额 （2）资本来源					
2. 人才 （1）人才需求 （2）人才来源					
3. 其他资源					
八、与上一年战略规划的差异总结					
1. 本年战略规划同上一年的差异					
2. 差异解释					

第三章

全面预算业务内部控制

第一节　全面预算业务内部控制要领

一、全面预算管理应关注的风险

企业至少应当关注全面预算管理的下列风险：
（1）缺乏预算或者预算体系不健全，可能导致企业盲目经营。
（2）预算目标不合理、预算编制不科学，可能导致企业资源浪费或发展目标难以实现。
（3）预算缺乏刚性、执行不力、考核不严，可能导致预算管理流于形式。

二、全面预算岗位分工与授权批准

企业应当建立全面预算工作岗位责任制，明确相关部门和岗位的职责、权限，确保全面预算工作中的不相容岗位相互分离、制约和监督。

1. 全面预算工作不相容岗位

全面预算工作不相容岗位一般包括：
（1）预算编制（含预算调整）与预算审批。
（2）预算审批与预算执行。
（3）预算执行与预算考核。

2. 建立全面预算工作组织领导与运行体制

企业应当建立全面预算工作组织领导与运行体制，明确企业最高权力机构、决策机构、预算管理部门及各预算执行部门的职责权限、授权批准程序和工作协调机制。
企业全面预算管理组织体系的基本架构如下图所示（见下页）。

3. 明确授权批准制度与程序

在建立健全全面预算管理体制的基础上，企业应当进一步梳理、制定预算管理工作流程，按照不相容职务相互分离的原则细化各部门、各岗位在预算管理体系中的职责、分工与权限，明确预算编制、执行、分析、调整、考核各环节的授权批准制度与程序。

在全面预算管理各个环节中，预算管理部门主要起决策、组织、领导、协调、平衡的作用。企业可以根据自身的组织结构、业务特点和管理需要，责成内部生产、

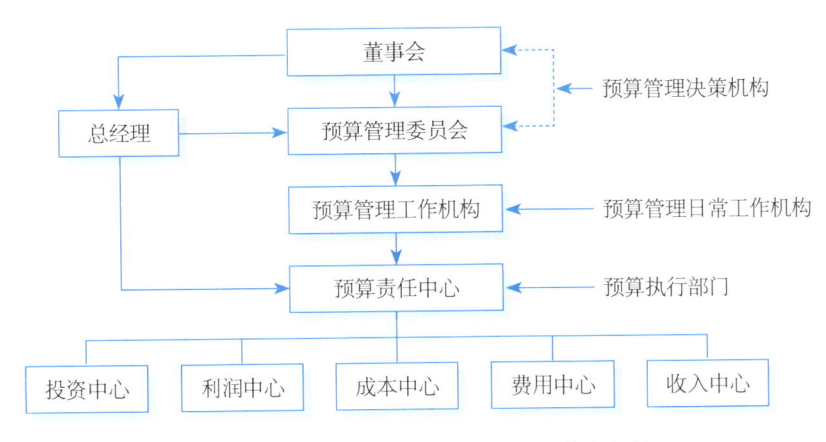

企业全面预算管理组织体系的基本架构

市场、投资、技术、人力资源等各预算归口管理部门负责所归口管理预算的编制、执行监控、分析等工作，并配合预算管理部门做好企业总预算的综合平衡、执行监控、分析、考核等工作。

第二节 全面预算业务内部控制制度

一、集团公司全面预算内部控制制度

标准文件		集团公司全面预算内部控制制度	文件编号	
版次	A/0		页次	

1. 目的

为了加强对单位预算的内部控制，规范预算的编制及调整，严格预算执行及考核，提高预算管理水平和经济效益，根据《中华人民共和国会计法》和《企业内部控制应用指引》，结合本公司实际情况，特制定本制度。

2. 适用范围

本制度适用于集团公司各职能部门、所有子公司及分公司、办事处。

3. 岗位分工与授权批准

3.1 全面预算管理的组织机构包括预算管理委员会、预算管理办公室（以下统称预算管理部门）及各预算责任部门。

3.2 预算管理委员会是实施全面预算管理的最高决策和管理机构，以预算会议的形式审议集团所属各部门的预算草案。组长由董事长担任，副组长由总会计师担任，成员包括各所属分（子）公司的总经理、财务负责人。

3.3 预算管理办公室是公司预算管理的日常工作机构，它直接对预算管理委员会负责并报告工作。办公室主任由集团总会计师兼任，副主任由集团财务部门负责人兼任，日常工作由财务部门负责。

3.4 各预算责任部门，即集团本部各部门、所属各子公司各部门负责人兼任，具体负责本公司、本部门业务预算的编制、实施、控制、监督、分析、总结、考核。

4. 预算管理程序

4.1 在科学、充分的预测与决策的基础上，由预算管理委员会制定出明确、切实、可行的集团预算总体方针；预算管理办公室组织各预算责任部门编制各自的预算草案。

4.2 各分（子）公司的预算草案编制完毕后，首先由预算管理办公室进行审核、平衡、修订、汇总，并报预算管理委员会进行审议。对重大错误，各级预算管理组织应提出具体意见，返回各相关预算编制部门进行修改。

4.3 预算管理委员会将经审议后的预算草案报集团公司董事会研究，最后确定通过；由董事长签发，预算管理委员会下发各预算部门组织实施。

4.4 预算流程如下图所示。

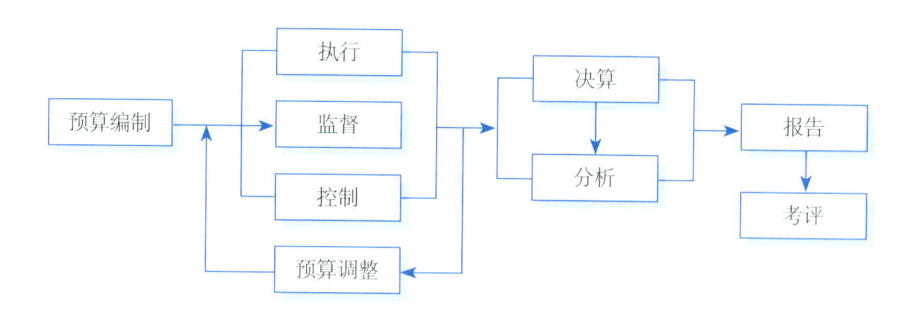

5. 预算编制控制

5.1 采用定期预算编制方法，即以会计年度为单位定期编制。

5.2 单位编制年度预算，应按照"上下结合、分级编制、逐级汇总"的程序进行。

5.3 预算编制流程如下图所示。

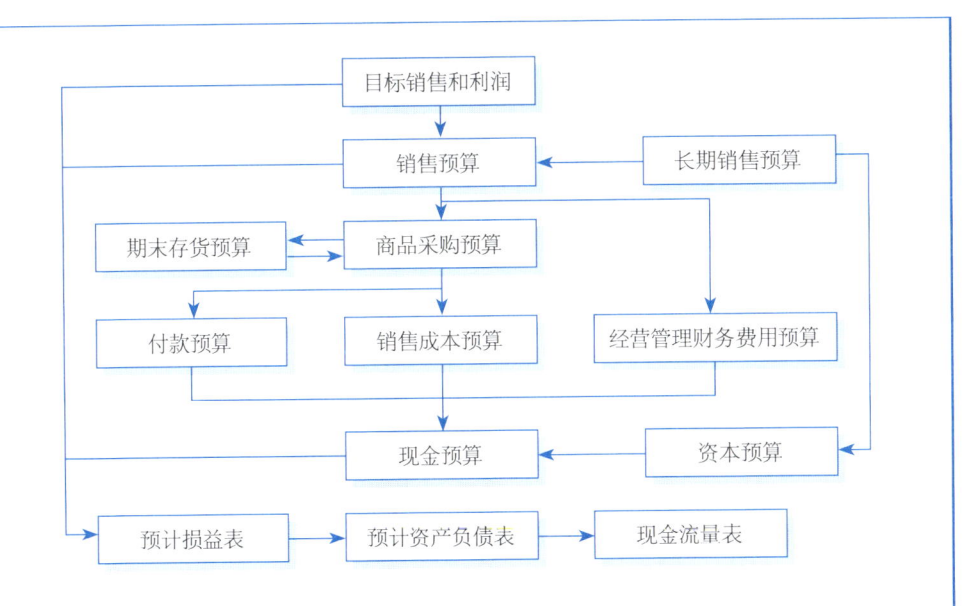

```
                    ┌──────────────────┐
                    │   目标销售和利润   │
                    └────────┬─────────┘
                             ↓
    ┌──────────────┐    ┌──────────┐    ┌──────────────┐
    │              │───→│ 销售预算  │←───│  长期销售预算  │
    └──────────────┘    └────┬─────┘    └──────────────┘
                             ↓
    ┌──────────────┐    ┌──────────────┐
    │   期末存货预算 │←──→│  商品采购预算  │
    └──────────────┘    └────┬─────────┘
                             ↓
    ┌──────────┐    ┌──────────────┐    ┌────────────────────┐
    │ 付款预算  │    │  销售成本预算  │    │  经营管理财务费用预算 │
    └──────────┘    └──────────────┘    └────────────────────┘
                             ↓
                    ┌──────────────┐    ┌──────────────┐
                    │   现金预算    │←──→│   资本预算    │
                    └──────┬───────┘    └──────────────┘
                           ↓
    ┌──────────────┐    ┌──────────────────┐    ┌──────────────┐
    │   预计损益表  │───→│   预计资产负债表   │───→│   现金流量表  │
    └──────────────┘    └──────────────────┘    └──────────────┘
```

5.4 预算编制内容

5.4.1 经营预算，包括销售预算、商品销售成本及销售毛利预算、商品采购与期末库存预算、费用预算。

5.4.2 现金预算，包括收入预算、经营性和投资性支出预算、筹资过程中的现金收支。

5.4.3 预计损益表。

5.4.4 预计资产负债表。

6. 预算执行控制

6.1 各预算部门负责人组织落实，由财务部负责监督实施，预算的执行情况纳入绩效管理考核体系。

6.2 预算管理部门应根据业务特点将集团本部、子公司合理划分为投资中心、利润中心、成本中心。

6.3 各公司、部门应建立健全预算责任中心，将各类预算责任落实到具体的单位和每一个人。根据各类预算的特点，预算项目的责任应做如下划分：

6.3.1 销售预算、毛利预算、销售费用由业务部门负责执行、落实，并对执行结果负有直接责任。

6.3.2 现金预算、财务费用预算由财务部门负责落实执行，并对执行结果负有直接责任。

6.3.3 管理费用（除财务费用、销售费用以外的费用）预算，由总经理、办公室、各层级的部门负责落实执行，并对执行结果负有直接责任。

6.3.4 采购预算、采购价格、期末库存预算，由采购部门落实执行，并对执行结果负有直接责任。

6.3.5 各子公司应根据各子公司的实际情况确定责任部门。

6.4 各子公司及下设备部门可建立预算执行统计台账，及时登记，及时总结，按月编制计划完成情况表。应按预算的具体项目详细记录预算数量、金额、实际发生数、差异数、累计预算数、累计实际发生数、累计差异、差异说明等。

6.5 签订责任合同书，将各类预算以合同书的形式落实到部门和人。董事长与总经理签订集团的总体预算；总经理与其直接下级预算部门的负责人签订各单位的预算责任合同书；各预算单位的负责人应与有关管理人员签订责任合同书。

6.6 预算执行过程中，各预算责任中心应组织专门人员进行及时的检查，追踪预算的执行情况，形成预算差异分析报告。预算差异分析报告分临时性报告和定期报告。对重大差异和问题要及时地报告（临时报告），要搞好季度分析报告。年度分析报告要全面，并按规定时间报集团预算管理办公室。

6.7 预算管理部门应定期牵头召开例会，对预算执行情况进行分析。

7. 预算调整控制

7.1 对正式下达执行的预算，一般不予调整。各部门在预算执行过程中，由于经营管理的需要和其他不可预见因素的发生，可以调整预算。

7.2 预算部门预算调整时应召开由公司总经理主持的预算调整会议，研究讨论调整的部门、时间、项目、额度。预算调整后，应形成书面决议，注明调整时间、第几次调整和具体执行时间并编写调整说明。新预算要另行编制，原始预算要保存，作为年终预算考核的依据。

7.3 预算管理办公室对预算变更的合理性、可行性、必要性进行审核。如不符合要求，可不予通过或返回重新修订。若符合要求，则按规定的权限审定。

7.4 预算的调整涉及公司总预算的变更，预算管理办公室在根据申请单内容调整该项预算的同时，需相应调整各预算责任部门及集团公司的总预算。

7.5 预算调整由各公司财务负责人和总经理提出申请，调整额度在××万元以内的，由总会计师审批；超过××万元至××万元（含）以内的由总会计师核准，报总经理审批；××万元以上的，报总会计师、总经理审核，提交预算管理委员会批准。

8. 预算分析与考核控制

8.1 预算管理部门应当建立预算执行情况分析制度。

8.1.1 预算管理部门应当定期召开预算执行会议，全面掌握预算执行情况，研究、解决预算执行中存在的问题，提出改进的措施。

8.1.2 预算管理部门和各预算部门应当充分收集有关财务、业务、市场、技术、政策、法律等方面的信息，根据不同的情况采用比率分析、比较分析、结构分析、平衡分析等方法，从定量、定性两个层面充分反映预算执行部门的现状、发展趋势及存在的潜力。对预算执行差异应当客观分析产生的原因，提出解决措施或建议。

8.2 预算管理部门应当建立执行情况考核制度。

8.2.1 预算管理部门应当定期向董事会报告预算执行情况，并组织对预算单位进行考核。

8.2.2 各预算部门须定期向预算管理部门报送预算执行情况及分析报告，年度决算及分析在次年1月20日前完成上报。

8.2.3 预算管理委员会对各预算部门的全面预算管理执行、控制、监督情况进行考核与评价，对各公司经营业绩进行综合考评。

8.2.4 预算管理委员会根据各项预算指标的完成情况进行考评。考评指标应包括：销售收入、销售量、销售毛利率、应收账款回笼率、存货周转率、费用完成率、净利润。

8.2.5 预算管理委员会对预算执行者进行考评。要划分不同的层次，对总经理、部门经理以及每一个员工都要进行预算考核。各公司应根据预算内容选择恰当的考核指标。

拟定		审核		审批	

二、预算管理内部控制业务流程规范

标准文件		预算管理内部控制业务流程规范	文件编号	
版次	A/0		页次	

1. 业务目标

1.1 战略目标：保证公司的生产经营活动能够有序协调地进行，确保公司目标和工作任务顺利实现。

1.2 经营目标：通过对预算的编制、执行和控制，协调公司各方面工作、明确奋斗目标、考核各部门工作业绩。

1.3 财务目标：按照预算严格控制各项经济活动，保证公司财务活动在预算框架下顺利运行。

1.4 合规目标：符合国家有关法律、法规以及公司内部规章制度。

2. 业务风险

2.1 战略风险

2.1.1 预算制订不合理或不符合实际情况，造成公司的生产经营活动运行不顺畅。

2.1.2 预算制订与公司目标不一致，危害企业的生存、发展。

2.2 经营风险

2.2.1 预算制订不合理，无法正确确立公司奋斗目标。

2.2.2 预算制订不合理，造成无法建立正确的激励机制。

2.2.3 预算制订偏离实际，不能为公司各部门的考核建立一个合理的基础。

2.2.4 预算监督考核机制不完善，造成预算形同虚设，失去应有的作用。

2.3 财务风险

2.3.1 预算执行不严格，造成预算对经济活动失去了监控职能。

2.3.2 预算不完善或控制不严格，造成财务活动脱离预算框架，危及公司财务活动，财务运行不协调。

2.4 合规风险

违反国家有关法律、法规以及公司内部规章制度，导致处罚。

3. 业务流程步骤与控制点

3.1 预算编制程序

3.1.1 公司预算管理委员会负责公司预算相关工作，由董事长、总经理、副总经理、财务总监、各部门负责人、董事会秘书组成，预算办公室下设在计划财务部。

3.1.2 各有关部门根据本年实际情况和次年生产安排，结合预测资料，编制有关预算，经部门负责人审核后，报计划财务部。

（1）公司董事会办公室（下设在综合管理部）根据工作计划，编制董事会费用预算报计划财务部。

（2）综合管理部负责职工薪酬、社会统筹、职工福利、业务招待费、车辆费用、会议费、培训费用、办公费以及其他应由本部门归口负责的业务的预算。

（3）生产部负责设备采购、修理、工程建设等方面预算。

（4）市场部负责货物运输、报关、货运代理、展览、广告、货款回收、产品销售以及其他应由本部门归口负责的业务预算。

（5）技术质量部负责技术开发、产品研制、技术改造、质量检验、质量体系运行以及其他应由本部门负责的业务的预算。

（6）计划财务部负责投资、财务费用、筹资以及其他应由本部门负责的业务预算。

3.1.3　计划财务部对各部门初步预算进行整理、汇总，通过与各部门沟通、协调，编制公司预算，报预算委员会审批。

3.1.4　预算的编制采用计划财务部统一制定的表格，按照计划财务部的要求编制。

3.1.5　预算委员会依据各部门预算，通过对下年度原料、燃料供应，生产装置状况及人、财、物等各项资源情况进行预测判断，根据本年度产量、成本、利润等完成情况，确定下年度预算目标。

3.1.6　财务总监将总预算提交公司总经理办公会审议，公司总经理办公会审议通过后，总经理签发，报董事会批准后下发执行。

3.1.7　计划财务部将批准的预算发至各有关部门。

3.2　预算的执行与控制

3.2.1　计划财务部根据总经理签发下达的各部门预算，分解预算指标，制定各部门经济考核指标，作为经济目标责任书编制的依据。

3.2.2　公司董事长、总经理、副总经理、财务总监召开会议，与各部门签订经济目标责任书。公司以经济目标责任书的形式保证预算的执行。

3.2.3　预算控制由公司总经理负责组织实施，副总经理、财务总监及计划财务部协助总经理监督和管理实施过程。

3.2.4　在预算执行过程中，各部门必须以预算指标为依据，及时地发现实际与预算之间的差异，采取措施消除薄弱环节，保证预算指标的顺利完成。

3.2.5　一切超预算及预算外支出必须由责任部门写明原因，经预算委员会批准后方可追加预算。

3.2.6　各部门每季度编写预算分析报告，将实际完成与去年实际完成、预算进行对比，对预算执行情况做尽可能详细的分析说明，找出脱离预算的差异及原因，及时提出改造方案或措施。经济活动分析报告报送计划财务部、财务总监，并报预算管理委员会。

3.2.7　预算管理委员会收到报告后，按季度组织召开预算执行情况分析会，并将预算执行情况和分析结果报送董事会、监事。

3.2.8　预算执行情况是对各部门负责人考核、评价其业绩和奖惩的主要依据。

3.3　预算的调整

3.3.1　预算调整是指经审定后的预算在执行过程中因特殊情况需要增减预算收支而使该期预算数额变更。

3.3.2　各部门根据实际情况需要对预算进行调整时，按照预算编制程序报送预算调整报告。

3.3.3 计划财务部汇总各部门的预算调整报告，每半年对年度预算进行一次调整，编制调整后的预算。调整后的预算报财务总监审核，公司总经理办公会审议审批通过后，公司总经理签发，报董事会批准后下发执行。

3.4 预算的监督与考核

3.4.1 计划财务部对公司各部门的预算执行和控制情况进行检查监督。

3.4.2 对预算执行情况的考核是在决算的基础上进行的，决算由财务部门在年度终结后两个月内编制。

（1）编制决算报告必须符合法律、法规、上级部门有关要求和公司章程、有关制度的规定，做到数字真实、内容完整、计算准确、报送及时。

（2）公司决算报告由计划财务部编制，报财务总监、总经理审查，经会计师事务所审计后提请董事会审查批准。

3.4.3 公司根据经董事会审查批准的决算报告对各部门实施预算执行情况考核。

3.4.4 每年年初对上一年度预算执行情况进行考核，具体工作由计划财务部办理。

3.4.5 计划财务部将各部门经济指标完成情况与目标、预算进行对比，将部门考核结果与经济指标汇总报预算管理委员会，依据内部经济责任制实施考核，兑现奖惩。

拟定		审核		审批	

第三节 全面预算业务内部控制表格

一、预算外资金使用审批表

预算外资金使用审批表

申请部门		申请日期		经办人	
预算类型	【　】超出年度经营预算　【　】年度预算内超出月度预算、 【　】其他：					
资金使用情况					
费用类型	【　】人力成本　【　】管理费用　【　】制造费用　【　】原料成本 【　】销售费用　【　】其他：				

续表

资金使用具体说明：				
计划使用时间		资金总额	¥	
资金支付方式	【 】现金 【 】支票 【 】汇款 【 】其他：			
审批栏				
部门意见： 负责人： 日期：				
主管副总经理意见： 负责人： 日期：				
财务总监意见： 负责人： 日期：				
预算审计主管意见： 负责人： 日期：				
总经理意见： 负责人： 日期：				
报送董事会审批意见： 董事长： 日期：				
备注				

二、资金使用申请审批表

资金使用申请审批表

日期： 金额单位：万元

申请用款部门			开户行名称		
用款单位账号					
本期申请用款金额			申请用款用途		零星支出
前期用款情况			本期用款内容		
序号	用款内容	金额	序号	用款内容	金额
1			1		
2			2		
3			3		

续表

申请理由：			
	申请部门		
	负责人（签名）：		日期：
经理意见：			
	客户经理（签名）：		日期：
负责人意见：			
	负责人（签名）：		日期：

三、预算调整申请表

预算调整申请表

部门：　　　　　　　　　　　　　　　　　　　　　　　　　　　　日期：

预算项目	
预算数	
预算增减额	
预算增减幅度	
调整原因：	部门负责人：
财经委分析意见：	预算管理委员会意见：

四、预算调整通知书

预算调整通知书

　　　　　　　　　　　　　　　　　　　　　　　　　　　　　　　日期：

申请部门	
预算项目	
原预算数	
预算增减额	
调整后预算数	
财务管理部预算管理岗签字	
财务总监签字	

第四章

人力资源业务内部控制

第一节 人力资源业务内部控制要领

一、人力资源管理应关注的主要风险与控制

1. 人力资源的主要风险

人力资源指引按照优化人力资源的要求，明确指出了人力资源管理至少应当关注的几项主要风险，如下图所示。

风险一	人力资源缺乏或过剩、结构不合理、开发机制不健全，可能导致企业发展战略难以实现
风险二	人力资源激励约束制度不合理、关键岗位人员管理不完善，可能导致人才流失、经营效率低下或关键技术、商业秘密和国家机密泄露
风险三	人力资源退出机制不当，可能导致法律诉讼或企业声誉受损

人力资源的主要风险

2. 人力资源主要风险的控制

企业在建立与实施人力资源内部控制制度时，至少应强化对下列关键事项或者关键环节的控制，以有效防范上述主要风险。

（1）岗位职责和任职要求明确规范，人力资源需求计划科学合理。

（2）招聘及离职程序规范，人员聘用引入竞争机制，培训工作能够提高员工道德素养和专业胜任能力。

（3）人力资源考核制度科学合理，能够引导员工实现企业目标。

（4）薪酬制度能保持和吸引优秀人才，并符合国家有关法律法规的要求，薪酬发放标准和程序科学规范。

二、人力资源的引进与开发控制

无论是新设立企业还是存续企业，为实现其发展目标，都会遇到人力资源引进和开发问题。人力资源引进与开发的对象是高管人员、专业技术人员和一般员工。

1. 人力资源的引进

（1）高管人员的引进。

企业高管人员主要通过公开选拔、竞争上岗和组织选拔以推荐、测评、票决等方式引进，其中公开选拔、竞争上岗这两种方式由于引入竞争机制，体现了"公开、平等、竞争、择优"的原则，能拓宽用人的视野，有利于优秀人才脱颖而出，是目前最主要的两种引进方式。其中，公开选拔主要面向社会进行，竞争上岗适用于本公司或本系统内的选拔。高管人员引进的流程如下图所示。

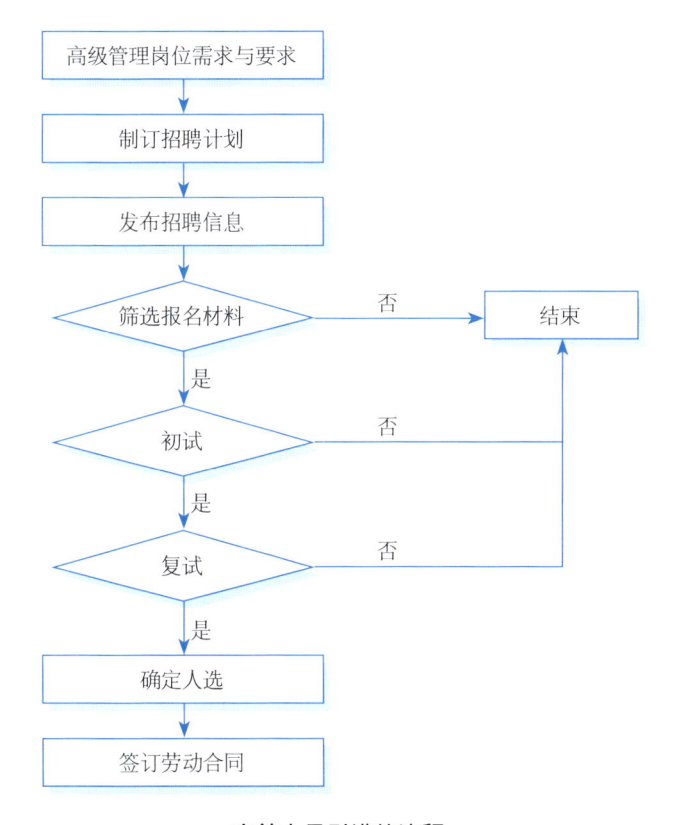

高管人员引进的流程

（2）专业技术人员的引进。

专业技术人员引进主要采取外部招聘方式进行。外部招聘的主要形式有发布广告、借助中介、上门招聘、熟人推荐以及网络招聘等。专业技术人员引进的流程如下图所示。

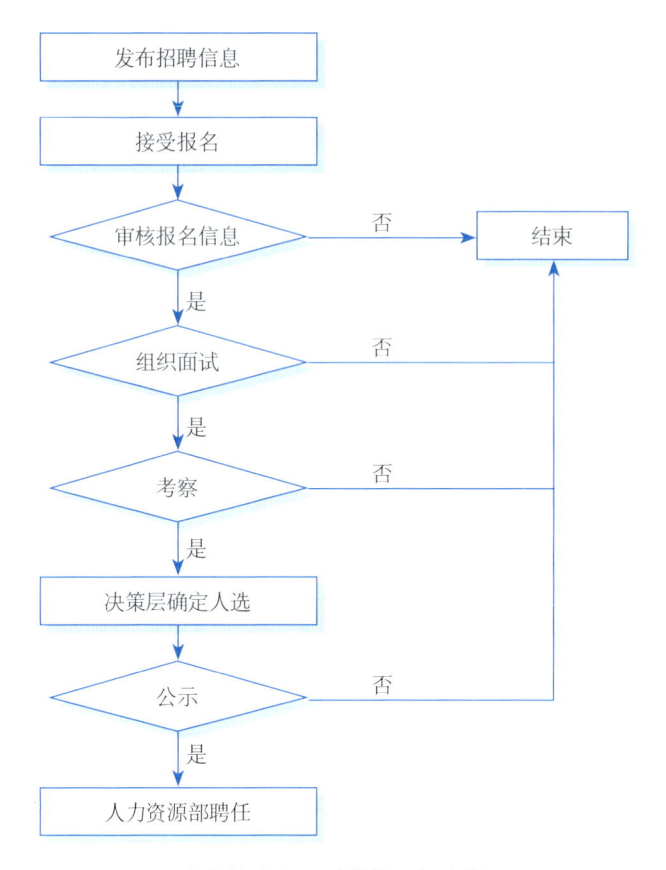

```
                    ┌──────────────┐
                    │  发布招聘信息  │
                    └──────┬───────┘
                           ▼
                    ┌──────────────┐
                    │   接受报名    │
                    └──────┬───────┘
                           ▼
                    ╱──────────────╲     否    ┌──────┐
                    ╲  审核报名信息  ╱ ────────▶│ 结束 │
                    ╲──────────────╱           └──────┘
                           │是                     ▲
                           ▼                       │
                    ╱──────────────╲     否        │
                    ╲   组织面试    ╱ ─────────────┤
                    ╲──────────────╱              │
                           │是                     │
                           ▼                       │
                    ╱──────────────╲     否        │
                    ╲    考察       ╱ ─────────────┤
                    ╲──────────────╱              │
                           │是                     │
                           ▼                       │
                    ┌──────────────┐              │
                    │ 决策层确定人选 │              │
                    └──────┬───────┘              │
                           ▼                       │
                    ╱──────────────╲     否        │
                    ╲    公示       ╱ ─────────────┘
                    ╲──────────────╱
                           │是
                           ▼
                    ┌──────────────┐
                    │  人力资源部聘任 │
                    └──────────────┘
```

专业技术人员引进的一般流程

（3）一般员工的引进。

一般员工占据企业人力资源的大部分，主要任职于企业生产经营的一线，是企业年度人力资源引进工作的重要内容。一般员工通常具有高流动性、更多关注短期物质激励、群体效应等特点。

一般员工引进的主要方式是外部招聘，其主要形式有发布广告、借助中介、网络招聘等。一般员工的引进流程与专业技术人员引进的流程基本一致。

2. 人力资源的开发

人力资源开发的内容主要包括开发职业技能、开发职业品质和发掘员工潜能促使其自我实现三个方面。现代企业人力资源开发的重点是开发员工的职业技能，即员工的专业知识技能。

人力资源开发根据不同层次、不同职务，主要形式有岗前开发培训、在岗开发培训、离岗开发培训、员工业余自学等，具体内容如下表所示。

不同类别人才的培训与开发

序号	人才类别	具体说明
1	高管人员	按照高管人员从事的工作内容及岗位职责要求，对于高管人员的培训与开发应该更注重概念技能和人际技能的挖掘与提升。这就要求对高管人员的培训开发要把企业家精神、创新思维、战略决策、领导能力以及公共关系等放在重要的位置，以提升高管人员的岗位胜任能力和履职水平。此外，企业在高管人员的开发过程中要注重激励和约束相结合，创造良好的干事业的优良环境，让高管人员的聪明才智能充分地显现，真正成为企业的核心领导者
2	专业技术人员	按照专业技术人员从事的工作内容及岗位职责要求，人员开发要注重知识持续更新，紧密结合企业技术攻关及新技术、新工艺和新产品开发来开展各种专题培训等继续教育，帮助专业技术人员不断补充、拓宽、深化和更新知识。同时，企业要建立良好的专业人才激励约束机制，努力做到以事业、待遇、情感留人
3	一般员工	按照一般员工从事的工作内容及岗位职责要求，人员开发应该更注重技术技能和人际技能的挖掘与提升。这就要求对一般员工的培训开发要把岗位知识技能、执行力、人际沟通等放在重要的位置，以提升一般员工的岗位胜任能力和履职水平，带动企业人力资源总体素质的提升

三、人力资源的使用与退出控制

人力资源的使用与退出是人力资源管理的重要组成部分。

1. 人力资源的使用

（1）企业应当设置科学的业绩考核指标体系，对各级管理人员和全体员工进行严格考核与评价，以此作为确定员工薪酬、职级调整和解除劳动合同等的重要依据。

（2）为了充分发挥人才的作用，企业要创新激励保障机制，激发人才干事创业的积极性，同时建立以绩效为核心的分配激励制度。

（3）在人才的使用过程中，还要注意策略，通过对人才压担子、给路子、搭梯子，促进人才的快速成长。

（4）企业要尊重人才成长规律，善于克服人力资源管理的"疲劳效应"。在人才发展最好时，要适时地调整岗位和职位，使其始终处于亢奋期和临战状态。

2. 人力资源的退出

建立企业人力资源退出机制是实现企业发展战略的必然要求。人力资源的退出必须以科学的绩效考核机制为前提，同时还需要相关的环境作为支撑。

（1）要在观念上将人员退出机制纳入人力资源管理系统和企业文化之中，使人力资源退出从计划到操作成为可能，同时获得员工的理解与支持。

（2）要建立科学合理的人力资源退出标准，使人力资源退出机制程序化、公开化，有效消除人力资源退出可能造成的不良影响。

（3）人力资源退出一定要建立在遵守法律法规的基础上，严格按照法律规定进行操作。一方面，退出办法要根据相关法律的规定制定，要有书面材料记录员工相关行为，使员工退出证据充分；另一方面，在实施退出时，要做好与人力资源管理部门的沟通工作，按《劳动法》的相关规定给予退出员工相应的补偿金额。

第二节 人力资源业务内部控制制度

一、人力资源内部控制制度

标准文件		人力资源内部控制制度	文件编号	
版次	A/0		页次	

1. 目的

为了促进集团公司人力资源合理布局，发挥人力资源的主导作用，特制定本制度。

2. 适用范围

集团公司的年度组织架构设置、部门职责、员工岗位工作职责及素质标准、人才需求预测及配置计划、定岗定编定员明细表、员工培训需求计划等。

3. 招聘管理

3.1 招聘原则

因工作需要或人员的临时变动造成岗位空缺，优先在公司内部现有人员中调整解决；确属工作需要，接收应届毕业生或外部调动人员由总经理批准后统一组织实施。

3.2 招聘条件

（略）。

3.3 内部招聘程序

招聘程序一般包括发布招聘信息、初选、初试（面试）、复试、录取等阶段。

3.3.1 信息发布。根据工作需要，以文件形式在集团公司范围内发布岗位需求信息。

3.3.2 初步筛选。通过审查求职者的个人简历及相关资料获取应聘人员的背景信息，保留符合要求的候选人。

3.3.3 笔试。为了检验应聘人的知识和能力，应对初步筛选后的人员进行笔试。笔试由人力资源部与用人部门共同设计试题，或组织专家命题，人力资源部组织实施。

3.3.4 面试。对招聘名额按照1∶3的比例，按笔试成绩排名，选拔应聘者面试。面试由公司领导及相关部室负责人参加，综合测试应聘人员的学识、能力、品德及综合素质。

3.3.5 体检。对拟录用的应聘人员组织健康查体。

3.3.6 录用。面试、笔试、体检等程序结束后，人力资源部应及时整理好应聘人员资料、相关的背景调查及面试录用意见，并报总经理审批后录用。

3.3.7 报到。经审批同意录用的人员，由人力资源部通知被录用人员及时报到。新员工报到应向人力资源部提供下列资料：

（1）被录用者的派遣通知单、报到证、商调函及调动介绍信等。

（2）原服务企业出具的"劳动合同解除证明书"或者被录用者的失业证明。

（3）身份证、毕业证书、学位证及其他相关职称、资格证书的原件及复印件。

（4）3个月内的正面半身免冠一寸照片3张。

（5）公司指定的其他资料。

3.3.8 入职培训。由人力资源部组织、落实员工入职前的各项培训，如介绍公司概要、发展方向、经营理念、规章制度、企业文化、生产工艺流程、综合管理体系等内容，并解答新员工的疑问。

3.3.9 试用期、见习期与实习期。

（1）新进员工的试用期一般为1～3个月，其中新进应届大学毕业生实行一年见习期（包括试用期），试用期与见习期的管理参照《劳动合同法》及公司现行规定执行。

（2）各部门需要接受实习的学生或学员，必须报人力资源部统一安排，否则造成的一切法律后果由所在部门承担。

3.3.10 转正。新员工试用期或见习期结束后，由员工填写"试用期员工鉴定表""员工转正定级审批表"，由所在部门签署鉴定意见，交人力资源部审核，办理转正手续。

4. 管理人员晋升管理

4.1 晋升条件

员工晋升分四个层次，即员工晋升业务主管、业务主管晋升中层副职、中层副职晋升中层正职、中层正职晋升集团副总经理。各级人员晋升条件（略）。

4.2 晋升程序

集团公司员工晋升，应经过提名、讨论决定、组织考察、公示等程序，以文件形式任命。

4.2.1 提名。中层副职及以下职务，由业务主管部门书面提名推荐；中层正职及以上职务，由集团公司领导或提名委员会口头或书面提名推荐。

4.2.2 讨论决定。

（1）晋升及任用，应当按照公司章程规定，分级别召开总经理办公会、党政联席会或董事会讨论决定。

（2）讨论决定员工任免事项，首先由人力资源部介绍拟任人选的推荐等情况，接着参加会议人员进行讨论，最后进行表决。以应到会成员超过半数同意形成决定。

4.2.3 考察。考察是员工任用管理的重要一环，即对确定的考察对象，根据职位和人选的情况，由集团公司人力资源部进行初步考察，并须形成书面材料，以真实、全面、准确、清楚地反映考察对象的情况。考察材料必须包括以下内容：

（1）德、能、勤、绩、廉方面的主要表现。

（2）主要缺点和不足。

（3）民主测评情况。

4.2.4 公示、任用。

（1）实行任职前公示制度。晋升及任用的人员，考察结果符合任职条件的，在下发任职决定通知前进行公示，公示期一般为5天。公示结果不影响任职的，办理任职手续。

（2）实行任职试用期制度。试用期为一年，试用期满后经考核胜任现职的，正式任职；不胜任的，免去试任职务，一般按试任前职级安排工作。

（3）对于任用的人员，从试用期开始，按照所任职务通知下发的次月起调整薪酬及待遇标准。

4.2.5 免职。晋升及任用人员有下列情形之一的，一般应当免去现职：

（1）达到退休（内部休养）年龄界限的。

（2）在年度考核、考察中，民主测评不称职票占1/3及以上，经组织考核认定为不称职的。

（3）因工作需要或者其他原因，应当免去现职的。

4.2.6 纪律和监督。

（1）员工晋升任用，必须严格执行本规定的各项要求，不准以领导圈阅等形式代替集体讨论决定员工任免。

（2）不准在职务任免中进行违反法律规定和公司有关章程的活动。

（3）不准在员工考察工作中隐瞒、歪曲事实真相，或者泄露讨论职务任免的情况。

（4）不准在员工选拔任用工作中任人唯亲，封官许愿，营私舞弊，搞小团伙，或者打击报复。

（5）如违反本条例规定的任免事项，已经作出的人员任免决定一律无效，并按照规定对主要责任人以及其他直接责任人予以纪律处分。

（6）集团纪检部门对选拔任用工作和贯彻执行本规定的情况进行监督检查，受理有关员工选拔任用工作的举报、申诉，制止、纠正违反本规定的行为，并对有关责任人提出处理意见。

5. 优秀专业技术人才管理

5.1 优秀专业技术人才评选范围

优秀专业技术人才是指集团公司机关及所属各子、分公司依据本办法，通过推荐、评定等程序，评选出的管理岗位的专业技术人才和一线操作岗位的技能型人才。优秀专业技术人才分为四个等级：技术专家、专业技术带头人、优秀科技人员、优秀技能人才。

5.2 优秀专业技术人才评选标准

（略）。

5.3 选拔程序

5.3.1 选拔方式。各子、分公司根据实际情况，对管理岗位采取"双考"模式，即理论考试和考核评价相结合的方式选拔；一线操作岗位主要采取基本知识考核评议和劳动竞赛等方式选拔。

5.3.2 选拔程序。选拔人员名单确定后，由本人申请并撰写个人工作业绩总结；填写"优秀专业技术（技能）人员评审表"，提交集团公司评审、审批。

5.3.3 集团审批。

（1）对各子、分公司和集团公司机关部室申报的专业技术人员，由人力资源部对材料进行初审把关。

（2）将初审符合评审条件的提交优秀专业技术人才评审委员会进行研究评审。评审委在认真阅读评审材料的基础上，根据评审原则和标准要求确定评审结果。

（3）评审结果报集团公司总经理办公会审批。

（4）进行公示。公示期为15天，公示期满无异议者由集团公司发文公布，并颁发专业技术（技能）人才聘用证书。

5.4 组织管理

5.4.1 任用管理。

（1）集团公司设立优秀专业技术人才评审委员会。

① 主任：由集团公司分管领导兼任。

② 成员：由集团公司人力资源部、规划发展部、财务部、投资部、法律事务

部、审计部、党群工作部相关部室负责人,各子、分公司推荐的专业技术人员和聘用的相关专业技术专家组成。

③ 专业技术评审委员会办公室设在集团公司人力资源部。

④ 评审委员会办公室职责:负责专业技术(技能)人员评选的组织工作;负责评选前的资格审核、审查及聘任后的对机关专业技术(技能)人员的考核管理和各子、分公司专业技术(技能)人员的监督管理工作;做好专业技术(技能)人员申报、评审资料的备案和归档管理。

(2)集团公司人力资源部为专业技术人员的主管部门,各子、分公司具体负责本单位专业技术人员的考核及管理。

(3)优秀专业技术人才评审每2年进行一次,每届聘期为2年,届满后需重新申报评审。

(4)集团下派的专业技术(管理)人才,各子、分公司根据实际工作业绩情况,一并纳入评审范围,由各子、分公司推荐评审。

5.4.2 培训管理。

(1)各子、分公司要建立有效的专业技能人才培训制度,对关键岗位的专业技术人员组织相关专业技能培训学习。

(2)鼓励科研创新,对有突出贡献的专业技术人员,公司应提供一定的科研经费支持。

(3)建立专项培训学习记录和任职资格登记制度,做好对重要操作岗位的资格年检、年审工作。

(4)对于涉及公司利益和商业秘密的专项培训,培训结束后各子、分公司应与受训人员签订服务期限协议。

5.4.3 考核管理。

(1)各子、分公司根据本公司实际情况,制定相应的专业技术人才考核管理办法。考核应体现出责、权、利相结合,奖优罚劣的原则。

(2)推行优秀技能人才师徒培养制。鼓励受聘后的专业技术人才带领工作助手或学徒,在受聘期满后,经考核其助手或学徒达到一定工作水平或者被选拔为新的专业技术人才,给予受聘人才一定额度的奖励。

(3)聘期内出现以下情况的,各子、分公司应及时向集团公司汇报,经核实后由集团公司解除聘用手续:

① 工作岗位变动,不再从事原专业技术工作的。

② 内退、退休或不能在原岗位继续工作的。

③ 违法、违纪受到法律惩处和纪律处分的。

④ 解除劳动合同的。

⑤聘期届满考核不合格的。

5.4.4 待遇管理。

（1）各子、分公司对所聘用的优秀专业技术人员，实行专业技术岗位津贴。津贴标准如下：技术专家××元/人月，专业技术带头人××元/人月，优秀科技人员××元/人月，优秀技能人才××元/人月。

（2）各子、分公司发放的津贴纳入年度工资计划总额管理，因专业技术人员变动发生的津贴增减情况，需向集团公司申报审批。

（3）集团公司机关副职及以上职务和各子、分公司执行年薪制的人员，只参与评选，享有专业技术人才荣誉称号，不享受专业技术人才津贴。

6. 员工培训管理

6.1 培训类型

6.1.1 新入职员工培训。

为了使新员工尽快适应工作环境，投入到正常的工作中，集团公司对新入职的员工采取全脱产、半脱产或业余自学等形式，进行以学习集团公司规章制度、企业文化、岗位职责等内容为主的入职培训。

6.1.2 在职员工培训。

（1）岗位培训：对在职员工进行岗位知识、专业技能、规章制度、操作流程的培训，丰富和更新专业知识，由部门负责人组织。

（2）转岗培训：对内部调动员工进行的培训，为其适应新岗位的要求补充必要的理论、知识、技能。

（3）待岗（下岗）培训：对考核不合格员工，或不胜任本职工作人员的培训，以期达到胜任本职工作的目的。

（4）升职培训：员工职务晋升后的培训，针对新岗位的要求补充必要的理论、知识、技能，以尽快胜任新工作。

（5）专业培训：对从业人员就某一专题进行的培训，目的是提高从业人员的综合素质及能力。

6.2 培训组织与管理

6.2.1 人力资源部每年年底向各部门发放"培训需求调查表"，开展下年度的培训需求调查，根据调查汇总情况，制订出年度培训计划方案，并报集团公司批准。

6.2.2 培训计划方案要明确培训的目的、培训范围（人数）、内容、时间、授课人、培训内容、经费预算和验收标准等。

6.2.3 培训方案审批后，按计划组织培训。对于全员参与的培训项目，由人力资源部负责组织实施；对于专题类培训，由各单位自行组织实施。

6.2.4 各部门在培训结束后要做好善后工作，包括培训经费的结算、租用场地的交接、培训资料的整理归档等。

  6.3 培训考核及评价

  6.3.1 各部门在培训结束后 1～2 个月内进行培训效果评估，以判断培训是否取得预期效果，对于考核不合格的进行二次培训。

  6.3.2 进行培训评估，可采取测验式评估、演练式评估等多种定量和定性相结合的形式。

7. 员工辞职、辞退管理

  7.1 辞职管理

  辞职是指与集团公司签订劳动合同的员工根据国家政策、法律和法规的有关规定，出于本人的意愿，依照法律程序，申请终止和脱离与集团公司劳动合同关系的行为。

  7.1.1 辞职条件。

  本人提出申请，单位同意并达成一致后方可提交辞职申请。有以下情况之一者，不得辞职：

  （1）个人负责的重要事务尚未处理完毕，而且须由本人处理的。

  （2）正在接受审查，尚未处理结案的。

  （3）涉及重要机密的特殊岗位而不满调离期限的。

  （4）与集团公司有特别合同/协议约定者。

  7.1.2 辞职程序。

  （1）申请辞职人员必须提前一个月以书面形式向其主管部门提出辞职申请，主管部门提出处理意见报集团人力资源部，经审核后报总经理审批。

  （2）员工辞职申请获准，必须填写"工作交接清单"，部门经理会签后办理辞职移交手续，公司安排其他人员接替其工作。

  （3）工作交接手续完毕后，人力资源部开具解除劳动合同证明，并转调其人事档案关系和社会保险关系。

  （4）工资福利结算。辞职员工在离职手续办妥后，到财务部进行工资福利结算，领取工资、享受福利待遇的截止日为正式离职日期，但须扣除拖欠未付的公司借款、罚金，对公司违约的赔偿金，培训服务期未满的补偿费用。如应扣除费用大于支付给员工的费用，则应在收回全部费用后予以办理辞职手续。

  （5）辞职人员不能亲自办理离职手续时，应寄回有关公司物品，或委托人代理交接工作。

  7.2 辞退管理

  辞退是集团公司作为法人主体，依照法律程序，主动解除与员工劳动合同关系的行为。

7.2.1 辞退条件。

公司为维护企业经济权益，增强员工的劳动纪律观念，树立良好的企业形象，对有下列情况之一的应予辞退：

（1）严重违反法律法规及公司劳动纪律，影响工作秩序的。

（2）违反业务操作规程，发生责任事故，造成严重经济损失的。

（3）违背职业道德，损害公司形象的。

（4）有贪污、盗窃、营私舞弊行为处分的。

（5）连续 2 年业绩考核不称职，又不服从正常调动的。

（6）因调整、撤销、合并或缩减编制人员需要调整工作，本人拒绝合理安排的。

（7）无正当理由，连续旷工超过 15 天，或一年内累计旷工时间超过 30 天的。

（8）法律法规规定的其他情形。

员工具有下列情形之一的不得辞退：

（1）因公致残，并确认丧失劳动能力的。

（2）女性员工在孕期、产期和哺乳期以内的。

（3）符合国家规定的其他条件的。

7.2.2 辞退程序。

公司对辞退员工持慎重态度，无正当理由不得辞退合同期未满的员工。如确需辞退，须按下列程序办理：

（1）用人部门在核准事实的基础上，提出书面意见报集团人力资源部审核。

（2）人力资源部审核并听取工会意见后提出处理意见，报总经理审批。

（3）经批准后，人力资源部以书面形式通知用人部门。

（4）被辞退员工工作交接、关系转移及工资福利结算等按照辞职规定办理。

（5）因辞退员工产生的经济补偿等按相关法律法规执行。

8. 人力资源管理的信息披露

8.1 集团公司依法披露报告期末在职员工数量、专业构成、教育程度等信息。

8.2 集团公司以内部控制评价报告的形式披露人力资源政策可能存在的重大风险因素及其应对措施。

拟定		审核		审批	

二、人力资源管理内部控制业务实施细则

标准文件		人力资源管理内部控制业务实施细则	文件编号	
版次	A/0		页次	

1. 业务目标

1.1 战略目标：适应公司经营发展对人才的需要，进行人才梯队建设，营造以人为本的企业文化，提高企业核心竞争力；树立良好的社会形象，为企业扩张、实现目标配备、储备高素质的人才，为员工的职业生涯搭建良好的发展平台；提高凝聚力，使公司获得长远发展的精神动力。

1.2 经营目标：保证公司各部门、各职员高效完成企业经营、发展中的各项任务，使各职员能各尽其能、各显其才。

1.3 财务目标：保证公司各部门合理配置人才资源，不造成人力资源浪费，真实反映人工成本。

1.4 合规目标：符合国家劳动管理的有关规定和公司内部规章制度。

2. 风险评估

2.1 战略风险：人力资源供应不足导致公司缺少发展、扩张必备的高素质的人才；管理、激励、培养等不到位，导致职员流失严重，不利于树立良好的社会形象。

2.2 经营风险：招人不重重把关，导致办人情事，规章制度成为"纸上谈兵"；不能任人唯贤，奖惩分明，导致人才流失，频繁跳槽，职员工作懈怠，形成人力资源浪费，效率低。

2.3 财务风险：用人不当，导致商业秘密、专有技术等保密信息被不当泄露，导致企业遭受经济损失；员工不能胜任工作，导致数据资料汇总错误，不能真实反映公司的生产经营情况。

2.4 合规风险：违反国家劳动管理规定，造成不必要的法律纠纷，影响公司形象等；违反公司内部规章制度，使制度流于形式。

3. 业务流程步骤与控制点

3.1 提出、审批人员需求计划

3.1.1 在每年11月底，根据实际情况，公司各业务部门提出本部门下年的人员需求计划，填报"人员需求计划表"，经部门主管审签，报公司综合管理部。

3.1.2 公司综合管理部汇总填报公司"人员需求计划表"，经部门主管、分管领导审批。

3.1.3 公司综合管理部按"科学、精干、高效"的原则，严格进行核实，初步核定下年度各业务部门人员的编制，报公司董事会审批。

3.1.4 董事会根据公司经营目标及综合管理部初步核定的编制，审定公司下一年度人员的编制。

3.1.5 公司综合管理部将按审定的编制执行。

3.2 招聘员工

3.2.1 选聘员工。

（1）用人部门根据工作业务发展需要，在核定的编制内增加人员，应按以下程序进行：

① 用人部门填报"人员增补申请表"，需详细描述申请岗位的职责和要求，送公司综合管理部门审核后，报主管副总经理审批。

② 公司综合管理部门要尽可能地在公司内部进行调整，最大限度地发挥现有人员的潜力和水平。

③ 公司综合管理部负责在全公司范围内通过内聘或外招的形式招聘适合该岗位需要的人才。

④ 公司综合管理部负责对内外进行招聘。

（2）公司增加人员原则上一律实行招聘，公司内部应聘人员在同等条件下享有优先权。

（3）公司在编制外增加人员，须按以下程序办理：

① 公司各业务部门提出书面申请，送公司综合管理部。

② 公司综合管理部调查实际情况后提出书面报告报总经理、董事长审批。

③ 总经理、董事长批准后，由公司综合管理部负责招聘。

（4）凡对外招聘，应按以下程序办理：

① 应聘人员填写"应聘人员登记表"，由综合管理部进行初选。

② 初选合格后，由综合管理部协同用人部门负责人进行复试（面试）；对重要、敏感岗位，综合管理部应采取电话回访、派员走访的方式调查应聘者资料的真实性。在秘密要害岗位工作和接触秘密较多的人员，更要要求严格，做到先审查后录用。

③ 综合管理部根据复试（面试）结果提出建议试用人员报告报公司总经理审批。

④ 综合管理部组织试用人员进行体格检查。

⑤ 体检合格后，综合管理部通知应聘者报到。

3.2.2 员工报到。

（1）招聘录用的新员工正式上班当日先向综合管理部报到，登记报到的日期为起薪日。报到当日新员工须携带：两张一寸免冠照片、身份证、户口簿原件和复印件、学历证明原件和复印件、职称证明原件和复印件、医院体检表。

（2）报到当日，综合管理部对新入职员工进行入职培训，培训内容为公司的简介、有关管理规章制度以及安全卫生教育，领取员工手册。

（3）新员工办理完报到手续后，方可安排工作。

3.2.3 员工试用。

（1）综合管理部与员工签订试用合同。新员工（含再入职人员）一律实行3个月的试用期。若涉及机密岗位，应同时签订保密协议。

（2）新员工（含再入职人员）在试用期满一周内，试用人员填写"员工转正考核表"，用人部门负责人根据其试用期的表现，明确能否胜任现职，作出同意转正、结束试用或不予录用的意见后，报综合管理部审核，分管领导审批。

（3）提前结束试用期。

① 在试用期间，对业务素质、技能、工作适应能力、工作成效特别出色的新员工，试用部门负责人可以建议提前结束试用期，但须报请总经理批准。

② 在试用期内，新员工若严重违规或能力明显不足，试用部门可以陈述事实与理由报综合管理部审核后，安排在其他岗位试用或提前辞退。

3.2.4 员工录用。

（1）根据员工岗位、学历、职称、职务等情况，由双方协商签订合同的期限。

（2）员工转正后，董事长授权主管综合管理部的公司领导与录用人员签订聘用劳动合同。一式两份，一份综合管理部存档，一份员工自留。

（3）公司与员工签订劳动合同的同时，签订保密协议，明确规范双方保密工作的权利、义务。对新进员工必须事先进行保密教育，学习保密工作制度。

（4）综合管理部对新进员工进行岗前培训。

3.3 员工内部调动

3.3.1 调出部门根据与调入部门的协商情况提交"员工岗位调整申请书"，部门主管签署意见。可根据工作需要调整员工的工作岗位，员工也可以根据自愿申请，由公司相关部门确认后可在公司范围内流动。

3.3.2 调出部门报综合管理部签署意见，并报分管领导审批。

3.3.3 综合管理部向调出部门、调入部门和员工发出"员工岗位调整通知书"。

3.3.4 员工与调出部门办理工作交接手续，调入部门接收员工。

3.4 员工晋升和降职

3.4.1 公司应建立正常职务升降机制。

3.4.2 用人部门、综合管理部根据考核结果，对工作业绩不良者或违反公司规章制度者，可以提出降职建议；对成绩突出或卓著者，可以提出晋升计划和准备上报资料。

3.4.3 公司总经理对工作成绩特别突出、表现优秀者，可以提出破格晋升。

按职位的重要程度向分管领导或董事长审批。对考核成绩一直优秀者，可以考察该员工是否具备后备人才的条件，决定是否作为后备人才储备。

3.4.4 公司对员工奖惩分明，若员工行为给公司造成重大损失或触犯国家法律法规，将追究当事人法律责任。

3.4.5 职员职位晋升或降职后，其工资待遇和福利应进行相应调整。

3.5 员工培训

3.5.1 员工培训分为岗前培训、在岗培训、专业培训、员工业余自学四种。公司应举办各种形式的培训，同时各部门要经常性地对员工进行保密教育，把保密工作纳入业务工作全过程，做到与业务工作同布置、同检查、同考核。

3.5.2 拟定、审核培训计划。

（1）各业务部门根据生产工作的需要，编制"年度培训计划表"，经部门主管审批，报公司综合管理部。

（2）公司综合管理部拟定公司管理层"年度培训计划表"，经部门主管、分管领导审批。

（3）公司综合管理部汇总公司培训计划表，报分管领导审批，董事会审定。

（4）公司综合管理部将审定的培训计划下发执行。

3.5.3 培训计划实施。

（1）公司各业务部门组织相关部门开展作业层的培训工作，填写"培训记录表"，年底进行评价并报公司综合管理部备案。

（2）公司综合管理部组织管理层的培训工作，填写"培训记录表"，在年底进行评价并备案。

（3）定期、不定期地邀请公司内外专家举办培训、教育讲座。

（4）员工可自行决定业余时间参加各类与工作有关的培训教育，如影响工作，则需经部门负责人和综合管理部批准方可报名。参加业余学习一般不应占用工作时间，不影响工作效率，不得在上班时间从事与工作无直接关系的学习。凡公司出资参加重要项目培训的员工，经协商在接受培训前应与公司签订包括保密条款、服务期条款、赔偿条款的协议。

3.5.4 培训费用报销。

（1）员工培训结束后，需持培训成绩、合格证书、学费收据在3天内先在公司综合管理部登记审核，员工参加各类学习班、职业学校、夜大、电大、函大、成人高校的学历资格，均由公司综合管理部根据国家有关规定认定，未经认可的不予承认。

（2）公司综合管理部审核通过后，公司计划财务部门按成本费用管理业务流程办理培训费用报销事宜。

3.6 人才储备

3.6.1 后备人才的产生办法。

（1）对公司的管理、技术人员中业务水平高、能力强、善于创新、经验丰富、取得国家认可的资格考试、取得劳动部门认可的资格等的员工，由公司综合管理部进行登记，建立公司人才库，并对其工作情况进行跟踪记录。

（2）公司综合管理部根据各用人部门提供的资料，初步分析人才库各类人才的德、能、勤、绩，确定初选后备人才对象以备使用。

（3）后备人才采取推荐与自愿申请相结合的方式，经公司综合管理部初核后由员工本人填写人才测评表。

（4）公司成立由公司综合管理部、各部门主管组成的后备人才考察组定期进行考察、测评、分析，确定其作为公司的某些职位（岗位）后备人才。对这些后备人才，综合管理部门负责定向收集有关材料，如履历、在企业中的职位、个人发展计划、业绩总结等。

3.6.2 公司后备人才考察组对后备人才实行动态管理，每年根据其个人年度总结及其考评成绩进行淘汰。

3.6.3 后备人才的使用。

（1）对后备人才进行有意识的培训与开发，可采取内部培训或送外培训两种方式。

① 对管理人才主要从领导能力、决策能力及现代管理知识等方面进行培训；对专业技术人员主要从专业知识、专业技能方面进一步提高。

② 从组织上对后备人才进行培养。主要从政治思想和爱岗敬业方面进行培训，培养他们在工作中、生活中成为先锋模范代表。

（2）当某一职位（岗位）发生空缺时，确定的该职位（岗位）后备人才为首要候选人。可按以下两种办法实行内部选拔：

① 根据后备人才的情况和历年考评成绩经公司领导班子民主讨论后给以直接晋升。

② 进行公开招聘，公开竞争，后备人才在同等条件下优先考虑。

3.6.4 外部人才储备由公司综合管理部通过企业网站设立人才登记模块、参加各高校的校园招聘会等方式收集信息，分专业、种类建立，需根据公司的发展规划有意识、有目的地进行追踪，以备公司的人才需要。

3.7 请假

3.7.1 员工请假由本人提出申请，说明请假种类、假期、时间、事由，并提供各种证明材料，报相关领导审批。若员工休年假，需提前一周向本部门提出申请，在不影响生产经营的原则下，经部门领导统筹安排，严格按请假程序办理相关手续后方可休假。

3.7.2 相关领导审批。因突发事情不能预先办理请假手续时，应及时用电话向所在部门主管报告，征得口头同意后方可休假，假期满返回公司后再持有关证明及时补办请假手续。请假理由不充分或有碍工作时，可酌情不予给假，或缩短假期及延期给假。

3.7.3 请假人员假满后，必须到综合管理部门销假，否则视为逾假未归，作旷工处理。请假人员不得逾期不归，部门主管不得隐瞒不报。

3.7.4 请假期满，员工若未办完事应办理续假手续，并按上述权限进行报批。假期届满未续假或虽续假尚未核准而不到岗者，除确因病或临时发生意外等不可抗力因素外，均以旷工处理。

3.7.5 在规定的医疗期内恢复健康并正常上班的，公司根据需要为其安排工作岗位。在规定的医疗期满后，不能从事原工作也无法另行安排新岗位的，公司将按劳动合同的有关条款与其解除劳动合同。

3.8 劳动合同的变更、终止、续订与解除

3.8.1 辞职。

（1）员工解除劳动合同，应提前30天向所在部门负责人提出书面离职申请。

（2）由所在部门负责人报总经理批准。

3.8.2 解聘。

（1）公司生产经营状况发生严重困难，确需裁减人员时，由公司董事会提前30天向工会或全体职工说明情况，听取工会或职工的意见，向劳动行政部门报告后，可以裁减人员。

（2）员工因违反公司规章制度、不能胜任工作而被解聘的，应在离职前30日发出解聘通知，由所在部门负责人填写"解聘员工申请表"，报公司总经理批准。

（3）劳动合同期限届满前，应提前30日向员工提出续聘或终止劳动合同的要求中，经双方协商同意续聘的应在劳动合同届满前办理续聘手续，续聘不得再约定试用期，经双方协商不同意续签劳动合同的，应办理终止手续。

3.8.3 员工在接到正式通知后，均应在综合管理部门领取"移交工作清单"。

3.8.4 员工应按清单要求在离开之前由技术质量、计划财务、综合管理和所在部门等领导签字并办完有关工作移交手续。"移交工作清单"应详细记录移交实物、资料等事项，并经工作所在部门主管、计划财务部门负责人、监交人员等签字。特殊岗位职员（如掌握公司核心技术、核心机密、商业秘密者）提出解聘要求，必须签订保密协议后方可解聘。员工劳动合同终止或因其他原因从本公司离职时，应向公司交回所有与公司经营有关的文件资料，包括销售顾客清单、图

表资料及培训教材等。

3.8.5 离职人员凭"移交工作清单"到综合管理部进行移交手续汇总，并由综合管理部负责人签意见后存档，领取存档证件。。

3.8.6 离职人员凭"移交工作清单"到计划财务部门结算工资、风险金。凡劳动合同解除终止时，符合国家有关规定必须给予经济补偿的，公司依照国家有关规定给予经济补偿。

3.8.7 员工发生劳动争议时，由公司调解委员会调解，不能调解的上报劳动仲裁部门进行调解、仲裁。

3.9 人力资源管理监督及检查

3.9.1 对人力资源管理情况进行专项检查，也可结合内部审计和外部审计期间财务检查、审计等工作进行。

3.9.2 对人力资源管理情况进行专项检查的内容包括但不限于：

（1）人力资源管理业务相关岗位及人员的设置情况。重点检查有关人力资源管理是否存在不相容职务混岗的情况。人力资源管理业务不相容岗位一般包括人员需求计划的提出与审批，招聘员工的申请与审批，员工内部调动的申请与审批，员工晋升与降职的申请与审批，培训计划的编制与审批，请假的申请与审批，员工辞职的申请与审批等。

（2）人力资源管理授权批准制度的执行情况。重点检查招聘重要岗位人员的授权批准手续是否健全，是否存在越权审批行为。

（3）人力资源管理决策责任制的建立及执行情况。重点检查责任制度是否健全，奖惩措施是否落实到位。

（4）人力资源管理中遵守国家相关法律、法规情况。重点检查公司是否存在违反国家有关劳动法律法规的规定和行为。

3.9.3 公司综合管理部应承担公司员工的日常培训、录用、解聘等工作。

3.9.4 审计监察室应定期或采取突击方式对各级公司、各部门、各项人事管理进行监督检察，出具包括人事管理在内的内部审计报告书，对违反公司人事管理的部门、个人报告董事会审计委员会，并提出处理意见。

3.9.5 董事会将审计监察室上报的检查情况通报公司各部门，对存在以下问题的部门，在公司内部通报批评，下达整改通知，有关部门应采取有效措施进行整改，确属综合管理部人员工作不力的应及时调离岗位：

（1）在聘任、解聘、晋升、降职、人才储备、请假等过程中有关人员徇私舞弊、审批不严、不平等对待员工。

（2）员工出现工作懈怠、马虎失职、不能胜任等情况，但人力资源管理部门不予纠正、处理。

（3）在解聘、请假和休假方面不按规定进行审批、办理交接，导致工作交接不及时，影响生产经营活动；监交人员不履行职责，导致财产损失。

（4）对符合人才储备条件的员工不向公司综合管理部申报，导致公司人才被埋没，对外招聘人员成本增加。

（5）保密观念、保密意识淡薄，警惕性不高，致使秘密泄露。

（6）为牟取私利，将公司秘密通过各种非法手段卖给别人，使公司利益遭受较大损失。

拟定		审核		审批	

第三节 人力资源业务内部控制表格

一、人力资源需求申请表

人力资源需求申请表

编号：

申请职位	职位名称		需求人数		申请日期	
	所属部门		现有人数		期望到职日期	
	联系电话		工作地点		可相互转换的职位	
申请理由	A.增设职位： B.原职位增加人力： C.储备人力：					
职位信息	工作内容及职责：					
任职要求	性别		年龄		专业		户籍	
	1.经验： A.中专学历（　）年工作经验 B.大专学历（　）年工作经验 C.本科学历（　）年工作经验 D.行业背景					
	2.培训经历：					

73

续表

任职要求	3. 专业知识及技能：
	4. 性格特征：

部门负责人： 签字：　　　日期：	人力资源部经理： 签字：　　　日期：	总经理办公室： 签字：　　　日期：

备注	1. 请提供部门组织结构图、人员分工。 2. 本表由总经办签字生效。

实际录用和到位情况（由招聘专员填写）
签字：　　　日期：

二、部门年度人力需求计划表

部门年度人力需求计划表

日期：

职位名称	现有人数	本年度缺编人数	本年度计划减员人数	下年度储备人数	下年度拟招聘人数

部门经理： 签字：　　　日期：	总经理： 签字：　　　日期：	人力资源部经理： 签字：　　　日期：

备注	

三、年度人力需求计划报批表

年度人力需求计划报批表

日期：

职位名称	现有人数	本年度缺编人数	本年度计划减员人数	下年度储备人数	下年度拟招聘人数

续表

计划安排	时间	工作内容		
费用预算	项目	金额		
	合计			
人力资源部意见	领导签字：		日期：	
总经办审批意见	领导签字：		日期：	
备注					

四、招聘计划表

招聘计划表

日期：

招聘目标			
职位名称	数量	任职资格	
信息发布渠道和时间：			
招聘小组成员			
组长		职责	
组员		职责	
选拔方案及时间安排			
招聘职位	步骤	负责人	截止时间
费用预算			
项目		金额（元）	

75

续表

招聘工作时间表	
时间	工作内容
制订人	人力资源部经理签字

总经理办公室意见：

领导签字：　　　　　　日期：

五、录用决定审批表

录用决定审批表

应聘人姓名	
机构名称	
部门	
拟聘级别	
拟聘职位	
面试人	
薪资／福利情况	
入公司日期	
综合评估 （面试负责人填写）	签字：　　　　　日期：
人力资源部经理意见	签字：　　　　　日期：
总经理意见	签字：　　　　　日期：
总经理办公室意见	签字：　　　　　日期：

六、请假申请单

请假申请单

姓名		部门		职位	

请假类别：
□事假　□病假　□年假
□婚假　□丧假　□产假　□工伤假　□其他 _____
请假原因：

请假时间：自 ____ 年 __ 月 __ 日 __ 时至 ____ 年 __ 月 __ 日 __ 时，共 __ 天

部门经理意见：

副总经理意见：

备注：
　1. 凡请假时间不到半天的按半天计，多于半天少于1天的按1天计，以此类推。
　2. 凡请假在1天以内（包括1天），由各部门经理批复；请假超过1天，由各部门经理及总经理批复，并交人力资源部备案。
　3. 请假需说明请假理由，病假、婚假、丧假、产假和工伤假需提交或补交相关证明。

七、外勤／补休申请单

外勤／补休申请单

姓名		部门		职位	

事由：
□外勤地点：_____
□补休
原因：

时间：自 ____ 年 __ 月 __ 日 __ 时至 ____ 年 __ 月 __ 日 __ 时，共 __ 天

部门经理意见：

副总经理意见：

备注：
　1. 凡补休时间不到半天的按半天计，多于半天少于1天的按1天计，以此类推。
　2. 凡补休在1天以内（包括1天）的，由各部门主管批复；补休超过1天的，由各部门经理及副总经理批复，并交人力资源部备案。
　3. 外勤需说明地点及原因，提前由部门经理批复，建议外勤时间以不超过半天为宜。

八、员工晋升申请表

员工晋升申请表

部门		姓名		员工编号	
原职称		晋升职称		任职期	
原职位		晋升职位		任职期	
近一年考核成绩	1月	2月	3月	4月	5月	6月	7月	8月	9月	10月	11月	12月
近一年奖惩情况												
晋升原因												
原职主要工作职责					晋升后主要工作职责							
提报人					提报日期							
人力资源部初审意见					初审人							
					日期							
评估会评议结果					评估会主任							
					日期							
总经理核准意见					签名							
					日期							

九、管理职务晋升推荐表（主管及以上人员适用）

管理职务晋升推荐表（主管及以上人员适用）

姓名		性别		年龄		户口所在地		籍贯	
最高学历		所学专业		政治面貌		毕业学校			
个人爱好及特长				计算机水平					
参加工作时间				工作年限		在本公司工作年限			
现任职									
部门		职务		聘任日期：___年___月___日		累计聘任年限		___年___个月	
拟晋升职位									
推荐	□晋升			拟晋升部门					
	□后备领导者			拟晋升职务					

78

续表

推荐理由及晋升原因	
员工自评（优劣势）	
部门负责人意见	
公司负责人意见	

人力资源部任职资格审查	职缺状况	□是　□否 □后备人才　□其他
	考核成绩	历年考核成绩达至规定的标准是：
	审核意见	□具备推荐职务基本资格条件，同意晋升
		□尚有不足，建议先代理职务或延期办理
		□同意推荐为储备领导者：____
		□建议其他部门_____ 职务_____
		签字：　　　　　　　日期：
领导意见：		签字：　　　　　　　日期：

说明："推荐理由及晋升原因"栏，员工自荐时，由员工本人填写并签名；公司（部门）推荐时，由公司（部门）负责人填写并签名。

十、员工调薪申请表

员工调薪申请表

日期：

基本资料	申请人		到职日期	
	所属部门		职位名称	
调薪原因	□绩效调薪　□调职调薪　□年度调薪　□停薪 □试用期结束调薪　□奖励　□其他			
预提薪日期				
调薪状况	项目	调整前		调整后
	职位			
	职级			
	基本工资			
	岗位工资			
	岗位补贴			
	通信补助			
	合计			

续表

本人申请说明	
直属上级签字	
人力资源部签字	
总经理签字	

十一、薪资变动申请表

薪资变动申请表

姓名		部门		职务		
性别		入职日期		调整日期		
变动原因	□报到定薪　□试用合格调薪　□岗位变动调薪　□其他					
调薪原因	□工作能力及效率提升，晋级　□降级 □转岗调职　□工龄工资 □试用期转正　□其他，请说明：					
变动项目	基本工资	保密工资	绩效工资	岗位津贴	其他补贴	金额总计
变动前						
变动后						
人力资源部 审批意见						
总经理 审批意见						
财务部	调整后薪资发放执行日期：　　　　　　　　签名：					

第五章 研发业务内部控制

第一节　研发业务内部控制要点

一、研发业务应关注的风险

企业开展研发业务至少应当关注下图所示的几项风险：

风险一	研究项目未经科学论证或论证不充分，可能导致创新不足或资源浪费
风险二	研发过程管理不善，可能导致研发成本过高、舞弊或研发失败
风险三	研究成果转化利用不足、保护措施不力，可能导致企业利益受损

研发业务应关注的风险

二、研发业务的内控措施

研发业务的基本流程主要涉及立项、研发过程管理、结题验收、研究成果开发、研究成果保护以及评估与改进。

1. 立项

立项主要包括立项申请、评审和审批，其管控措施具体如下：

（1）建立完善的立项、审批制度，制订研发计划，确定原则和审批人，审查承办单位或专题负责人的资质条件，评估、审批流程等。

（2）结合企业发展战略、市场及技术现状制订研究项目开发计划。

（3）企业应当根据实际需要，结合研发计划提出研究项目立项申请，开展可行性研究并编制可行性研究报告。企业可以组织独立于申请及立项审批之外的专业机构和人员进行评估论证，出具评估意见。

（4）研究项目应当按照规定的权限和程序进行审批，重大研究项目须报经董事会或类似权力机构集体审议决策。审批过程中，要重点关注研究项目促进企业发展的必要性、技术的先进性以及成果转化的可行性。

（5）制订开题计划和报告。开题计划经科研管理部门负责人审批，开题报告应对市场需求与效益、国内外在该方向的研究现状、主要技术路线、研究开发目标与进度、已有条件与基础、经费等进行充分论证、分析，保证项目符合企业需求。

2．研发过程管理

研发过程是研发的核心环节。研发通常分为自主研发、委托研发和合作研发。

（1）自主研发。

自主研发是指企业依靠自身的科研力量，独立完成项目，包括原始创新、集成创新和在引进消化基础上的再创新三种类型，其管控措施如下图所示。

措施一	建立研发项目管理制度和技术标准，建立信息反馈制度和研发项目重大事项报告制度，严格落实岗位责任制
措施二	合理制订项目实施进度计划和设计组织结构，跟踪项目进展，建立良好的工作机制，保证项目顺利实施
措施三	精确预计工作量和所需资源，提高资源使用效率
措施四	建立科技开发费用报销制度，明确费用支付标准及审批权限，遵循不相容岗位牵制原则，完善科技经费入账管理程序，按项目正确划分资本性支出和费用性支出，准确开展会计核算，建立科技收入管理制度
措施五	开展项目中期评审，及时纠偏调整；优化研发项目管理的任务分配方式

（2）研发外包。

研发外包根据外包程度可以分为委托研发和合作研发两种形式。研发外包的管控措施如下表所示。

研发外包的管控措施

序号	措施类别	具体说明
1	严格甄选合作伙伴	（1）企业在选择外包方的过程中，应遵循技术互补性、相容一致性，以及成本最低、讲诚信、均衡等原则 （2）企业应该选择和自身研发实力相当的外包方，以免被对方占据主导优势，而且对企业在合作研发过程中吸收、学习外包方的技术知识产生不利影响
2	认真审核、签订技术合作合同	（1）严格按照《中华人民共和国合同法》（以下简称《合同法》）签订有关合同 （2）合同的条文要完整准确，特别是承担的义务、技术指标、经费落实、知识产权归属、研发信息和成果的保密性条款、赔偿条款以及纠纷处理条款等要界定明确，用词准确 （3）合同签字前，要严把审核关，对合同的合法性、合理性、可能性要逐条逐句地进行分析 （4）合同一旦签订，就要严格按质、按量、按期履行
3	加强合作过程管理监督	包括进度监督、质量监督、成本监督、效率监督和人员监督几个方面，并严格验收研发成果
4	建立相互信任的外包关系	包括树立双赢的企业合作理念、有效的反馈机制、高效的信息沟通渠道和采取公平合理的激励措施

续表

序号	措施类别	具体说明
5	应用法律手段保护企业的合法权益	（1）要重视知识产权法律法规知识的普及宣传，增强知识产权保护意识，学习运用法律手段进行自我保护 （2）一旦发现合作方有侵权行为，要敢于和善于运用法律手段保护企业的合法权益 （3）对于专利申请权纠纷，可以请求专利管理机构处理，也可以向人民法院起诉，还可以向国家知识产权局提出无效专利宣告请求

3. 结题验收

结题验收是对研究过程形成的交付物进行质量验收。结题验收有检测鉴定、专家评审、专题会议三种方式。该环节的管控措施具体如下：

（1）建立健全技术验收制度，严格执行测试程序。

（2）对验收过程中发现的异常情况，应重新进行验收申请或补充研发，直至研发项目达到研发标准为止。

（3）落实技术主管部门验收责任，由独立的具备专业胜任能力的测试人员进行鉴定试验，并按计划作出正式、系统、严格的评审。

（4）加大企业在测试和鉴定阶段的投入，对重要的研究项目可以组织外部专家参加鉴定。

4. 研究成果开发

成果开发是指研究成果经过开发过程转换为企业的产品。该环节的管控措施具体如下：

（1）建立健全研究成果开发制度，促进成果及时有效转化。

（2）科学鉴定大批量生产的技术成熟度，力求降低产品成本。

（3）坚持开展以市场为导向的新产品开发消费者测试。

（4）建立研发项目档案，推进有关信息资源的共享和应用。

5. 研究成果保护

研究成果保护是企业研发管理工作的有机组成部分。有效的研发成果保护，可保护研发企业的合法权益。研究成果保护主要风险的管控措施如下表所示。

研究成果保护主要风险的管控措施

序号	措施类别	具体说明
1	进行知识产权评审	（1）知识产权评审包括研发项目立项阶段对相关的技术信息，特别是专利的检索和分析评判 （2）研发完成后对成果的保护形式进行评审，确定采取专利或技术秘密等不同保护方式

续表

序号	措施类别	具体说明
1	进行知识产权评审	（3）评判生产阶段工艺路线，利用专利文献选择较好的工艺路线 （4）在采购阶段，对供应商知识产权状况进行评价 （5）在产品销售阶段，对营销方案、广告用语的知识产权进行调查，查询预注册商标等
2	建立知识产权档案	（1）企业建立的知识产权档案包括商标注册、专利申请的相关资料和文件，以及研发活动的研发记录，知识产权评审资料等。一般而言，企业知识产权档案中的专利内容应包括技术研发、试制、申请专利的原始文件，修改过程文件，专利申请受理通知书，专利证书，专利年费交费票据，专利变更文件等；商标内容应包括商标设计文件、注册商标申请文件、商标注册公告、注册商标证书、商标许可合同等 （2）完备的企业知识产权档案，应根据企业知识产权的活动过程和特点进行整理和归纳，这样才能确保发挥原始的、直接的、完整的法律证据作用，作为防卫侵权诉讼的"盾牌"
3	依靠法律保护企业合法权益	在权益保护的过程中，企业要配合监管部门积极参与调查、取证、依法投诉，严厉打击侵犯本企业知识产权的非法行为
4	严格界定研究成果的归属	（1）雇佣关系下研究成果的归属。雇佣关系下研究成果的归属分两种情况，即职务技术成果的归属和非职务技术成果的归属。职务技术成果属于公司，由公司拥有并行使技术成果的使用权、转让权。如果技术成果与员工的工作任务和责任范围没有直接关系，而且不是利用本公司的物质技术条件完成的，就属于非职务技术成果。非职务技术成果的属于员工个人，其使用权、转让权由完成技术成果的个人拥有和行使 （2）委托开发关系下研究成果的归属。委托开发关系下研究成果的归属由当事人自行约定，也就是说当事人可以约定委托关系下完成的技术成果属于委托人，也可约定属于被委托人。但是，被委托人在向委托人交付研究成果之前，不得转让给第三人。另外，除当事人另有约定以外，委托开发中完成的研究成果专利申请权属于被委托人 （3）合作开发关系下研究成果的归属。合作开发关系下研究成果的归属由当事人自行约定，如果没有约定或约定不明，归全体合作人共同拥有，共同行使使用权、转让权和专利申请权

6. 研发项目评估

研发项目评估是指在研发项目通过评审验收后，由各方面具备资格的代表对研发项目应用效果所做的正式的、全面的、系统的检查。针对项目成果的应用效果进行评价，以及客观评估研发成果对企业发展的贡献，可以为全面衡量企业研发项目的研发价值，有效监督研发项目执行的规范度，以及提升后续研发项目申报质量提供科学可靠的依据。该环节的主要管控措施如下表所示。

研发项目评估主要风险的管控措施

序号	措施类别	具体说明
1	增强高层管理者对评估作用的认可	高层管理者必须认识到研发评估不单是收集、处理、传播知识，而是围绕企业进行研发投资管理，因此评估不是独立于企业研发部门之外的工作

续表

序号	措施类别	具体说明
2	从流程和制度上保证研发评估工作顺利开展	研发活动的评估需要规范的制度和操作流程。企业要从机构设置上、职责分工上、项目评估的内容与运作模式上加以明确，保证研发工作的顺利开展
3	保证人员和经费	（1）从岗位设置上保证从事评估工作的人员配置 （2）明确评估的资金来源，或者通过设立专项资金，或者在项目立项的经费预算中列入评估费用 （3）加强对评估人员的选拔和培训，提高他们的专业素质
4	构建评估的指标体系	考虑不同项目自身的特点，准确、客观地评价项目，对不同项目的评价指标进行个性化的处理

第二节 研发业务内部控制制度

一、研发业务内部控制办法

标准文件		研发业务内部控制办法	文件编号	
版次	A/0		页次	

1. 目的

为了加强对公司新产品开发和产品改进工作的管理，加快公司技术积累、打好技术基础、加快产品研发速度、指导产品研发工作、提高技术人员素质，避免研发风险，特制定本办法。

2. 适用范围

本办法适用于××集团所属各公司。

3. 寻找研发方向

3.1 针对公司的战略目标和市场发展目标，公司的研发中心、信息中心、技术质量部和市场部、生产部须了解市场需求，收集有关新产品、新技术、新工艺、新设备等技术信息。

3.2 市场部整理收集信息，评价市场需求对公司现有产品的适应度（现有产品是否需要小幅改动，是否需要研究开发一个全新产品等）、市场容量、可能的市场份额以及经济环境等，并将相关信息反馈给研发中心部门。

3.3 研发中心分析现有生产状况、生产能力，评价公司现有技术和工艺的适应度，结合市场部等有关部门反馈的信息寻找研发目标及方向。

4. 研发项目立项

4.1 研发中心对公司市场、信息等部门反馈的信息进行整理、分析后向公司分管副总经理提交研发规划或方向立项申请。

4.2 公司分管副总经理主持召开由生产部、市场部、技术质量部、计划财务部、研发中心等参加的评审会（必要时可以邀请本行业权威专家、学者和机构），对研发项目的可行性进行评审并在研发立项申请报告中提出评审意见和签字。

4.3 通过可行性评估的研发项目，报公司分管副总经理审批后立项。

5. 研发实施

5.1 研发中心组织有关人员成立研发小组。

5.2 研发小组制订研发设计流程、开发日程表、相关设计规划项目以及进行工作分配，正式进入研发阶段。

5.2.1 研发小组应以开发日程表、研发设计流程规定的步骤实施，确保设计的功能特性，对于原辅料和机器设备采购、生产、品质等均要能提供明确的设计规范或技术资料。

5.2.2 研发小组设计的新产品的质量标准除应满足客户需求外，还要考虑公司的质量政策和相关技术规范的要求。

5.2.3 研发小组设计的新技术和新工艺的技术标准除应满足国家有关规定外，还要考虑公司的相关技术规范的要求。

5.3 研发小组绘制相关图纸并制定相关标准，试制样品。

5.3.1 研发小组设计绘制新产品、新技术和新工艺可能涉及的技术图纸并制定工艺流程等生产技术标准。

5.3.2 研发小组根据相关标准试制样品。

5.4 研发小组对试制样品进行检测与试验。

5.4.1 研发小组对样品进行功能测试。

5.4.2 技术质量部对样品负责实施检测并出具检测报告，如发现测试失效或有不符标准的，应注明问题点／相应对策。

5.4.3 研发小组根据检测结果确定原设计的结果是否符合原设计构想的要求。如不符合，就重新进行设计，直到满足公司相关要求为止。

5.5 样品检测报告表明符合原设计构想后，研发小组将相关标准与规范报公司分管副总经理审批。

5.6 审批通过后，生产部制定工艺定额，技术质量部、市场部物资采购中心、综合管理部、计划财务部共同制定出标准成本、质量标准。

5.7 研发小组召开有公司分管副总经理和生产部、技术质量部、市场部物资构）参加的研发评审会并在评审报告上签署评审意见。公司管理层比较预期售价和标准成本，决定是否投产。如关系重大，应在董事会上讨论。

5.8 小批试生产。

5.8.1 新产品通过评审后，公司生产部主持小批试生产。

5.8.2 试生产期间如发现工艺流程、工艺定额、标准成本需要调整，须报公司分管副总经理批准。

5.9 试生产结束后，生产部组织有关部门（如果是开发的新产品则需要要货客户参加）参加的验收会议。如验收不合格，则重新进入试生产程序。

6. 正式投产

6.1 试生产通过后，研发小组将最终标准与图样加以书面整理形成新产品、新技术、新工艺技术标准、工艺规范和样品，并报公司分管副总经理审定后，转发给生产部、技术质量部、市场部物资采购中心，作为采购、生产的作业标准。

6.2 如果新产品的生产需取得国家规定的各项批准和文件，则由公司技术质量部按规定程序取得。

7. 研发文件管理

7.1 研发小组对研发过程均应保持适当的记录以便追溯和改善，并形成研发文件，并由技术质量部门档案管理人员负责文件的保管。

7.2 研发文件经公司分管副总经理审查核准编号分发，并由技术质量部门档案管理人员负责文件原本的保管，机密文件应被标示并特别保管。

7.3 研发文件收发均应有签收记录。研发文件的发放、借阅必须经过相应级别授权。

7.4 公司的技术骨干和关键技术人员等可能接触到核心技术的人员须与公司签订保密协议。

8. 监督与检查

8.1 对研发进行专项检查，也可结合财务检查、审计等工作进行。

8.2 对研发进行专项检查的内容包括但不限于：

8.2.1 研发业务相关岗位及人员的设置情况。重点检查有关研发业务是否存在不相容职务混岗的情况。研发业务不相容岗位一般包括：研发立项的申请与审批；研发的执行与验收等。

8.2.2 研发授权批准制度的执行情况。重点检查研发业务的授权批准手续是否健全，是否存在越权审批行为。

8.2.3 研发责任制的建立及执行情况。重点检查责任制度是否健全，奖惩措施是否落实到位。

8.2.4 研发文件保管制度的执行情况。特别是核心技术文件的保管情况，重点检查是否存在未经授权借阅保密文件。

8.3 技术质量部作为公司研发归口管理部门，如有研发项目，每年至少检查研发项目一次。

8.4 审计监察室在研发的过程中进行不定期或定期的检查，并将检查情况和问题整改情况上报董事会。特别是对研发的立项、研发的验收管理，应进行严格的监督与检查。

8.5 董事会将上报的检查情况通报公司各部门。对存在问题的部门，在公司内部通报批评，下达整改通知，相关部门应采取有效措施进行整改，确属相关人员工作不力的应及时地将其调离岗位。

拟定		审核		审批	

二、研发部内部控制循环管理办法

标准文件		研发部内部控制循环管理办法	文件编号	
版次	A/0		页次	

1. 目的

为促使本公司"内部控制"的"研发循环"程序能有所遵循，特制定本办法。

2. 适用范围

凡本公司有关"内部控制"的"研发循环"作业程序与控制重点，都依照本文件的规范办理。

3. 管理规定

3.1 样品制作作业

3.1.1 作业程序。

（1）业务取得客户信息要求制作样品时，应先确认样品的规格或要求的材料种类，再开出"样品制作通知单"予以业务部主管审核，研发部收到后，如客户有提供原图时，应先依客户要求的条件先行设计，并同时将相关参数转换成"制样工艺表""材料表"及"新产品制程能力评估表"，而若客户有提供样品时，应先行对客户原样进行测试或拍照，再行拆样记录在"原样拆析表"中。

（2）研发试做样品时，应先确认材料，如原料具有上、下限特性或可容忍度的情况，操作人员在制作样品时，应尽量取得边缘值的材料，以避免未来大量采购时满足不了客户质量要求的风险。

（3）研发部制样领料时应在研发部材料清单上登记领料数量，制样人员应根据所领材料数，确实填写每一样品的制样记录，无论样品最终测试结果是否能达成质量要求，其目的在于让权责主管了解制样中的问题所在，经权责主管确认后，如因材料规格问题无法满足大量生产需求，应主动更换材料，如属客户要求的材料，应请业务通知客户并进行后续处理。

（4）制样组于接受样品订单时，应先制作一个样品经研发部主管拆样确认无误后始可继续制样，样品制作数量应满足客户需求及供FQC人员拆样分析使用。

（5）制样组制样完成后，应填写"新产品制程能力评估表"，并判定其难易程度，交由主管分析。

（6）新机种量试或首次投产，研发应填写"新机种首次投产报告"，作为后续生产时的参考依据。

3.1.2 控制重点。

（1）样品制作是否均依据样品制作通知单。

（2）制样组是否完整记录样品制作过程中的合格与不合格记录，交由权责主管判定规格及材料特性。

（3）新机种评估是否确实。

3.2 样品测试

3.2.1 作业程序。

（1）制样组完成样品后，制样人员应将样品交予品管人员分析。

（2）品管人员应依据成品检验办法的规定检验样品。

（3）FQC人员在收到样品后，应对其产品工艺进行确认，并分析其生产难易度，将意见填写于"新产品制程能力评估表"中。

（4）FQC人员应对其拆卸样的样品做好记录，并对制样记录的说明及内容加以确认，确认无误后方可交由研发部人员编制BOM表、工程图及承认书等相关文件。

（5）未经品管验证测试的样品不得交予客户确认。

（6）成品检验人员测试如发现质量或制程有瑕疵，达不到客户要求时，应将不合格品直接退回给研发部，研发部接到不合格品时，应分析样品及问题，并提出改善对策。

（7）当业务要求为客户补换不良品时，若无制令由研发部代为制作者，研发部制作完毕后，应以样品入库单入库，业务部须以销货单重新销货。

3.2.2 控制重点。

（1）样品是否有未经品管检验测试就送至客户处确认。

（2）研发部制样人员是否确实对样品的工艺及难易度表示意见，并填写于难易度系数表中。

（3）成品检验人员的记录是否与样品登记的吻合。

（4）品管的检验测试记录是否与承认书上的规格特性吻合。

（5）研发部补换不良品的产品是否有入库，业务部是否重新开立销货单。

3.3 文件制作

3.3.1 作业程序。

（1）样品需经由 FQC 人员拆样确认制样记录后，方可交由研发部人员编制 BOM 表、工程图及确认书。

（2）研发部人员在建立 BOM 表及承认书资料时，其各项原料，除主要材料外应依据可替代料清单建立至少 3 种替代料件，以利于采购备料。

（3）确认书中材料的选定无论客户是否指定厂商或规格，研发部文员均应按公司的标准，主动提供 3 种以上替代料件供客户选择及确认。

（4）研发部文员编制 BOM 表、工程图及确认书后，需将资料经研发主管及经（副）理确认后，方可送出。

（5）研发部应登记所送出确认书状况及签回资料，并定期将确认书未取回的资料交予业务部参考追踪，如送出确认书后，客户未签回却直接下单者，业务应请客户将相关的确认书传回，以利于确认。

（6）产品正式量产之前，研发部应完成标准流程、工序平衡表，并经主管确认后，方可正式发行。

3.3.2 控制重点。

（1）BOM 表及确认书中的材料、替代料是否一致，厂商的数量及质量是否符合要求。

（2）书面文件的核决是否有按照规定办理。

（3）所有量产的机种是否都有确认书。

（4）标准流程、工序平衡表是否于正式量产之前已备齐，由研发部发行。

3.4 投产前作业

3.4.1 作业程序。

（1）新产品试产或正式投产前，应由研发部召开产前会议，参加的对象应包括品管、制造等部门，并依据研发过程中的记录文件提供分析报告，让各部门了解新产品的特性及难易度或应注意的地方。

（2）治工具制作人员依作业指导书中的规定制作及准备治工具及机器。

（3）生技部依据作业指导书中的规定规划及准备测试仪器。

3.4.2 控制重点。

（1）生产前的会议是否依照程序召开。

（2）治工具及机器仪器的准备与制作是否及时，不影响生产线的生产。

3.5 设计变更作业

3.5.1 作业程序。

（1）制程变更时由制造部填写制程变更申请单，经制造部主管确认后，交研发部审查，经研发部门经理同意后，由研发部门填写设计变更通知单通知相关部门以作回应。

（2）若是客户要求的变更，应由研发部填写"设计变更通知单'，并经研发部主管确认可行性及正确性后，通知研发部相关人员修改相关的文件。

（3）设计变更来自客户要求的，应请客户提供正式的变更通知单以作凭证。

（4）如设计变更涉及重新制样，应依样品制样规定办理。

（5）研发部主管于设计变更后，应追踪相关文件修改的状况，确认相关的文件包括 BOM 表、工程图、确认书、标准流程、工序平衡表等均已修改，并填写"技术资料变更通知单"交予研发部重新发行。

3.5.2 控制重点。

（1）设计变更是否经研发部主管确认后才通知相关部门变更文件。

（2）设计变更如涉及应重新制样时其程序是否依照程序办理。

（3）设计变更后相关的文件是否经研发部主管认可后，以"技术资料变更通知单"通知重新发行。

（4）客户通知的变更是否有正式的书面文件。

3.6 外包承认作业

3.6.1 作业程序。

（1）外包厂商要承包本公司产品之前，除需按《外协厂商管理办法》进行评鉴外，应先请外包厂商进行制样，制样后应将样品交由研发部及品管部测试检验，测试检验的标准应依照"成品检验作业程序"针对外观及特性予以加强检验。

（2）如有检验不合格者，应要求外包厂商重新制样，直至符合公司要求标准为止，当制样的样品外观特性都合乎要求后，始由研发部出具制样的确认书。

（3）如有新产品需要外包时，应由外包厂的生管部挑选两家以上的厂商重新要求进行制样,合格后始可针对"生产循环—委外加工作业"进行厂商遴选与发包。

3.6.2 控制重点。

（1）外包确认是否按照检验规范进行，确认书的发放是否适当。

（2）新产品需要外包时，外包厂的生管部是否都有挑选 2 家以上厂商进行制样要求，以维护质量要求。

拟定		审核		审批	

第三节 研发管理内控管理表格

一、项目建议书

项目建议书

提出部门		建议人	
项目名称		型号规格	
销售对象		建议日期	
基本要求（包括主要功能、性能、结构、外观包装、技术参数说明等）：			
市场预测分析（包括市场需求、顾客期望、竞争对手情况、产品质量现状、预期首批销量、交货期限、出厂价格等）：			
可引用的原有技术：			
可行性分析（包括技术、采购、工艺、成本等方面）：			
项目所需费用、参加人员：			
研发部负责人： 　　　　　　　　　　　　签字：　　　　　　日期：			
主管副总审核： 　　　　　　　　　　　　签字：　　　　　　日期：			
总经理批准：			

（所列各项，可另加页叙述）

二、设计开发任务书

设计开发任务书

项目名称		开发起止日期	
型号规格		预算费用	
依据的标准、法律法规及技术协议的主要内容：			
设计内容（包括产品主要功能、性能、技术指标，主要结构等）：			
设计部门及项目负责人：			
主管副总审核： 　　　　　　　　　　　　　　　　　　　　　　　　　　　　日期：			
总经理批准 　　　　　　　　　　　　　　　　　　　　　　　　　　　　日期：			

三、设计开发计划书

设计开发计划书

项目名称		起止日期	
型号规格		预算费用	
职责	设计开发人员	职责	设计开发人员
资源配置（包括人员、生产及检测设备、设计经费预算分配及信息交流手段等）要求：			

设计开发阶段的划分及主要内容	设计开发人员	负责人	配合部门	完成期限

备注：

编制：　　　　日期：　　　　审核：　　　　日期：　　　　批准：　　　　日期：

四、设计开发评审报告

设计开发评审报告

项目名称				型号规格			
设计开发阶段				负责人			
评审人员	部门		职务职称	评审人员	部门		职务或职称
评审内容：在□内打√表示评审通过，？表示有建议或疑问，×表示不同意。 □合同、标准符合性　□采购可行性　□加工可行性　□结构合理性 □可检验性　□美观性　□环境影响性　□安全性　□其他								
存在问题及改进建议：								
评审结论：								
对纠正、改进措施的跟踪验证结果： 　　　　　　　　　　　　　　　　　验证人：　　　　日期：								
备注：1.评审会议记录应予以保留。 　　　2.可另加页叙述。								
编制：		日期：		批准：		日期：		

五、试产可行性报告

试产可行性报告

产品名称				试产数量		
型号规格				试产日期		
试产人员分工：						
总负责人		生产设备负责人			材料供应负责人	
技术指导		工序控制负责人				
工艺负责人		质量控制负责人				
工艺流程及可行性评审：						

续表

现有过程能力的评估及需增加或调配的资源：					
结论：					
评审参加人员	部门	职务或职称	评审参加人员	部门	职务或职称
编制：	日期：	审核：	日期：	批准：	日期：

六、设计开发确认报告

设计开发确认报告

项目名称			合同号		
型号规格			项目负责		
确认人员	部门	职务或职称	确认人员	部门	职务或职称

在□内打"√"表示提交资料合格；内打"？"表示资料有问题；内打"×"表示无资料：□设计图；□验证文件；□产品测试方案；□测试结果
对测试结果的评价意见：
产品完成是否满足进度要求：
确认结论：
部门负责人：　　　　　　　　　　　　　　签名：　　　　　　日期：
主管经理：　　　　　　　　　　　　　　　签名：　　　　　　日期：
总经理：　　　　　　　　　　　　　　　　签名：　　　　　　日期：

七、设计开发更改表

设计开发更改表

合同号		申请人	
项目名称		申请日期	
产品型号		部门负责人	
更改原因：			
更改前内容：		更改后内容：	
部门负责人意见： 签字：　　　　　　　　　　　日期：			
主管副总： 签字：　　　　　　　　　　　日期：			
总经理： 签字：　　　　　　　　　　　日期：			

八、设计变更通知单

设计变更通知单

机种		变更原因	□降低成本　□便利作业 □材料更换　□工程问题改善				
变更前		变更后			变更前材料处理		
料号	品名及规格	料号	品名及规格		呆料	报废	移用

续表

生效时间	会签意见	变更简图：
□立即变更，半成品、成品一并修改 □尽快变更，半成品、成品不修改 □库存材料用毕变更 □自制造单号开始变更		
随文附件		
□变更零件明细表 □变更工程图纸 □变更线路图		

生管	品管	生产	生技	厂务	研发	承办	页次：
							总计：

九、图纸控制状态清单

图纸控制状态清单

日期：　　　　　　　　　　编目分类：

序号	产品名称	图纸编号	发往部门											作废	存放位置
			技术部	品质部	销售部	采购部	生产部	模具	铸造	机加	抛光	半成品仓	装配		
原图领用签收		技术部	品质部	销售部	采购部	生产部	模具	铸造	装配

备注："√"确认，"×"取消。

第六章

合同管理业务内部控制

第一节　合同管理内部控制要领

一、合同管理应关注的风险

企业合同管理至少应关注下列风险：
（1）未订立合同、合同内容存在重大疏漏，可能导致企业合法权益受到侵害。
（2）合同履行不力或监控不当，可能导致诉讼失败，经济利益受损。
（3）合同纠纷处理不当，可能损害企业信誉和形象。

二、合同管理的总体要求

企业需要建立一系列制度体系和机制保障措施，促进合同管理的作用得到有效发挥。合同管理的总体要求如下表所示。

合同管理的总体要求

序号	制度或机制	具体要求
1	建立分级授权管理制度	企业应当根据经济业务性质、组织机构设置和管理层级安排，建立合同分级管理制度： （1）属于上级管理权限的合同，下级部门不得签署 （2）对于重大投资类、融资类、担保类、知识产权类、不动产类合同上级部门应加强管理 （3）上级部门应加强对下级部门合同订立、履行情况的监督检查 （4）下级部门认为确有需要签署涉及上级管理权限的合同，应当提出申请，并经上级合同管理部门批准后办理
2	实行统一归口管理	企业可以根据实际情况指定法律部门等作为合同归口管理部门，对合同实施统一规范管理，具体负责制定合同管理制度，审核合同条款的权利义务对等性，管理合同标准文本，管理合同专用章，定期检查和评价合同管理中的薄弱环节，采取相应控制措施，促进合同的有效履行等
3	明确职责分工	（1）企业各业务部门作为合同的承办部门负责在职责范围内承办相关合同，并履行合同调查、谈判、订立、履行和终结责任 （2）企业财务部门侧重于履行对合同的财务监督职责
4	健全考核与责任追究制度	企业应当健全合同管理考核与责任追究制度，开展合同后评估，对合同订立、履行过程中出现的违法违规行为，追究有关机构或人员的责任

三、合同管理的内控措施

1. 合同调查

合同订立前，企业应当进行合同调查，充分了解合同对方的主体资格、信用状况等有关情况，确保对方当事人具备履约能力。该环节的管控措施具体如下：

（1）审查被调查对象的身份证件、法人登记证书、资质证明、授权委托书等证明原件；必要时，可通过发证机关查询证书的真实性和合法性，关注授权代理人的行为是否在其被授权范围内，在充分收集相关证据的基础上评价主体资格是否恰当。

（2）获取调查对象经审计的财务报告、以往交易记录等财务和非财务信息，分析其获利能力、偿债能力和营运能力，评估其财务风险和信用状况，并在合同履行过程中持续关注其资信变化，建立和及时更新合同对方的商业信用档案。

（3）对被调查对象进行现场调查，实地了解和全面评估其生产能力、技术水平、产品类别和质量等生产经营情况，分析其合同履约能力。

（4）与被调查对象的主要供应商、客户、开户银行、主管税务机关和工商管理部门等沟通，了解其生产经营、商业信誉、履约能力等情况。

2. 合同谈判

初步确定准合同对象后，企业内部的合同承办部门将在授权范围内与对方进行合同谈判，按照自愿、公平原则，磋商合同内容和条款，明确双方的权利义务和违约责任。该环节的管控措施具体如下：

（1）收集谈判对方资料，充分地掌握谈判对方情况，做到知己知彼；研究国家相关法律法规、行业监管、产业政策、同类产品或服务价格等与谈判内容相关的信息，正确制订本企业谈判策略。

（2）关注合同核心内容、条款和关键细节，具体包括合同标的的数量、质量或技术标准，合同价格的确定方式与支付方式，履约期限和方式，违约责任和争议的解决方法，合同变更或解除条件等。

（3）对于影响重大、涉及较高专业技术或法律关系复杂的合同，组织法律、技术、财务等专业人员参与谈判，充分地发挥团队智慧，及时地总结谈判过程中的得失，研究确定下一步谈判策略。

（4）必要时可聘请外部专家参与相关工作，并充分地了解外部专家的专业资质、胜任能力和职业道德情况。

（5）加强保密工作，严格履行责任追究制度。

（6）对谈判过程中的重要事项和参与谈判人员的主要意见，予以记录并妥善保存，作为避免合同舞弊的重要手段和责任追究的依据。

3. 合同文本拟定

企业在合同谈判后，根据协商谈判结果拟定合同文本。该环节的管控措施具体如下：

（1）企业对外发生经济行为，除即时结清方式外，应当订立书面合同。

（2）严格审核合同需求与国家法律法规、产业政策、企业整体战略目标的关系，保证其协调一致；考察合同是否以生产经营计划、项目立项书等为依据，确保完成具体业务经营目标。

（3）合同文本一般由业务承办部门起草，法律部门审核；重大合同或法律关系复杂的特殊合同应当由法律部门参与起草。国家或行业有合同示范文本的，可以优先选用，但对涉及权利和义务关系的条款应当进行认真审查，并根据实际情况进行适当修改。各部门应当各司其职，保证合同内容和条款的完整准确。

（4）企业应通过统一归口管理和授权审批制度，严格管理合同，防止通过化整为零等方式故意规避招标的做法和越权行为。

（5）由签约对方起草的合同，企业应当认真审查，确保合同内容准确地反映企业诉求和谈判达成的一致意见，特别留意"其他约定事项"等需要补充填写的栏目，如不存在其他约定事项时注明"此处空白"或"无其他约定"，防止合同后续被篡改。

（6）合同文本须报国家有关主管部门审查或备案的，应当履行相应程序。

4. 合同审核

合同文本拟定后，企业应进行严格审核。该环节的管控措施具体如下：

（1）审核人员应当对合同文本的合法性、经济性、可行性和严密性进行重点审核，关注合同的主体、内容和形式是否合法，合同内容是否符合企业的经济利益，对方当事人是否具有履约能力，合同权利和义务、违约责任和争议解决条款是否明确等。

（2）建立会审制度，对影响重大或法律关系复杂的合同文本，组织财务部门、内部审计部、法律部以及业务关联的相关部门进行审核，内部相关部门须认真履行职责。

（3）慎重对待审核意见，认真分析研究，对审核意见准确无误地加以记录，必要时对合同条款进行修改并再次提交审核。

5. 合同签署

企业经审核同意签订的合同，应当与对方当事人正式签署并加盖企业合同专用章。该环节的管控措施具体如下：

（1）按照规定的权限和程序与对方当事人签署合同。对外正式订立的合同应当由企业法定代表人或由其授权的代理人签名或加盖有关印章。授权签署合同的，应当签署授权委托书。

（2）严格履行合同专用章保管制度，合同经编号、审批及企业法定代表人或由其授权的代理人签署后，方可加盖合同专用章。用印后保管人应当立即收回，并按要求妥善保管，以防止他人滥用。保管人应当记录合同专用章使用情况以备查，如果发生合同专用章遗失或被盗现象，应当立即报告企业负责人并采取妥善措施，如向公安机关报案、登报声明作废等，最大限度地消除可能带来的负面影响。

（3）采取恰当措施，防止已签署的合同被篡改，如在合同各页码之间加盖骑缝章、使用防伪印记、使用不可编辑的电子文档格式等。

（4）按照国家有关法律、行政法规规定，须办理批准、登记等手续之后方可生效的合同，企业应当及时地按规定办理相关手续。

6. 合同履行

合同订立后，企业应当与合同对方当事人一起遵循诚实守信原则，根据合同的性质、目的和交易条款履行通知、协助、保密等义务。该环节的管控措施具体如下：

（1）强化对合同履行情况及效果的检查、分析和验收，全面地适当执行本企业义务，敦促对方积极执行合同，确保合同全面有效地履行。

（2）对合同对方的合同履行情况实施有效监控，一旦发现有违约可能或违约行为，应当及时地提示风险，并立即采取相应措施将合同损失降到最低。

（3）根据需要及时地补充、变更甚至解除合同。

① 对于合同没有约定或约定不明确的内容，通过双方协商一致对原有合同进行补充；无法达成补充协议的，按照国家相关法律法规、合同有关条款或者交易条款定。

② 对于显失公平、条款有误或存在欺诈行为的合同，以及因政策调整、市场变化等客观因素已经或可能导致企业利益受损的合同，按规定程序及时地报告，并经双方协商一致，按照规定权限和程序办理合同变更或解除事宜。

③ 对方当事人提出中止、转让、解除合同，造成企业经济损失的，企业应向对方当事人以书面形式提出索赔。

（4）加强合同纠纷管理。在履行合同过程中发生纠纷的，企业应当依据国家相关法律法规，在规定时效内与对方当事人协商并按规定权限和程序及时地报告。合同纠纷经协商一致的，双方应当签订书面协议；合同纠纷经协商无法解决的，根据合同约定选择仲裁或诉讼方式解决。企业内部授权处理合同纠纷，应当签署授权委托书。纠纷处理过程中，未经授权批准，相关经办人员不得向对方当事人作出实质性答复或承诺。

7. 合同结算

合同结算是合同执行的重要环节，它既是对合同签订的审查，也是对合同执行的监督，一般由财务部门负责办理。该环节的管控措施具体如下：

（1）财务部门应当在审核合同条款后办理结算业务，按照合同规定付款，及时地催收到期欠款。

（2）未按合同条款履约或应签订书面合同而未签订的，财务部门有权拒绝付款，并及时地向企业有关负责人报告。

8. 合同登记

合同登记管理制度体现合同的全过程封闭管理，合同的签署、履行、结算、补充或变更、解除等都需要进行合同登记。该环节的管控措施具体如下：

（1）合同管理部门应当加强合同登记管理，充分地利用信息化手段，定期对合同进行统计、分类和归档，详细登记合同的订立、履行和变更、终结等情况。合同终结应及时地办理销号和归档手续，以实行合同的全过程封闭管理。

（2）建立合同文本统一分类和连续编号制度，以防止或及早发现合同文本的遗失。

（3）加强合同信息安全保密工作，未经批准，任何人不得以任何形式泄露合同订立与履行过程中涉及的国家或商业秘密。

（4）规范合同管理人员职责，明确合同流转、借阅和归还的职责权限和审批程序等。

四、合同管理的后评估控制

合同作为企业承担独立民事责任、履行权利义务的重要依据，是企业管理活动的重要痕迹，也是企业风险管理的主要载体。为此，合同管理内部控制指引强调企业应当建立合同管理的后评估制度。企业应当建立合同履行情况评估制度，至少于每年年末对合同履行的总体情况和重大合同履行的具体情况进行分析评估，对发现的合同履行中存在的不足，应当及时地改进。

第二节 合同管理内部控制制度

一、合同管理内部控制办法

标准文件		合同管理内部控制办法	文件编号	
版次	A/0		页次	

1. 目的

为加强公司经济合同管理，保障公司合法权益，预防合同纠纷，根据《中华人民共和国合同法》《民法通则》等国家有关法律法规，特制定本办法。

2. 适用范围

适用于公司与自然人、法人及其他组织设立、变更、终止民事权利义务的合同或协议的管理。

3. 合同管理部门及职责

3.1 本公司合同管理实行专门管理和承办部门管理相结合的原则，由公司办公室对公司所有合同进行专门管理，公司内部承办部门设专人负责合同的管理工作。

3.2 办公室合同管理职责：

3.2.1 负责拟定本公司的合同管理制度并组织实施。

3.2.2 组织制定本公司的标准合同文本。

3.2.3 参与本公司特殊合同、重大合同的可行性研究、谈判和文本起草工作。

3.2.4 对合同的合法性、有效性进行审查。

3.2.5 监督、检查、考核合同的履行情况。

3.2.6 参与处理合同纠纷、合同争议的协调工作。

3.2.7 负责合同的保管、归档工作。

3.2.8 负责对合同承办部门进行业务指导，对相关人员进行法律知识培训。

3.3 承办部门合同管理职责：

3.3.1 负责合同对方资信情况、履约能力的调查。

3.3.2 负责所承办合同的谈判。

3.3.3 负责按照本公司标准合同文本起草合同。

3.3.4 负责合同的履行，解决履行中出现的问题。

3.3.5 按时向公司办公室提交与合同有关的资料。

3.4 公司对外签订合同协议应当由法定代表人（或公司章程等文件规定能够代表企业行使职权的主要负责人）或其授权的人签章，同时加盖公司印章或合同专用章。授权签章的，被授权人应在授权委托的范围内签订合同，超越权限范围所签订合同无效。

3.5 严格履行合同审批制度，所有合同均由承办部门起草合同文本，交由公司办公室审核，办公室审核通过后交由分管副总经理审批，最后交由董事长批准。特别重大的合同由董事会审议后交股东大会批准。

4. 合同编制与审核

4.1 公司根据对市场情况的分析和了解，合理选择合同对方。

4.2 在正式签订合同前，企业应先对合同对方进行资格审查，主要审查以下几方面：

4.2.1 对方是否具有主体资格。

4.2.2 对方是否具有履约能力。

4.2.3 对方技术和质量指标保证能力。

4.2.4 对方市场信誉、产品质量等。

对审查未通过的，不得与其签订合同。

4.3 公司对外签订合同一般由公司起草合同文本，重大合同或特殊合同的起草，公司可聘请法律专业人员参与。由对方起草合同协议的，公司承办部门和总经理办公室应进行认真审查，确保合同条款内容准确反映公司诉求。企业也可选用国家或行业示范合同文本，对涉及权利和义务关系的条款应当进行认真审查，并根据企业的实际需要进行修改。

4.4 实行合同会审制度，由公司总经理办公室组织召集有合同条款涉及的部门人员参加，对合同进行会审，其审核要点是：

4.4.1 经济性。合同协议内容符合企业的经济利益。

4.4.2 可行性。签约方资信可靠，有履约能力，具备签约资格；资金来源合法，担保方式可靠，担保资产权属明确。

4.4.3 严密性。合同协议条款齐备、完整，文字表述准确，附加条件适当、合法；合同协议约定的权利、义务明确，数量、价款、金额等标示准确；合同协议有关附件齐备，手续完备。

4.4.4 合法性。合同协议的主体、内容和形式合法；合同协议订立的程序符合规定，会审意见齐备；资金的来源、使用及结算方式合法，资产动用的审批手续齐备。

4.5 公司对外销售产品拟定的销售格式合同，签约人员不得更改条款和内容。

5. 合同订立控制

5.1 公司正式订立的合同协议，除即时清结外，应当采用书面形式，包括合同书、补充协议、公文信件等。因情况紧急或条件限制等原因未能及时签订书面形式合同的，应当在事后办理补签手续。

5.2 公司正式订立的合同，除小型物料采购合同外，一般应留存三份以上的合同正本，一份由公司总经理办公室存档，一份由公司财务部据以办理结算，一份由承办部门保管和履行。

5.3 经公司审核同意签订的合同，应由公司总经理办公室盖章和编号，统一登记管理。未经审核或手续不全的合同、协议，办公室应当拒绝盖章。

5.4 对于重要的合同协议，原则上应当与合同对方当事人当面签订。对于确需企业先行签字并盖章，然后寄送对方签字并盖章的，应当在合同协议各页码之间加盖骑缝章。

5.5 根据规定有些合同需要经过批准、登记、公证后才能生效的，应及时地办理有关手续。凡涉及公司商业秘密的合同，有关知情人应注意保守秘密，不得以任何形式泄露。

6. 合同履行控制

6.1 合同签订后，企业应积极履行合同规定的义务，并享有合同规定的权利。合同履行过程中，如发现合同对方可能发生违约、不能履约、延迟履约等行为的，或公司自身可能无法履行或延迟履行合同的，应当及时地采取措施，并向公司总经理报告。

6.2 已经订立的合同，如果发现有显失公平、条款有误或对方有欺诈行为等情形，已经或可能导致公司利益严重受损，合同承办部门应当及时地向公司总经理报告，并采取合法有效措施，制止危害行为的发生或扩大。必要时可以请求仲裁机构或人民法院对原合同予以变更或解除。

6.3 公司财务部门应当根据合同条款审核执行结算业务。凡未按合同条款履约的，财务部门有权拒绝付款。

6.4 在合同执行中如对方发生违约情形，应按合同条款的有关规定收取违约金，给公司造成损失的，应要求对方赔偿损失，并可申请人民法院采取财产保全措施。如果由于公司自身原因造成违约情形，合同承办部门应向公司负责人报告，并与合同对方进行协商处理。

6.5 合同在实际履行过程中如果发生纠纷，合同承办人员应当及时向公司负责人报告，公司在规定的诉讼时效内与对方协商谈判。经双方协商达成一致意见的，应当签订书面协议，由双方法定代表人或其授权人签字并加盖公司印章后生效。合同纠纷经协商无法解决的，依合同约定选择仲裁或诉讼方式解决。

7. 合同归档管理

7.1 建立合同管理档案，总经理办公室应将已签订的合同逐份进行分类、编号、登记并装订成册。

7.2 合同签订完毕，合同承办人要在3个工作日内将合同有关材料（如合同文本、合同会审记录、审批文件、合同补充协议、合同变更等与合同有关的资料），交给公司总经理办公室进行统一管理。

7.3 对已执行完毕的合同，其管理者要注明"存档"标记，并注明日期，按档案管理规定进行归档。

7.4 合同的保管期限为长期保存。

拟定	审核	审批

二、合同审计管理办法

标准文件		合同审计管理办法	文件编号	
版次	A/0		页次	

1. 目的

1.1 为规范公司合同审计工作，加强风险防范，维护公司合法权益，根据《××集团内部审计制度》以及《中华人民共和国审计法》《审计署关于内部审计工作的规定》《中华人民共和国合同法》，特制定本办法。

1.2 合同是平等主体的自然人、法人、其他组织之间设立、变更、终止民事权利义务关系的协议。

1.3 合同审计是指内部审计机构和人员对合同的签订、履行、变更、终止过程及合同管理进行独立客观的监督和评价活动。

1.4 通过合同审计，有助于完善合同各条款；有助于强化企业内部控制机制，加强相关业务部门责任；有助于确保合同合法合规，避免或减少经济纠纷，防范合同风险；有助于依法维护合同当事人的合法权益。

2. 适用范围

本办法适用于公司内部各类组织或其关联组织的内部合同审计机构、内部合同审计人员及其从事的合同审计活动。

3. 合同种类

合同审计涉及公司及所属单位或个人以公司名义对外签订的各类合同。

3.1.1 建设工程合同：承包人进行工程建设，发包人支付价款的合同。建设工程合同包括工程勘察、设计、监理、土建及安装施工、建设工程所需设备购置等合同。

3.1.2 投资联营合同：投资各方（当事人）为共同利益进行投资，并就投资有关事项和相互权利、义务关系达成一致意见而签订的合同。投资联营合同包括：合资经营合同、合作经营合同等。

3.1.3 技术合同：当事人就技术开发、转让、咨询或者服务订立的确立相互之间权利和义务的合同。技术合同包括技术开发合同、技术转让合同、技术咨询和技术服务合同。

3.1.4 买卖合同：出卖人转移标的物的所有权于买受人，买受人支付价款的合同。

3.1.5 经营租赁合同：出租人将租赁物交付承租人使用并获得收益，承租人支付租金的合同。

3.1.6 融资租赁合同：出租人根据承租人对出卖人、租赁物的选择，向出卖人购买租赁物，提供给承租人使用，承租人支付租金的合同。

3.1.7 劳务承揽合同：承揽人按照定作人的要求完成工作，交付工作成果，定作人付给报酬的合同。承揽包括加工、定作、修理、复制、测试、检验等工作。

3.1.8 保管合同：保管人保管寄存人交付的保管物，并返还该物的合同。

3.1.9 仓储合同：保管人储存存货人交付的仓储物，存货人支付仓储费的合同。

3.1.10 委托合同：委托人和受托人约定，由受托人处理委托人事务的合同。

3.1.11 运输合同：承运人将旅客或者货物从起运地点运输到约定地点，旅客、托运人或者收货人支付票款或者运输费用的合同。运输合同包括客运合同和货运合同。

3.1.12 关联交易合同：股份公司总部及下属公司与集团公司及下属公司因关联交易事项而签订的合同。

3.1.13 其他合同：据《中华人民共和国合同法》有关规定签订的其他合同。

4. 内容与方法

4.1 合同审计内容涉及合同的立项、签订、主要条款、履行情况和合同终结的全过程。

4.2 合同立项审计。合同立项审计是对合同立项依据及签订的必要性、可靠性进行审计。

4.2.1 合同项目是否列入计划或经有关领导、部门批准。

4.2.2 合同项目是否经过可行性分析研究或项目评估，其技术先进性与经济合理性是否相互协调。

4.2.3 对外合资、合作项目，对方资金来源是否可靠，我方资金回收是否确有保证。

4.2.4 与立项有关的文件、资料是否真实、可靠。

4.3 合同签订审计。合同签订审计是对所签合同的合法性、有效性进行审查。

4.3.1 合同当事人、经办人和代理人是否具备合法资格，是否具有相应的民事权利能力和民事行为能力。

4.3.2 合同内容是否符合国家法律和行政法规的规定。

4.3.3 合同的签订是否遵守平等互利、协商一致、等价有偿的原则，当事人是否遵循公平原则确定各方的权利和义务，当事人的意思是否真实，当事人行使权利、履行义务是否能遵循诚实信用原则。

4.3.4 合同的订立是否符合法律规定的形式和程序，涉及法律裁决的条款是否完善。

4.3.5 合同签订有无违反国家利益或社会公共利益的行为。

4.3.6 根据法律规定或按合同性质必须具备的条款是否具备。

4.3.7 对国家、有关部门制定有强制性标准的，包括质量要求、技术规范等，订立合同时，是否按国家、有关部门制定的强制性标准执行。

4.3.8 对国家根据需要下达指令性任务或者国家订货任务的，是否依照有关法律、行政法规规定的权利和义务订立合同。

4.3.9 对国家、股份公司规定有规范合同文本的，所签合同是否采用规范文本。

4.3.10 采用格式条款订立合同的，提供格式条款的一方是否采取合理的方式提请对方注意免除或者限制其责任的条款，并按照对方要求对该条款予以说明。

4.3.11 外签合同附加条款中，是否按规定增加付款前必须经甲方审计机构审计的条款。

4.3.12 合同签订中有无弄虚作假、假公济私、行贿受贿等腐败行为。

4.4 合同主要条款审计。合同主要条款审计是对合同主要条款内容的真实性、合法性、准确性以及经济性、合理性进行审查。

4.4.1 标的审查。

（1）合同当事人双方权利和义务所共同指向的标的的表述是否具体、明确、合法。

（2）标的条款是否经当事人双方协商一致。

4.4.2 数量和质量审查。

（1）合同中数量的规定是否明确、具体，是否符合实际需要。

（2）计量单位是否使用法定的或符合法律规定的通用计量单位，名称或表述是否准确。

（3）合同规定的质量要求是否能满足需要，执行国家标准、行业标准、地方标准或企业标准的，是否具体写明标准名称、代号和编号，执行协商标准的，是否有明确的技术要求和验收方法。

4.4.3 价款或报酬审查。

（1）价格或报酬标准确定是否合理、合法、合规。

（2）价款和报酬的计算是否准确，标的数量与单价计算方式和计算过程是否正确。

（3）价款包含的内容是否明确，除标的价款外，对流转税、包装费、运输费、周转仓储费、装卸费、保险费等费用需明确的，是否在合同条款中明确规定。

（4）分期支付价款或酬金，以及预留保修金的，是否合理确定支付期限。

4.4.4 支付条件和支付金额。价款或酬金除法律或者行政法规另有规定外，是否用人民币计算和支付。

4.4.5 履行期限、地点和方式审查。

（1）是否明确规定合同履行期限。
（2）是否依据合同标的性质或当事人双方的约定明确规定履行合同的地点。
（3）有关费用的承担和支付办法是否明确。
（4）标的物的支付方式和价款结算方式是否具体。

4.4.6 违约责任审查。
（1）违约责任条款规定是否明确，是否实事求是、切实可行。
（2）对违约金和赔偿金的数额是否有明确规定。

4.4.7 解决争议方法审查。
（1）合同条款中对解决合同争议是否有明确表示。
（2）合同条款中对解决合同争议是否符合规定。

4.5 合同履行情况审计。企业审查在合同执行过程中双方权利和义务的履行情况。

4.5.1 双方是否恪守信誉，是否按合同规定的条款认真全面履行其义务，有无用其他标的物、违约金或赔偿金代替合同实际履行的情况。

4.5.2 有无违反合同规定，侵犯对方权益的行为。

4.5.3 不能按期履行或不履行合同的主要原因、责任及给双方造成的损失情况是否查清。

4.5.4 合同执行中有无弄虚作假、假公济私、行贿受贿等腐败行为。

4.5.5 有无利用合同搞其他非法活动的行为。

4.5.6 合同的变更和解除是否符合法定条件，是否按规定的原则和程序进行，手续是否完备。

4.5.7 对合同纠纷的处理是否严肃、合法。

4.6 合同终结审计。合同终结审计是对合同履行完毕或双方协商一致终止履行的，对其履行结果或终止履行的原因进行审计。

（1）按合同规定事项全部履行的，审查其履行质量、数量、验收情况，双方权利义务履行的完满程度，以及合同执行的效益性。

（2）当事一方不履行合同义务，或履行合同义务不符合规定的，是否承担继续履行、采取补救措施或者赔偿损失等违约责任。

（3）经当事人协商一致而解除合同的，审查其解除的原因、责任、已履行部分的双方权利保护情况，查明其解除行为对企业利益、国家利益的影响程度等。

5. 审计程序及方式

5.1 审计程序。

5.1.1 信息收集：合同审计人员对合同主管部门或主办方送交审计的合同进行审查前，了解与所签合同有关的政策、规定、技术标准、规范以及价款、酬金计算依据等。

5.1.2 信息审查：审计人员对合同立项依据、主体资质、对方资信、合同内容及签订程序等进行审查。

5.1.3 台账登记：经审查合格的经济合同，由主审人在合同审批表上签署意见并签名，经审计机构负责人审核同意后签名，送交合同经办（主办）方或部门办理合同签订手续，审计机构进行合同审计台账登记。

5.1.4 合同更改：对审查不合格的或需要修改的合同，由审计机构出具审计意见，退主管部门或主办方重新拟订或进行修改。重新拟订或进行修改后的合同再报经审查合格并签名后，送交合同经办（主办）方或部门办理合同签订手续。

5.1.5 跟踪审计：合同执行中，根据需要，审计人员对合同执行结果进行跟踪审计，了解合同履行情况，审查有无违约行为，并协助有关部门进行处理。

5.2 重要合同审计程序。

5.2.1 参与合同技术谈判：调查了解工程情况，进行工程量测算，掌握对方履约能力、企业信誉、履行合同条件、有关政策规定等方面的问题，以保证合同的合法性和合同条款的正确性。

5.2.2 参与合同商务谈判：进行标底测算和封标，监督招标投标工作。

5.2.3 参与议标合同谈判：在合同签约之前参与谈判工作，使其在调查中掌握的问题在谈判中得到解决。

5.3 审计方式。

合同审计一般采取送达审计方式，即企业内部合同主管部门或主办方对合同文本、合同条款事先确定、并经有关部门审查后，送审计机构审计。

6. 审计要求

6.1 材料提供。进行合同审计，审计机构应要求有关部门或主办方报送下列材料：

6.1.1 经有关部门审查过的合同书；与合同立项有关的文件、材料；项目评估、可行性论证有关材料。

6.1.2 对合同主体进行审查的有关材料；价款或酬金计算依据有关数据、公式等材料。

6.1.3 其他与合同审计有关的材料。

6.2 参与谈判。审计机构对于重要合同的审计，参加谈判的审计人员一般应是该合同的主审人员。审计人员在合同订立中参加谈判，不能替代对合同的最终审计。成文合同仍须按程序送交审计机构审查。

6.3 项目招标。对于工程建设项目包括的勘察、设计、施工、监理以及与工程项目有关的重要设备、材料的采购等，依据《中华人民共和国招标投标法》和

《工程建设项目招标范围和规模标准规定》必须进行招标的，应在合同签订前进行招标投标审计或工程预算审计，并在合同签订后对合同进行审计。

6.4 定价款和酬金审查。在进行合同审计中，确定价款或酬金时，企业应重点审查是否遵循以下规定和要求：

6.4.1 凡有国家统一订价的，执行国家统一订价；国家没有统一定价，但已形成市场价格的，参照市场价格执行；国家没有定价且本地没有同类产品或劳务市场价格的，根据该项产品或劳务的成本及费用，加上合理利润确定。

6.4.2 对特殊产品或对市场价格不甚了解的产品，在对其产品成本的构成进行审查的基础上协商确定。

6.4.3 对执行行业内部价格的，审计人员应认真核对内部价格的适用范围、条件、内容等，合理选择适用的价格。

6.5 价格变更审查。在审查合同履行中，对遇有价格变化的，企业应审查是否按以下规定执行：

6.5.1 执行政府定价或者政府指导价的，在合同约定的交付期限内政府价格调整时，按照交付时的价格计价。

6.5.2 逾期交付标的物的，遇价格上涨时，按照原价格执行；价格下降时，按照新价格执行。

6.5.3 逾期提取标的物或逾期付款的，遇价格上涨时，按照新价格执行；价格下降时，按照原价格执行。

6.6 关联交易审计。对于属关联交易事项合同，企业在审计中除遵循上述要求外还应重点关注：

6.6.1 关联交易是否遵循"有序竞争、比质比价、共同发展"的原则；关联交易具体协议是否符合总协议确定的原则，是否以具体协议和实际工作量作为付款依据。

6.6.2 关联交易的定价原则和收费标准是否符合集团公司与股份公司产品和服务互供总协议确定的总原则和价格条款。

6.6.3 签订合同的方式是否符合有关规定，服务年限的确定是否适当，合同中双方的权利与义务是否明确。

6.6.4 有无服务不合理、不存在或无法实现，没有产品或劳务等交易内容就付款的事项，以及反常的投资收益、利息收入、租金收入等业务。

6.6.5 关联交易双方是否建立起一套有效的协商、协调制度和相应的保障措施。

6.7 投资联营审计。对投资联营合同，除按合同审计一般要求进行审计外，企业还应重点关注：

6.7.1 所签合同是否内容完备、条款具体、文字严谨、责任明确。

6.7.2 是否坚持各方权利、义务对等原则。

6.7.3 是否按各自出资比例或者约定共担风险、共负盈亏。

6.7.4 其内容是否符合法律、法规规定，合同规定的经营范围是否合法，合同中是否明确规定各方的出资期限和违约责任。

6.7.5 对进口设备的采购方式、规格型号、质量、价格等是否作出明确规定等。

6.7.6 投资联营合同内容要符合一般规定，还要关注以下基本方面是否被包括，规定是否明确：

（1）投资宗旨、经营范围、经营规模。

（2）投资总额、资金筹措各方的投资及投资方式。

（3）投资各方的责任及监督权行使。

（4）利润分配方式。

（5）企业董事会的组成及财务等主要管理人员任用。

（6）生产设备及技术的来源方式及费用。

（7）产品销售及责任。

（8）经营期限以及违约责任、争议解决等。

6.8 合同金额审计。在合同审计中，合同金额是审计的重点，审计人员应视实际情况灵活采用包括下列方法在内的审计方法，对其是否合理进行确定：

6.8.1 成本定价法。

6.8.2 定额定价法。

6.8.3 系数定价法。

6.8.4 同类标的纵横比较法。

6.8.5 指标测算法。

6.8.6 市场调查法。

6.9 其他要求。

6.9.1 审计机构应建立合同审计责任制，谁审计，谁负责。实行必要的岗位分设，明确相关责任。

6.9.2 为了提高合同审计的效率和质量，审计机构应与有关部门建立信息共享系统，沟通相应的信息渠道。

6.9.3 审计机构接受送审合同及有关资料，应进行登记，办理接收与交回手续。

6.9.4 合同审计的内容与重点，应根据每项合同的具体情况而有所侧重。

| 拟定 | | 审核 | | 审批 | |

第三节　合同管理内部控制表格

一、合同审批单

合同审批单

部门：

合同名称	
合同编号	
合同金额	
经办人选定理由	日期：
部门领导	日期：
审计监察部	日期：
主管副总	日期：
总裁	日期：

二、合同备案清单

合同备案清单

序号	合同编号	签订日期	合同类别	合同名称	对方当事人名称	我方当事人名称	合同金额	合同期	合同承办部门	备注

集团职能中心负责人 / 项目公司总经理签字：
日期：

三、合同履约监控表

合同履约监控表

合同名称					监控要点
合同编号		签订日期		合同金额	
我方当事人名称					
对方当事人名称					
付款方式					
合同期（自____年__月__日起至____年__月__日止）					
承办部门					双方履约情况有无异常
集团成本管理中心					工作进度、付款进度有无异常，如有应逐条写明，本格不够填写可另附书面报告
集团计财中心					付款进度、收款情况有无异常如有应逐条写明，本格不够填写可另附书面报告
集团设计整合中心					设计类合同履行是否有异常
集团品牌营销中心					营销类合同履行是否有异常
集团商业物业运营中心					商业物业运营类合同是否有异常
集团人力资源中心					人事类合同履行是否有异常
集团总裁办					行政类合同是否有异常

备注：1. 以上各部门监控意见，如有，应逐条写明，本表格不够填写可另附书面报告，同时应随本表附相关意见的支持文件。
2. 对知情不报者将依照集团合同管理办法处理。

四、合同变更审批会签单

合同变更审批会签单

编号：

合同名称			
合同编号		变更合同金额	

续表

主办方			主办人		
附件		□无；□有，名称：			
	审核人	修改意见		审核人签名	日期
审核会签		□无；□有，详见文件标注 □有，详见附页说明			
		□无；□有，详见文件标注 □有，详见附页说明			
		□无；□有，详见文件标注 □有，详见附页说明			
		□无；□有，详见文件标注 □有，详见附页说明			
		□无；□有，详见文件标注 □有，详见附页说明			
		□无；□有，详见文件标注 □有，详见附页说明			
		□无；□有，详见文件标注 □有，详见附页说明			
文本打印部门					
校对人			校对日期		
审核人意见： □同意按会签意见修改 □其他			批准人意见： □同意按会签意见修改 □其他		
签名/日期：			签名/日期：		

备注：1. 根据《授权管理规定》审批权限划分，分别按规定进行合同审核与审批。
2. 合同在签署前，合同文本必须经过列入本表格中的人员的审批。
3. 审核人由主办人根据《授权管理规定》《合同管理规定》填写。
4. 修改意见一栏，请在选定的"□"处画"√"。

合同变更审批会签单（附页）

合同名称		
审核会签	会签部门：	会签人（签名/日期）：
	会签部门：	会签人（签名/日期）：
	会签部门：	会签人（签名/日期）：
	会签部门：	会签人（签名/日期）：
	会签部门：	会签人（签名/日期）：

第七章

工程项目业务内部控制

第一节　工程项目业务内部控制要领

工程项目是指企业自行或者委托其他公司所进行的建造、安装活动，包括企业自行建造房屋、建筑物、各种设施以及大型机器设备的安装工程、固定资产建筑工程、安装工程、技术改造工程、大修理工程等。

一、企业至少应当关注的工程项目风险

工程项目内部控制对于企业实现工程项目管理目标，提高公司资金使用效率具有重要的意义。因此，企业至少应当关注工程项目的下列风险：
（1）缺乏科学论证，盲目开工，可能导致工程失败。
（2）存在商业贿赂舞弊行为，可能导致工程质量低劣和安全隐患。
（3）项目资金不到位，可能导致建设项目延期或中断。

二、工程项目内控的职责分工与授权批准控制

企业在建立与实施工程项目内部控制中，职责分工、权限范围和审批程序应当明确规范，机构设置和人员配备应当科学合理。

1. 设置不相容岗位

企业应当建立工程项目业务的岗位责任制，明确相关部门和岗位的职责权限，确保办理工程项目业务的不相容岗位相互分离、制约和监督。工程项目业务不相容岗位一般包括：
（1）项目建议、可行性研究与项目决策。
（2）概预算编制与审核。
（3）项目决策与项目实施。
（4）项目实施与价款支付。
（5）项目实施与项目验收。
（6）竣工决算与竣工决算审计。

2. 配备合格的人员

企业应当根据工程项目的特点，配备合格的人员办理工程项目业务。办理工程项目业务的人员应当具备良好的业务素质和职业道德。企业应当配备专门的会计人

员办理工程项目会计核算业务,办理工程项目会计业务的人员应当熟悉国家法律法规及工程项目管理方面的专业知识。对于重大项目,企业应当考虑聘请具备资质和胜任能力的中介机构(如招标代理、工程监理、财务监理等)和专业人士(如工程造价专家、质量控制专家等),协助企业进行工程项目业务的实施和管理。企业应建立适当的程序对所聘请的中介机构和专业人士的工作进行必要的督导。

3. 建立工程项目授权和审批制度

企业应当建立工程项目授权和审批制度,并按照规定的权限和程序办理工程项目业务。完善的授权审批制度包括:

(1)企业的资本性预算只有经过董事会等高层治理机构批准方可生效。
(2)所有工程项目的立项和建造均须经企业管理者的书面认可。

4. 制定工程项目业务流程

企业应当制定工程项目业务流程,明确项目决策、概预算编制、价款支付、竣工决算等环节的控制要求,并设置相应的记录或凭证,如实记载工程项目各环节业务的开展情况,确保工程项目全过程得到有效控制。除在建工程总账外,企业还必须设置在建工程明细分类账和工程项目登记卡,按工程项目类别和每项工程项目进行明细分类核算。对投入的工程物资等,企业管理者要及时、准确地进行记录和核算。

三、工程立项的内部控制

工程立项属于项目决策过程,是对拟建项目的必要性和可行性进行技术经济论证,对不同建设方案进行技术经济比较并作出判断和决定的过程。立项决策正确与否,直接关系到项目建设的成败。

工程立项环节的管控措施如下表所示。

工程立项环节的管控措施

环节	管控措施
编制项目建议书	(1)明确投资分析、编制和评审项目建议书的职责分工 (2)全面了解所处行业和地区的相关政策规定,以法律法规和政策规定为依据,结合实际建设条件和经济环境变化趋势,客观分析投资机会,确定工程投资意向 (3)根据国家和行业有关要求,结合本企业实际,规定项目建议书的主要内容和格式,明确编制要求 (4)对于专业性较强和较为复杂的工程项目,可以委托专业机构进行工程投资分析,编制项目建议书 (5)企业决策机构应当对项目建议书进行集体审议,必要时,可以成立专家组或委托专业机构进行评审;承担评审任务的专业机构不得参与项目建议书的编制 (6)根据国家规定,应当报批的项目建议书必须及时地报批并取得有效批文

续表

环节	管控措施
可行性研究	（1）根据国家和行业有关规定以及本企业实际，确定可行性研究报告的内容和格式，明确编制要求 （2）委托专业机构进行可行性研究的，应当制定专业机构的选择标准，确保可行性研究科学、准确、公正。在选择专业机构时，企业应当重点关注其专业资质、业绩和声誉、专业人员素质、相关业务经验等 （3）切实做到投资、质量和进度控制的有机统一，即技术先进性和经济可行性要有机结合。建设标准要符合企业实际情况和财力、物力的承受能力，技术要先进适用，对于拟采用的工艺，既要考虑其对产品质量的提升作用，又要考虑企业营销状况和走势，避免盲目追求技术先进而造成投资损失浪费
项目评审与决策	（1）组建项目评审组或委托具有资质的专业机构对可行性研究报告进行评审 （2）在项目评审中，要重点关注项目投资方案、投资规模、资金筹措、生产规模、布局选址、技术、安全、环境保护等方面的情况，核实相关资料的来源和取得途径是否真实、可靠，特别要对经济技术可行性进行深入分析和全面论证 （3）按照规定的权限和程序对工程项目进行决策，决策过程必须有完整的书面记录，并实行决策责任追究制度。重大工程项目，应当报经董事会或者类似决策机构集体审议批准，任何个人不得单独决策或者擅自改变集体决策意见

四、工程设计的内部控制

工程设计环节的管控措施如下表所示。

工程设计环节的管控措施

环节	管控措施
初步设计	（1）建设单位应当引入竞争机制，尽量采用招标方式确定设计单位，根据项目特点选择具有相应资质和经验的设计单位 （2）在工程设计合同中，要细化设计单位的权利和义务，特别是一个项目由几个单位共同设计时，要指定一个设计单位为主体设计单位，主体设计单位对建设项目设计的合理性和整体性负责 （3）建设单位应当向设计单位提供开展设计所需的详细的基础资料，并进行有效的技术经济交流，避免因资料不完整造成设计保守、投资失控等问题 （4）建立严格的初步设计审查和批准制度，通过严格的复核、专家评议等制度层层把关，确保评审工作质量
施工图设计	（1）建立严格的概预算编制与审核制度。建设单位应当组织工程、技术、财务等部门的相关专业人员或委托具有相应资质的中介机构对编制的概算进行审核，重点审查编制依据、项目内容、工程量的计算、定额套用等是否真实、完整和准确，如发现施工图预算超过初步设计批复的投资概算规模，应对项目概算进行修正，并报经审批 （2）建立严格的施工图设计管理制度和交底制度 （3）制定严格的设计变更管理制度 （4）建设单位应当严格按照国家法律法规和本单位管理要求执行各项设计报批要求，上一环节尚未批准的，不得进入下一环节，杜绝出现边勘察、边设计、边施工的"三边"现象 （5）引入设计监理，提高设计质量

五、工程招标的内部控制

1. 招标

招标的管控措施具体如下：

（1）建设单位应当按照《中华人民共和国招标投标法》《工程建设施工招标投标管理办法》等相关法律法规，结合本单位实际情况，本着公开、公正、公平等竞争原则，建立健全本单位的招投标管理制度，明确招标工程项目的范围、招标方式、招标程序，以及投标、开标、评标、定标等各环节的管理要求。

（2）工程立项后，对于是否采用招标，以及招标方式、标段划分等，应由建设单位工程管理部门牵头提出方案，报经建设单位招标决策机构集体审议通过后执行。

（3）建设单位确需划分标段组织招标的，应当进行科学分析和评估，提出专业意见；划分标段时，应当考虑项目的专业要求、管理要求、对工程投资的影响以及各项工作的衔接，不得违背工程施工组织设计和招标设计方案，将应当由一个承包单位完成的工程项目肢解成若干部分发包给几个承包单位。

（4）招标公告的编制要公开、透明，严格根据项目特点确定投标人的资格要求，不得根据"意向中标人"的实际情况确定投标人资格要求。建设单位不具备自行招标能力的，应当委托具有相应资质的招标机构代理招标。

（5）建设单位应当根据项目特点决定是否编制标底；需要编制标底的，标底编制过程和标底要严格保密。

2. 投标

投标的管控措施具体如下：

（1）对投标人的信息采取严格的保密措施，防止投标人之间串通舞弊。

（2）科学编制招标公告，合理确定投标人资格要求，尽量扩大潜在投标人的范围，增强市场竞争性。

（3）严格按照招标公告或资格预审文件中确定的投标人资格条件对投标人进行实质审查。

（4）建设单位应当履行完备的标书签收、登记和保管手续。

3. 开标、评标和定标

开标、评标和定标的管控措施具体如下：

（1）开标过程应邀请所有投标人或其代表出席，并委托公证机构进行检查和公证。

（2）依法组建评标委员会，确保其成员具有较高的职业道德水平，并具备招标项目专业知识和丰富经验。评标委员会成员名单在中标结果确定前应当严格保密。

评标委员会成员和参与评标的有关工作人员不得私下接触投标人，不得收受投标人任何形式的商业贿赂。

（3）建设单位应当为保证评标委员会独立、客观地进行评标工作创造良好条件，不得向评标委员会成员施加影响，干扰其客观评判。

（4）评标委员会应当在评标报告中详细说明每位成员的评价意见以及集体评审结果，对于中标候选人和落标人要分别陈述具体理由。每位成员应对其出具的评审意见承担个人责任。

（5）中标候选人是1个以上时，招标人应当按照规定的程序和权限，由决策机构审议决定中标人。

4. 签订合同

中标人确定后，建设单位应当在规定期限内同中标人订立书面合同，双方不得另行订立背离招标文件实质性内容的其他协议。在工程项目的合同管理方面，中标人和建设单位还应特别注意以下几个方面：

（1）建设单位应当制定工程合同管理制度，明确各部门在工程合同管理和履行中的职责，严格按照合同行使权利和履行义务。

（2）建设工程施工合同、各类分包合同、工程项目施工内部承包合同应当按照国家或本建设单位制定的示范文本的内容填写，清楚列明质量、进度、资金、安全等各项具体标准。施工图纸是合同的重要附件，与合同具有同等法律效力。

（3）建设单位应当建立合同履行执行情况台账，记录合同的实际履约情况，并随时督促对方当事人及时履行其义务，建设单位的履约情况也应及时地做好记录并经对方确认。

六、工程建设的内部控制

工程建设是指工程建设实施，即施工阶段。建设成本、进度和质量的具体控制主要就在这一阶段。

在工程建设阶段，有几项重要工作穿插在施工过程中，包括工程监理、工程物资采购和工程价款结算等。下面将侧重介绍工程施工过程中的质量、进度、安全控制，物资采购控制，以及工程价款结算控制和工程变更控制等。

1. 施工质量、进度和安全的管控措施

建设单位和承包单位（施工单位）应按设计和开工前签订的合同所确定的工期、进度计划等相关要求进行施工建设，并采用科学规范的管理方式保证施工质量、进度和安全。

施工质量、进度和安全的管控措施如下表所示。

施工质量、进度和安全的管控措施

项目	管控措施
工程进度管控	（1）监理单位应当建立监理进度控制体系，明确相关程序、要求和责任 （2）承包单位应按合同规定按进度编制详细的分阶段或分项进度计划，报送监理机构审批后，严格按照进度计划开展工作 （3）承包单位至少应按月对完成投资情况进行统计、分析和对比，工程的实际进度与批准的合同进度计划不符时，承包单位应提交修订合同进度计划的申请报告，并附原因分析和相关措施，报监理机构审批
工程质量管控	（1）承包单位应当建立全面的质量控制制度，按照国家相关法律法规和本单位质量控制体系进行建设，并在施工前列出重要的质量控制点，报经监理机构同意后，在此基础上实施质量预控 （2）承包单位应按合同约定对材料、工程设备以及工程的所有部位及其施工工艺进行全过程的质量检查和检验，定期编制工程质量报表，报送监理机构审查。关键工序作业人员必须持证上岗 （3）监理机构有权对工程的所有部位及其施工工艺进行检查验收，发现工程质量不符合要求的，应当要求承包单位立即返工修改，直至符合验收标准为止。对于主要工序作业，只有经过监理机构审验后，才能进行下道工序
安全建设管控	（1）建设单位应当加强对施工单位的安全检查，并授权监理机构按合同约定的安全工作内容监督、检查承包单位安全工作的实施 （2）工程监理单位和监理工程师应当按照法律、法规和工程建设强制性标准实施监理，并对建设工程安全生产承担监理责任 （3）承包单位应当设立安全生产管理机构，配备专职安全生产管理人员，依法建立安全生产、文明施工管理制度，细化各项安全防范措施。承包单位应当对所承担的建设工程进行定期和专项安全检查，并做好安全检查记录
造价控制	施工过程中的造价控制主要体现在编制资金使用计划和工程款结算方面，可参见"工程价款结算"部分

2. 工程物资采购的管控措施

工程物资包括材料和设备。为了保证项目顺利进行，企业应按照施工进度及时购置材料和设备。材料和设备采购一般占到工程总造价的60%以上，对工程投资、进度、质量等具有重大影响。

在工程物资采购管理方面，除应当遵循《企业内部控制应用指引》的统一要求外，还应当特别关注以下方面：

（1）重大设备和大宗材料的采购应当采用招标方式。

（2）对于由承包单位购买的工程物资，建设单位应当采取必要措施，确保工程物资符合设计标准和合同要求。

3. 工程价款结算的管控措施

建设单位与承包单位之间的工程价款结算是建设期间的一项重要内容。实际工作中，工程进度款大部分按月结算，年终或工程竣工后进行清算。

工程价款结算的管控措施具体如下：

（1）建设单位应当建立完善的工程价款结算制度，明确工作流程和职责权限划分，并切实遵照执行。财务部门应当安排专职的工程财务人员，认真开展工程项目核算与财务管理工作。

（2）资金筹集和使用应与工程进度协调一致，建设单位应当根据项目组成（分部、分项工程）结合时间进度编制资金使用计划，作为资产管控和工程价款结算的重要依据。这方面的管控措施同时可参照《企业内部控制应用指引》。

（3）建设单位财务部门应当加强与承包单位和监理机构的沟通，准确掌握工程进度，确保财务报表能够准确、全面地反映资产价值，并根据施工合同约定，按照规定的审批权限和程序办理工程价款结算。建设单位财务部门应认真审核相关凭证，严格按合同规定的付款方式付款，既不应违规预支，也不得无故拖欠。

（4）施工过程中，如果工程的实际成本突破了工程项目预算，建设单位应当及时分析原因，按照规定的程序处理。

4. 工程变更的管控措施

工程变更包括工程量变更、项目内容变更、进度计划变更、施工条件变更等，但最终往往表现为设计变更。

工程变更的管控措施具体如下：

（1）建设单位要建立严格的工程变更审批制度，严格控制工程变更；确需变更的，要按照规定程序尽快办理变更手续，减少经济损失。对于重大的变更事项，必须经建设单位、监理机构和承包单位集体商议，同时严加审核文件，提高审批层级；依法需报有关政府部门审批的，必须取得同意变更的批复文件。

（2）工程变更获得批准后，应尽快落实变更设计和施工，承包单位应在规定期限内全面落实变更指令。

（3）因人为原因引发的工程变更，如设计失误、施工缺陷等，应当追究当事单位和人员的责任。

（4）对工程变更价款的支付实施更为严格的审批制度，变更文件必须齐备，变更工程量的计算必须经过监理机构复核并签字确认，防止承包单位虚列工程费用。

七、工程验收的内部控制

竣工验收指工程项目竣工后由建设单位会同设计、施工、监理单位以及工程质量监督部门等，对该项目是否符合规划设计要求以及建筑施工和设备安装质量进行全面检验的过程。

1. 竣工验收环节的管控措施

在竣工验收环节，除对工程质量进行验收，还有竣工结算和竣工决算两项重要工作。竣工验收环节的管控措施具体如下：

（1）建设单位应当健全竣工验收各项管理制度，明确竣工验收的条件、标准、程序、组织管理和责任追究等。

（2）竣工验收必须履行规定的程序，至少应经过承包单位初检、监理机构审核、正式竣工验收三个程序。

（3）初检后，确定固定资产达到预定可使用状态的，承包单位应及时地通知建设单位，建设单位会同监理单位初验后再及时地对项目价值进行暂估，转入固定资产核算。建设单位财务部门应定期根据所掌握的工程项目进度核对项目固定资产暂估记录。

（4）建设单位应当加强对工程竣工决算的审核，应先自行审核，再委托具有相应资质的中介机构实施审计；未经审计的，不得办理竣工验收手续。

（5）建设单位要加强对完工后剩余物资的管理。工程竣工后，建设单位要清理核实各种节约的材料、设备以及施工机械工具等，并妥善处理。

（6）建设单位应当按照国家有关档案管理的规定，及时地收集、整理工程建设各环节的文件资料，建立工程项目档案。须报政府有关部门备案的，应当及时地向政府部门备案。

2. 工程项目后评估

工程项目后评估是指在建设项目已经完成并运行一段时间后，对项目的目的、执行过程、效益、作用和影响进行系统的、客观的分析和总结，是一种技术经济活动。

（1）评估的时间。

项目后评估通常安排在工程项目竣工验收后 6 个月或 1 年后，多为效益后评价和过程后评价。

（2）评估控制措施。

工程项目后评估本身就是一项重要的管控措施，建设单位要予以重视并认真用好。

① 建设单位应当建立健全完工项目的后评估制度，对完工工程项目预期目标的实现情况和项目投资效益等进行综合分析与评价，总结经验教训，为未来项目的决策和提高投资决策管理水平提出建议。

② 建设单位应当采取切实有效措施，保证项目后评估的公开、客观和公正。原则上，凡是承担项目可行性研究报告编制、立项决策、设计、监理、施工等业务的机构不得从事该项目的后评估工作，以保证后评估的独立性。

③ 企业要严格落实工程项目决策及执行相关环节责任追究制度，项目后评估结果应当作为绩效考核和责任追究的依据。

第二节　工程项目业务内部控制制度

一、工程项目内部控制制度

标准文件		工程项目内部控制制度	文件编号	
版次	A/0		页次	

1. 总则

1.1 为了加强公司对工程项目的内部控制，防止并发现和纠正工程项目业务实施和管理中的各种差错与舞弊，提高资金使用效益，根据国家有关法律法规和本公司实际情况，特制定本制度。

1.2 本制度所称工程项目，是指公司根据经营管理需要，自行或者委托其他单位进行设计、建造、安装和修护，以便形成新的固定资产或维护、提升既有固定资产性能的活动。工程项目不包括小额（一般为××万元以下）车辆修理、房屋维修、设备维修等。

1.3 公司在工程项目管理过程中，至少应关注涉及工程项目的下列风险：

1.3.1 工程项目违反国家法律法规，可能遭受外部处罚、经济损失和信誉损失。

1.3.2 工程项目未经适当审批或超越授权审批，可能因重大差错、舞弊、欺诈而导致资产损失。

1.3.3 立项缺乏可行性研究或者可行性研究流于形式，决策不当，盲目上马，可能导致难以实现预期效益或项目失败。

1.3.4 工程项目概预算编制不当和执行不力，可能造成工程项目建造成本的增加。

1.3.5 工程项目成本失控，可能造成公司经营管理效益和效率低下。

1.3.6 工程物资质次价高，工程监理不到位，项目资金不落实，可能导致工程质量低劣，进度延迟或中断。

1.3.7 竣工验收不规范，最终把关不严，可能导致工程交付使用后存在重大隐患。

1.3.8 工程项目会计处理和相关信息不合法、不真实、不完整，可能导致公司资产账实不符或资产损失。

1.4 公司在建立与实施工程项目内部控制过程中，至少应强化对下列关键方面或关键环节的控制：

1.4.1 职责分工、权限范围和审批程序应明确规范，机构设置和人员配备应科学合理。

1.4.2 工程项目的决策依据应充分适当，决策过程应科学规范。

1.4.3 概预算编制的依据、内容、标准应明确规范。

1.4.4 委托其他单位承担工程项目时，相关的招标程序和合同协议的签订、管理程序应明确。

1.4.5 价款支付的方式、金额、时间进度应明确。

1.4.6 竣工决算环节的控制流程应科学严密，竣工清理范围、竣工决算依据、决算审计要求、竣工验收程序、资产移交手续等应明确。

1.4.7 工程项目的确认、计量和报告应符合最新的国家相关规定。

2. 岗位分工和授权批准

2.1 不相容岗位分离

2.1.1 项目建议、可行性研究人员与项目决策人员分离。

2.1.2 概预算编制人员与审核人员分离。

2.1.3 项目实施人员与价款支付人员分离。

2.1.4 竣工决算人员与审计人员分离。

2.2 业务归口办理

2.2.1 公司的工程项目组织与实施由工程部归口办理。

2.2.2 工程项目价款支付，由公司财务部归口办理。

2.2.3 财务部设置工程项目核算岗位，办理工程项目会计核算业务。

2.3 相关部门职责

2.3.1 工程部：受理项目申请和项目建议，组织项目的可行性论证和评估，组织或委托招标，办理工程开工的前期工作，组织编制概预算，组建项目管理机构，监督工程质量进度，审核工程结算（工程量），组织项目后评价等。

2.3.2 财务部门：参与工程项目的可研论证与评估、决算事项，工程项目核算，工程价款支付，参与工程概预算、结算审核，参与工程建设监督。

2.3.3 审计部门：工程审计和委托工程审计，合同审计，参与工程项目的可研论证与评估、决算事项，参与工程建设监督。

2.4 授权审批和权责划分

2.4.1 授权方式。

（1）公司对董事会的授权由公司章程规定和股东大会决议。

（2）公司对董事长和总经理的授权，由公司董事会决议。

（3）总经理对下属的授权为年度授权书。

2.4.2 权限（见下表）。

项目	审批人	审批权限
一、工程立项	董事长	单项工程 500 万元以上
	总经理	单项工程 500 万元以下
二、工程审批	股东大会	（1）一个工程项目或在设计、技术、功能、最终用途等方面密切相关的多项工程的工程造价达到或超过公司净资产的 10% 以上 （2）工程项目建成使公司的主业或产业结构发生重大变化
	董事会	（1）单项 200 万元以上至净资产 10% 以下 （2）对报股东大会审批的工程项目事前提出预案，经董事会决议通过后，报股东大会审批
	董事长	预算外单项 50 万元至 200 万元，年预算外累计不超过 500 万元
	总经理	（1）年度预算内工程项目 （2）预算外单项 50 万元以下，年预算外累计不超过 200 万元
三、工程项目外包合同签署	董事长	（1）签署（由股东大会批准的项目） （2）授权总经理签署（一般项目）
	总经理	按授权签署
四、工程项目建设过程事务	授权审批人	按公司授权范围审批

2.4.3 批准和越权批准处理。

（1）审批人根据公司对工程项目相关业务授权批准制度的规定，在授权范围内进行审批，不得超越审批权限。

（2）经办人在职责范围内，按照审批人的批准意见办理工程项目业务。

（3）对于审批人超越授权范围审批的工程项目业务，经办人有权拒绝并应拒绝办理，并及时向审批人的上一级授权部门报告。

3. 工程项目决策控制

3.1 工程项目决策控制程序（见下图）

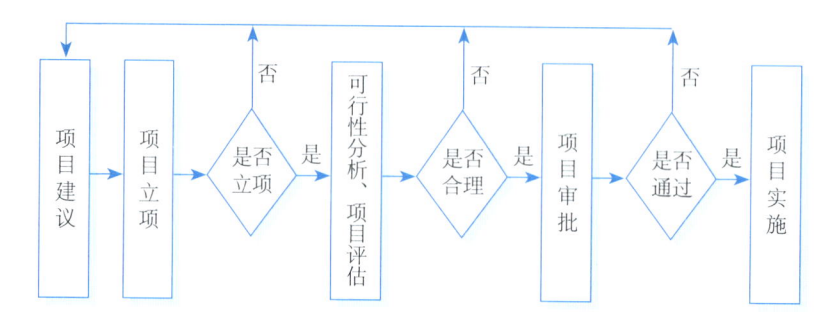

项目建议 → 项目立项 → 是否立项 →(是) 可行性分析、项目评估 → 是否合理 →(是) 项目审批 → 是否通过 →(是) 项目实施
（否则返回）

3.2 工程项目决策控制程序要求（见下表）

业务操作	操作人	控制要求
1. 项目立项	董事长或总经理	（1）项目必须符合公司的发展需要，项目应是必要和可行的 （2）项目立项前已进行了初步调查研究，并由相关部门编制项目建议书，无项目建议书一般不予立项
2. 可行性研究	由工程部门会同相关部门	（1）可行性分析应由基建、营销、生产技术、财务等部门派员参加 （2）对项目的必要性和可行性进行进一步研究和分析 （3）编制项目可行性研究报告
3. 项目评估	由工程部门组织相关专家	（1）评估人员应由工程、技术、财会等相关专家参加 （2）对可行性研究报告的完整性、客观性进行技术经济分析和评审 （3）出具评审意见
4. 项目审批	股东大会 董事会 董事长 总经理	（1）对项目的必要性、可行性和项目风险进行再评估 （2）对项目是否审批进行发言表决 （3）项目通过必须符合董事会、股东大会的议事规则 （4）对项目审批过程和结果记录并存入档案 （5）项目决策改变，必须按项目审批的程序执行，不得由一人单独决策或擅自改变决策

4. 工程项目实施控制

4.1 招标范围

公司除下列情形外，所有工程项目均采用招标方式确定施工单位：

4.1.1 自营项目。

4.1.2 小型项目，且按国家及地方政府规定可不招标的项目。

4.2 招标机构

4.2.1 除小型项目外由公司委托或招标确定招标代理公司办理。

4.2.2 小型项目由公司工程、技术、财务、审计等部门组成招标小组招标。

4.3 工程概算

4.3.1 工程概算是公司以初步设计文件为基础编制的，是考核设计方案的经济性和合理性的重要经济指标，是确定工程规模、编制年度财务预算、资金筹措的重要依据。

4.3.2 工程概算由工程设计人员依据工程概算定额和各种费用标准编制。

4.4 工程预算

4.4.1 工程预算是以施工图设计为基础编制的，是公司进行招投标选择施工单位和设备、控制建设项目工程造价、进行竣工决算、编制资本预算和资金筹措计划的重要依据。

4.4.2 工程预算由工程部门的专业人员或委托专业机构编制。

4.5 概、预算审核

工程概、预算由公司审计部门采用下列方式组织审核：

4.5.1 组织工程、技术、财务等部门的相关人员进行审核。

4.5.2 配备专业人员审核。

4.5.3 委托中介机构审核。

4.6 合同签订

4.6.1 公司委托施工工程和工程物资采购必须签订合同。

4.6.2 合同条款必须符合《中华人民共和国合同法》的相关规定。

4.6.3 财务部事先必须对合同中的经济利益、财务结算等有关条款进行审查。

4.6.4 在合同签署前，审计部门事前对合同进行审计。

4.7 合约审批

按公司内部授权文件规定审批，审批人在授权范围内审批，不得越权审批。

4.8 合同分发与存档

工程合同（包括施工合同与采购合同）的正本存入工程档案，副本或复印件至少分送到审计、财务、基建（包括预、结算）、采购等部门。

4.9 合同履行跟踪

合同履行部门实时对合同的执行情况进行跟踪和检查，发现异常及时地向公司主管领导报告，采取有效措施，避免或降低合同损失。

4.10 价款支付控制

4.10.1 公司办理工程项目价款支付业务，按公司《企业内部控制应用指引》的有关规定办理。

4.10.2 公司办理工程项目采购业务，参照公司采购存货和固定资产的有关规定办理。

4.11 工程进度款支付程序（见下图）

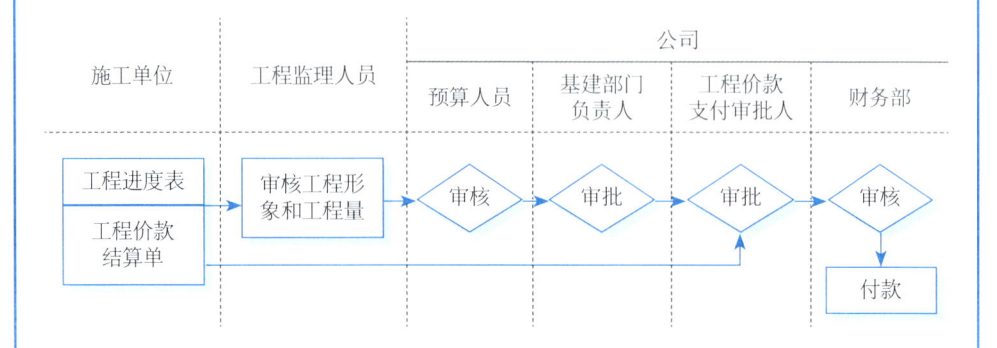

施工单位	工程监理人员	公司				财务部
		预算人员	基建部门负责人	工程价款支付审批人	
工程进度表 / 工程价款结算单	审核工程形象和工程量	审核	审批	审批	审核 → 付款

4.11.1 施工单位根据当月工程完工形象进度和施工图预算，编制工程进度表，根据累计完成进度和已付款情况编制工程价款结算单。

4.11.2 工程监理人员对工程进度上的形象进度和工程量进行审核。

4.11.3 工程预算人员到现场进一步核实工程形象进度、工程量，根据预算单价核实工程进度。

4.11.4 工程部门负责人对工程进度表进行审批。

4.11.5 按照公司授权，价款支付审批人根据工程进度款和工程价款结算单，审批支付金额。

4.11.6 财务部门进一步核实工程价款结算单，对工程进度表、工程价款结算单、发票复核无误后，办理支付。

4.12 财务审核和支付

4.12.1 会计人员对工程合同约定的价款支付方式、有关部门提高的价款支付申请及凭证、审批人的批准意见等进行审查和复核。复核无误后，方可办理价款支付手续。

4.12.2 会计人员在办理支付过程中发现拟支付的价款与合同约定的价款支付方式及金额不符，或与工程实际完工情况不符等异常情况，要及时地向审批人的上级报告。

4.12.3 因工程变更等原因造成价款支付方式及金额发生变动的，由相关部门提供完整的书面文件和其他相关资料，会计人员应对工程变更价款支付业务进行审核。

4.13 工程质保金

4.13.1 任何工程完工与施工单位办理竣工结算后，均按合同规定预留质保金。

4.13.2 质保金按合同规定到期后，由相关部门提出申请，并经基建部门、工程使用部门、审计部门签署意见，经批准人批准后方能支付。

4.13.3 质保金不得提前支付。

4.14 竣工结算

工程完工后，由基建部门组织相关部门对工程进行竣工验收，审计、财务部门应参加竣工验收，竣工验收后，办理工程竣工结算和决算。

4.14.1 工程竣工结算由施工单位编制。在工程项目竣工验收时，施工单位根据工程承包合同、施工招投标文件等编制竣工决算书。

4.14.2 工程竣工结算由工程部组织相关专业人员进行审核。

4.14.3 工程竣工结算经审核后，由审计部门或委托中介机构进行审计，未经审计的竣工结算，财务部门不得支付工程结算款。

4.14.4 工程结算审计书必须经施工单位和审计人员签字认可。

4.15 工程竣工决算

4.15.1 由公司财务部门编制，其内容包括工程项目从筹建开始到工程竣工交付使用为止的全部建设费用，财务决算报告主要包括竣工工程概况、竣工财务决算报表。

4.15.2 在编制工程竣工决算前，由公司相关部门对所有财产和物资进行清理。

4.15.3 竣工决算由公司有关部门及人员进行审核，重点审查决算依据是否完备，相关文件资料是否齐全，决算编制是否正确。

4.15.4 审计部门应对竣工决算进行审核。

4.16 工程项目验收入库

工程项目验收合格的，工程部门应当及时地编制财产清单，办理资产移交入库手续。

4.17 工程项目核算与记录

公司财务部门按公司《会计核算手册》的规定，及时地进行会计核算和记录。

5. 项目后评价

工程项目竣工交付生产 2～3 年后，公司应由基建部门会同相关部门，对项目的立项决策、设计、施工、竣工验收、生产运营全过程进行系统评估，通过评价对项目决策过程进行监督，从已完成项目中总结经验教训，达到改善工程项目的管理水平等目的。

5.1 评价的基本内容

5.1.1 项目效益评价。

5.1.2 项目影响评价，包括经济影响评价、环境影响评价、社会影响评价、项目过程评价、项目持续性评价。

5.2 评价报告

对项目评估后，应编写项目后评估报告，包括结果与问题、成功度评价、建议、经验教训等。

6. 监督检查

6.1 监督检查主体

6.1.1 公司监事会。依据公司章程对公司工程项目管理进行检查监督。

6.1.2 公司审计部门。依据公司授权和部门职能描述，对公司工程项目管理进行审计监督。

6.1.3 公司财务部门。依据公司授权，对公司工程项目管理进行财务监督。

6.1.4 上级对下级进行日常工作监督检查。

6.2 监督检查内容

6.2.1 是否存在不相容职务混岗的现象。

6.2.2 重要业务的授权批准手续是否健全，是否存在越权审批行为。

6.2.3 责任制度是否健全，奖惩措施是否落实到位。

6.2.4 概预算编制的依据是否真实，是否按规定对概预算进行审核。

6.2.5 各类款项支付是否按规定办理竣工决算、实施决算审计。

6.3 监督检查结果处理

6.3.1 对监督检查过程中发现的工程项目内部控制中的问题和薄弱环节，负责监督检查的部门应当告知有关部门，公司有关部门应当及时地采取措施予以纠正和完善。

6.3.2 公司监督检查部门应当按照内部管理权限向上级有关部门报告工程项目内部控制监督情况和有关部门的整改情况。

拟定		审核		审批	

二、工程款支付管理办法

标准文件		工程款支付管理办法	文件编号	
版次	A/0		页次	

1. 目的

为加强公司财务管理工作，强化工程管理，确保工程质量，减少费用支出，提高资金效益，完善内控制度，使公司的工程管理走上管理有序、良性循环的轨道，根据国家有关文件规定，结合公司实际，特制定本制度。

2. 适用范围

本制度主要适用于规范工程项目款项的支付，包括勘察、测绘、设计、施工、工程材料供应、工程变更、现场签证等项目建设工程的预付款、分项工程进度款、结算款、保修金等款项。

2. 支付要求

3.1 工程款的支付，应依照甲乙双方签订的合同约定、相关（补充）协议及相关工程审计报告为依据，确保工程款支付及时准确。

3.2 承包方应确定专人负责办理相关款项支付，工程款申请人应持以下证件及资料到发包方办理备案手续：

3.2.1 企业法人签字的委托函。

3.2.2 申请人本人身份证原件及复印件。

3.2.3 企业开户行全称及账号（加盖公章）。

3.3 如承包方变更工程款申请人时，应重新到发包方办理备案手续。

4. 工程款支付审核程序

4.1 工程预付款

4.1.1 工程预付款指为履行工程合同而向另一方当事人支付一定数额的定金。因特殊原因在工程开工前依据合同须向承包方支付预付款时，由承包方向发包方提出支付申请，监理单位签署意见转发包方及审核单位审核，走完内部签报程序后，办理支付手续。

4.1.2 工程预付款不得超过该工程工作量所需资金的10%，并根据周转情况陆续抵冲工程进度款，不具备开工条件的工程项目不得支付工程预付款。

4.2 工程进度款

在工程合同生效后，按照合同确定的比例向承包方预付一定数额的款项或工程进度款。承包方应于每月____日编出当月（含上月后____天）实际完成工程量及工程款价，报送发包方和监理单位出具审核意见后统一报审核单位审定。报表采用统一格式。

4.2.1 监理单位首先对承包方报来的上述报表进行认真审核。审核所报内容是否符合实际情3况及合同规定，符合合同约定付款条件的，由总监理工程师开具工程款支付证书。

4.2.2 监理单位对报表中的数据、资料有异议时应及时地通知承包方，承包方对其进行修改后再报监理单位核签，若监理单位认为不具备支付当月进度款条件的，也应及时地通知承包方。

4.2.3 监理单位签署同意支付当月进度款的意见后，发包方及审核单位再审核并走完公司签报后，承包方方可取得公司付款。

工程进度款一般不得超过合同造价的×××%，竣工验收后付至×××%，质保期满后，再付尾款×××%，或按合同具体付款条款执行。

4.3 工程结算

工程竣工后，需要按照审定的结算金额扣除预付款、工程进度款、质保金等后向对方支付工程尾款。发包方在办理工程款结算手续前，向监理单位、综合业务部等公司相关部门、计划财务部发出工程会签单，确认承包方已没有任何未完成事项、施工现场及道路已清理恢复、按规定交齐竣工资料和水电费以后，根据审计报告和合同规定，留足工程质保金，结算工程款。

4.4 工程质保金

工程保修期满，经发包方、综合业务部等公司相关部门、承包方验收，确认承包方已按《工程质量保修书》完成保修责任后，由承包方向发包方提出结算质保金申请，发包方核实签字，报公司领导批准后交计划财务部结算。

5. 工程款拨付程序

5.1 付款审批表所需单据

工程进度审核表、工程量申请表、工程形象进度表、扣款单、罚款单、水电费扣款单、竣工验收报告、结算报告（完工结算时提供），不同的分项工程填写不同的表格。

5.2 审核人员

工程量申报表：施工班组负责人。

工程形象进度表：项目经理。

工程进度审核表：监理、项目经理、工程部经理、预算部、总经理。

扣款单、罚款单、水电费扣款单：施工班组负责人、项目经理、工程部经理。

结算报告：施工班组负责人、监理、项目经理、工程部经理、总经理、财务部。

5.3 工程款付款程序

经办人→项目经理→监理→工程部经理审核→预算部→财务部复核→分管财务经理→总经理审批→出纳付款

5.4 款项支付要求

款项支付严格履行合同，合同变更或附加合同的，经办人应及时地汇报给总经理审批。

5.5 其他有关规定

5.5.1 公司财务人员有权对一切报销单据和所发生经济业务的合理性、合法性、真实性进行审核，若违反制度一律不予报销。

5.5.2 签订的与工程相关的经济合同必须交财务部原件一份。

5.5.3 凡超出制度范围的开支及未尽事宜，财务部将会依据相关政策和公司实际情况提出处理意见，经总经理批准后执行。

拟定		审核		审批	

第三节 工程项目业务内部控制表格

一、工程项目设计评审报告

工程项目设计评审报告

日期： 记录编号：

工程项目名称		设计单位	
施工单位		负责人	
评审类别：□初步设计方案评审　□设计图纸评审　□设备选型评审　□试产/试用评审　□其他			
评审主持人		评审时间	
评审对象：			

137

续表

评审项目				
序号	评审内容		评审情况	是否接受
1	是否符合设计规范			□接受 □不接受
2	结构的合理性			□接受 □不接受
3	施工的可行性			□接受 □不接受
4	生产的可行性			□接受 □不接受
5	采购的可行性			□接受 □不接受
6	可维修性			□接受 □不接受
7	美观性			□接受 □不接受
8	消防安全			□接受 □不接受
9	环境评定			□接受 □不接受
10	防雷、防静电			□接受 □不接受
11	标准化、继承性			□接受 □不接受
12	经济性			□接受 □不接受
13	可检验性			□接受 □不接受
14	有无缺、漏			□接受 □不接受
15	施工质量			□接受 □不接受
结论		□评审合格 □评审不合格		
评审人员签名：				
主管领导批示： 签名/日期：				
备注：				
说明：评审对象应写明评审的图纸、方案等具体的名称、编号、版本号等。				

二、施工方案审批会签栏

施工方案审批会签栏

方案名称			
施工单位			
编制人		编制日期	
审核人		审核日期	

续表

工程管理部 审核意见	签字： 日期：
安全技术部 审核意见	签字： 日期：
经营管理部 审核意见	签字： 日期：
总工程师 审核意见	签字： 日期：
编制单位	（签章）
备注	各部门审批意见如本栏不够时，可以另行附页
建设单位审批意见	

三、工程付款申请表

工程付款申请表

编号：

收款单位名称					法定代表人						
工程名称					合同名称及编号						
项目经理					联系电话						
合同总价					累计已付款总额						
申请付款类型											
本次申请付款额 （大写）		千	百	十	万	千	百	十	元	角	分
履约情况说明											
一、合同付款约定情况											
合同约定收款人：											
开户行及账号：											
二、实际履约情况											
本次付款收款人：											
开户行及账号：											

续表

三、申请金额计算说明				
1. 合同应付价款：				
2. 应奖款项：				
3. 应罚款项：				
4. 应扣款项：				
5. 其他：				
四、附件清单	1. 合同履行情况会签表		申请付款单位（公章）：	
	2. 承诺书			
	3. 施工人员工资支付担保			
			法定代表人（或授权代理人）签字：	

四、合同履行情况会签表

合同履行情况会签表

编号：

分包／劳务单位名称		法定代表人	
工程名称			
分包／劳务单位项目经理		联系电话	
我单位已按合同约定完成工作，工程安全、质量、进度符合合同约定，根据合同支付条款 我单位特申请相关部门审核并批复意见。			
合同履约情况认定会签			
安保部负责人（签字）			
安全部负责人（签字）			
办公室负责人（签字）			
技术部负责人（签字）			
物资部负责人（签字）			
机电部负责人（签字）			
生产部门负责人（签字）			
备注事项			

注：会签表要表明个人真实意思，同意或不同意并签字，如有扣款、罚款、奖励项在本表签字格里须填写相关金额。

五、工程款支付证书

工程款支付证书

编号：

分包/劳务单位名称		法定代表人	
工程名称			
分包/劳务单位项目经理		联系电话	
审批付款类型			
合同总价		至本期已累计付款总额	
本次审批付款额（大写）		小写	
预算员（签字）			
商务部经理（签字）			
财务部经理（签字）			
审计部经理（签字）			
项目总经理（签字）			

注：本表费用为合同计价费用，不含各项扣款、罚款、奖励费用。

六、工程款支付申请（核准）表

工程款支付申请（核准）表

工程名称：　　　　　　　　　　　　　编号（合同编号+期号+日期）：

致：（发包人全称）
　　我方于_____至_____期间已完成了_____工作，根据施工合同的约定，现申请支付本期的工程款额为（大写）_____元，（小写）_____元，请予核准。

序号	名称	金额（元）	备注
1	累计已完成的工程合同价款		合同款
2	累计已实际支付的工程合同价款		合同款
3	本周期已完成的工程合同价款		合同款
4	本周期已完成的签证金额		注明类型
5	本周期应增加和扣减的变更金额		注明类型
6	本周期应增加和扣减的索赔金额		注明类型
7	本周期应抵扣的预付款		注明类型
8	本周期应扣减的质保金		注明类型
9	本周期应增加或扣减的其他金额		注明类型
10	本周期实际应支付的工程价款		

续表

提供附件：1. 工程合同款支付控制汇总表　2. 工程合同款期中支付控制一览表 　　　　　3. 工程细目计量控制数量一览表　4. 工程计量控制数量计算单 　　　　　5. 变更签证等其他支付凭据及预算文件 注：根据合同，合同款计量控制支付的需提供相应表格。	
承包人（章）： 承包人代表： 日期：	
复核意见： □与实际施工情况不相符，修改意见见附件 □与实际施工情况相符，出具工程款支付证书 监理工程师： 日期：	审核意见： 你方提出的支付申请经复核，本期应支付金额为： （大写）_____元 （小写）_____元 项目部经理： 日期：
复核意见： 工程管理部： 日期：	审定意见： 主管领导： 日期：

　　注：1. 在选择栏中的"□"内做标识"√"。
　　　　2. 本表一式四份，由承包人填报，发包人、监理人、审计单位、承包人各存一份。

七、工程合同款支付控制汇总表

工程合同款支付控制汇总表

合同编号：　　　　　　　　　　　　　　　　　　　　　第___期第___页　共___页

付款期号	合同金额	期中支付控制金额（元）	期中扣留金额（注明扣留依据）（元）	当期完成金额（元）
1				
2				
3				
4				
5				
6				
7				
8				
		累计已实际支付的工程合同款（元）：	累计扣留的工程合同款（元）：	累计已完成工程合同款（元）：

承包人：　　　　　　总监理工程师：　　　　　　业主单位：　　　　　　审计单位：
日期：　　　　　　　日期：　　　　　　　　　　日期：

八、拨款申请单

拨款申请单

项目名称	
施工单位	
截算节点	
截算总价	
项目负责人	
监理负责人	
工程部负责人	
审核拨款数额	
总经理复核	
申报单位	
申报时间	

第八章

采购管理业务内部控制

第一节　采购管理业务内部控制要领

所谓采购就是指企业购买物资（或接受劳务）及支付款项等相关活动。其中，物资主要包括企业的原材料、商品、工程物资、固定资产等。

一、采购业务内部控制的目标

采购业务内部控制主要有以下几个目标：
（1）促进企业合理采购，满足企业经营需要，规范采购行为，防范采购风险。
（2）确保采购活动以及供应商的管理方法和程序符合国家法律法规和企业内部规章制度的要求。
（3）保证供应商的资料数据保存完整，记录真实、准确，易于管理，便于追踪，同时合理设置供应商审核程序与审核权限，提高企业的决策效益与效率。
（4）维护和发展良好的、长期且稳定的供应商合作关系，开发有潜质的供应商，促进企业的长远发展。
（5）确保授权合理，与采购相关的关键岗位、职责相分离，保证采购资料及数据记录的真实性、准确性与完整性。
（6）加快资金周转，降低采购成本，防止资金占用，提高经营效率。

二、采购业务中重要的职务分离

采购业务内部控制的主要工作之一是对一些重要业务的处理进行职务分离，如下表所示。

采购业务中重要的职务分离

序号	业务环节	职务分离
1	请购与审批	企业物品采购应由使用部门根据需要提出申请，并经分管采购工作的负责人审批
2	供应商的选择与审批	采购部门和相关部门共同参与询价并确定供应商，但是决定供应商的人员不能同时负责审批
3	采购合同协议的拟订、审核与审批	执行采购部门负责下订单或起草采购合同，并经授权部门或人员审核、审批后执行

续表

序号	业务环节	职务分离
4	采购、验收与相关记录	企业采购、验收与会计记录工作应当相分离，以保证采购数量的真实性，采购价格、质量的合规性，采购记录和会计核算的正确性
5	付款的申请、审批与执行	企业付款审批人与执行人的职务应当相分离，付款方式不恰当、执行有偏差，可能导致企业资金损失或信用受损

三、采购业务各环节的管控措施

1. 编制需求计划和采购计划

采购业务从计划（或预算）开始，包括需求计划和采购计划。企业实务中，需求部门一般根据生产经营需要向采购部门提出物资需求计划，采购部门根据该需求计划归类汇总平衡现有库存物资后，统筹安排采购计划，并按规定的权限和程序审批后执行。

该环节的管控措施具体如下：

（1）生产、经营、项目建设等部门应当根据实际需求准确、及时地编制需求计划。需求部门提出需求计划时，不能指定或变相指定供应商。对独家代理、专有、专利等特殊产品应提供相应的独家、专有资料，经专业技术部门研讨后，由具备相应审批权限的部门或人员审批。

（2）采购计划是企业年度生产经营计划的一部分，在制订年度生产经营计划的过程中，企业应当根据发展目标实际需要，结合库存和在途情况，科学合理地安排采购计划，防止采购过高或过低。

（3）采购计划应纳入采购预算管理，经相关负责人审批后，作为企业刚性指令严格执行。

2. 请购

请购是指企业生产经营部门根据采购计划和实际需要提出的采购申请。该环节的管控措施具体如下：

（1）建立采购申请制度，依据购买物资或接受劳务的类型确定归口管理部门，授予相应的请购权，明确相关部门或人员的职责权限及相应的请购程序。企业可以根据实际需要设置专门的请购部门，对需求部门提出的采购需求进行审核，并归类汇总，统筹安排企业的采购计划。

（2）具有请购权的部门对于预算内采购项目，应当严格按照预算执行进度办理请购手续，并根据市场变化提出合理采购申请。对于超预算和预算外采购项目，应先履行预算调整程序，由具备相应审批权限的部门或人员审批后，再行办理请购手续。

（3）具备相应审批权限的部门或人员审批采购申请时，应重点关注采购申请内容是否准确、完整，是否符合生产经营需要，是否符合采购计划，是否在采购预算范围内等。对不符合规定的采购申请，应要求请购部门调整请购内容或拒绝批准。

3. 选择供应商

选择供应商也就是确定采购渠道。它是企业采购业务流程中非常重要的环节。该环节的管控措施具体如下：

（1）建立科学的供应商评估和准入制度，对供应商资质信誉情况的真实性和合法性进行审查，确定合格的供应商清单，健全企业统一的供应商网络。企业新增供应商的市场准入、供应商新增服务关系以及调整供应商物资目录，都要由采购部门根据需要提出申请，并按规定的权限和程序审核批准后，纳入供应商网络。企业可委托具有相应资质的中介机构对供应商进行资信调查。

（2）采购部门应当按照公平、公正和竞争的原则，择优确定供应商，在切实防范舞弊风险的基础上，与供应商签订质量保证协议。

（3）建立供应商管理信息系统和供应商淘汰制度，对供应商提供物资或劳务的质量、价格、交货及时性、供货条件及其资信、经营状况等进行实时管控和考核评价。企业应根据考核评价结果，提出供应商淘汰和更换名单，经审批后对供应商进行合理选择和调整，并在供应商管理系统中做好相应记录。

4. 确定采购价格

如何以最优"性价比"采购到符合需求的物资，是采购部门永恒的主题。该环节的管控措施具体如下：

（1）健全采购定价机制，采取协议采购、招标采购、询比价采购、动态竞价采购等多种方式，科学合理地确定采购价格。对标准化程度高、需求计划性强、价格相对稳定的物资，通过招标、联合谈判等公开、竞争方式签订框架协议。

（2）采购部门应当定期商讨大宗通用重要物资的成本构成与市场价格变动趋势，确定重要物资品种的采购执行价格或参考价格。建立采购价格数据库，定期开展重要物资的市场供求形势及价格走势行情分析并合理利用。

5. 订立框架协议或采购合同

框架协议是企业与供应商之间为建立长期物资购销关系而作出的一种约定。采购合同是指企业根据采购需要、确定的供应商、采购方式、采购价格等情况与供应商签订的具有法律约束力的协议。该协议对双方的权利、义务和违约责任等情况作出了明确规定。该环节的管控措施具体如下：

（1）对拟签订框架协议的供应商的主体资格、信用状况等进行风险评估；框架协议的签订应引入竞争机制，确保供应商具备履约能力。

（2）根据确定的供应商、采购方式、采购价格等情况，拟订采购合同，准确描述合同条款，明确双方权利、义务和违约责任，按照规定权限签署采购合同。对于影响重大、涉及较高专业技术或法律关系复杂的合同，应当组织法律、技术、财务等专业人员参与谈判，必要时可聘请外部专家参与相关工作。

（3）对重要物资验收量与合同量之间允许的差异，双方应当作出统一规定。

6. 管理供应过程

管理供应过程主要是指企业建立严格的采购合同跟踪制度，科学地评价供应商的供货情况，并根据合理选择的运输工具和运输方式，办理运输、投保等事宜，实时地掌握物资采购供应过程的情况。该环节的管控措施具体如下：

（1）依据采购合同中确定的主要条款跟踪合同履行情况，对有可能影响生产或工程进度的异常情况，应出具书面报告并及时地提出解决方案，采取必要措施，保证需求物资的准时供应。

（2）对重要物资建立并执行合同履约过程中的巡视、点检和监造制度。对需要监造的物资，择优确定监造单位，签订监造合同，落实监造责任人，审核确认监造大纲，审定监造报告，并及时地向技术等部门通报。

（3）根据生产建设进度和采购物资特性等因素，企业应选择合理的运输工具和运输方式，办理运输、投保等事宜。

（4）企业应实行全过程的采购登记制度或信息化管理，确保采购过程的可追溯性。

7. 验收

验收是指企业对采购物资和劳务的检验接收，以确保其符合合同相关规定或产品质量要求。该环节的管控措施具体如下：

（1）制定明确的采购验收标准，结合物资特性确定必检物资目录，规定此类物资出具质量检验报告后方可入库。

（2）验收机构或人员应当根据采购合同及质量检验部门出具的质量检验证明，重点关注采购合同、发票等原始单据与采购物资的数量、质量、规格型号等是否核对一致。

（3）对验收合格的物资，填制入库凭证，加盖物资收讫章，登记实物账，及时将入库凭证传递给财务部门。

（4）物资入库前，采购部门须检查质量保证书、商检证书或合格证等证明文件。

（5）验收时涉及技术性强的、大宗的和新、特物资，还应进行专业测试，必要时可委托具有检验资质的机构或聘请外部专家协助验收。

（6）对于验收过程中发现的异常情况，比如无采购合同或大额超采购合同的物资、超采购预算及毁损的物资等，验收机构或人员应当立即向企业的相关部门报告，相关部门应当查明原因并及时处理。

（7）对于不合格物资，采购部门依据检验结果办理让步接收、退货、索赔等事宜。

（8）对延迟交货造成生产建设损失的，采购部门要按照合同约定索赔。

8. 付款

企业应当加强采购付款的管理，完善付款流程，明确付款审核人的责任和权利，严格审核采购预算、合同、相关单据凭证、审批程序等相关内容，审核无误后按照合同规定合理选择付款方式，及时办理付款。企业要着力关注以下方面：

（1）严格审查采购发票等票据的真实性、合法性和有效性，判断采购款项是否应予支付。

（2）根据国家支付结算的相关规定和企业生产经营的实际，企业要合理选择付款方式，并严格遵循合同规定，防范付款方式不当带来的法律风险，为保证资金安全，采购价款应通过网银办理转账。

（3）加强预付账款和定金的管理，涉及大额或长期的预付款项，企业应当定期追踪核查，综合分析预付账款的期限、占用款项的合理性、不可收回风险等情况；发现有疑问的预付款项时，要及时地采取措施，尽快收回款项。

9. 会计控制

会计控制主要指采购业务会计系统控制。该环节的主要风险与管控措施具体如下：

（1）加强对购买、验收、付款业务的会计系统控制，详细记录供应商情况、采购申请、采购合同、采购通知、验收证明、入库凭证、退货情况、商业票据、款项支付等情况，采购人员应做好采购业务各环节的记录，确保会计记录、采购记录与仓储记录核对一致。

（2）指定专人通过函证等方式，定期向供应商寄发对账函，核对应付账款、应付票据、预付账款等往来款项，对供应商提出的异议应及时查明原因，报有权管理的部门或人员批准后，作出相应调整。

四、采购业务的后评估控制

由于采购业务对企业生存与发展具有重要影响，企业应当建立采购业务后评估制度。这说明，企业应当定期对物资需求计划、采购计划、采购渠道、采购价格、采购质量、采购成本、协调或合同签约与履行情况等物资采购供应活动进行专项评估和综合分析，以便及时地发现采购业务薄弱环节，便于优化采购流程；同时，将物资需求计划管理、供应商管理、储备管理等方面的关键指标纳入业绩考核体系，促进物资采购与生产、销售等环节的有效衔接，不断防范采购风险，全面提升采购效能。

第二节　采购管理业务内部控制制度

一、采购与付款内部控制制度

标准文件		采购与付款内部控制制度	文件编号	
版次	A/0		页次	

1. 总则

1.1 为了加强对公司物资采购与付款环节的内部控制，堵塞采购漏洞，防范采购与付款过程中的差错和舞弊，减少采购风险，根据《中华人民共和国会计法》等相关法律法规，结合本公司的实际情况，特制定本制度。

1.2 本制度所称采购是指本公司购进的用于生产经营或提供劳务消耗的各种物资（包括原材料、半成品、成品及低值易耗品等）的行为，付款是指支付与上述物资有关的款项的行为。

1.3 采购与付款内部控制制度的基本要求是采购与付款中的不相容职务应当分离，其中包括：

1.3.1 付款审批人员和付款执行人员不能同时办理寻求供应商和洽谈价格的业务。

1.3.2 采购合同的洽谈人员、订立人员和采购人员不能由一人同时担任。

1.3.3 货物的采购人员不能同时担任货物的验收和记账工作。

1.4 请购依据应当充分适当，请购事项应当明确，所有采购与付款事项应当严格按照本流程执行。

2. 分工与授权

2.1 公司采购与付款业务相关人员职责。

2.1.1 生产总监，负责以下工作：

（1）在公司总经理直接领导下，与财务总监共同制订公司年度采购预算。

（2）在公司总经理直接领导下，与财务总监共同审批公司大宗商品的采购工作，包括确定供应商、洽谈采购合同等。

（3）对采购部提供的合格供应商名单进行审批，并报总经理审批。

（4）组织和管理公司物资采购及保管工作，确保物资采购正常进行。

（5）制定并贯彻执行本部门各岗位职责和规章制度，确保采购物资和原、辅材料的质量符合公司标准。

2.1.2 采购部主管，负责以下工作：

（1）按照采购计划，与财务总监共同审批各部门的采购申请单。

（2）按各部门的采购申请单，按时、按质、按量采购价格低、品质好的商品。严格执行公司对各种商品库存量的规定，防止商品积压造成不必要的损失。

（3）监督和做好物资的验收工作。所有物资必须由使用部门、仓库管理员、采购员、质检部进行验收。不需要质检的物资，质检部可不参与。严格把好品种、数量、质量和价格关，督导及配合仓库管理员做好签收、进仓及保管工作。

（4）经常进行市场物资行情调查，搜集市场新资料，及时地了解货源供求和价格动向，对供应商的资质、信誉、供货的质量保证能力进行调查和评审，并向生产总监、总经理提供合格供应商名单，所有采购应在经总经理批准的合格供应商中进行，在非合格供应商中采购需事先经公司总经理批准。

（5）严格执行财务制度，及时地办好结账报销工作，采购物资以及有关费用开支必须取得有效的报销凭证，并在当月报销入账。

2.1.3 仓库管理员，负责以下工作：

（1）负责与采购员、质检员、物资使用部门指定的负责人做好入库商品的验收工作，填写验收单。

（2）所有库存物资必须做好其收入、发出、盘存记录手续，建立完备的物资登记簿，收、发货凭证、单据齐全。

（3）随时地掌握库存物资动态，对低于最低库存量的物资应及时地提醒生产部主管等相关部门领导进行申购，并报知生产总监。

（4）必须具备一定的商品知识，正确处理物资的储存保管方法，做好物资的防火、防潮、防腐、防鼠、防盗窃，以保证所保管物资的完整、完好及安全。

（5）定期进行清仓盘点，按时填写完成月度仓库盘点表及其他报表。

2.1.4 采购员：按采购指令和操作规范的要求完成具体采购作业，对供应商实施招投标或询比价程序，跟踪供应商备货，记录和回馈采购业务的基本情况和异常情况，负责收集、汇总和上报供应市场行业信息，提出供应商规划建议，合理建议付款安排，并及时地催收货物和增值税专用发票。

2.1.5 出纳员：按照审批后的付款申请单办理货款支付业务。

2.1.6 会计：负责稽核采购申请、付款申请与验收单等是否相符，审批手续是否齐全等，并依据验收单、发票、付款申请单等原始单据填制记账凭证。可根据需要参加物资验收。

2.1.7 财务总监：负责与生产总监审批采购申请单、付款申请单。

2.2 公司根据具体情况（一般不超过 3 年）对采购主管进行岗位轮换。采购人员应当具备良好的职业道德，忠于职守，廉洁奉公，遵纪守法，严禁收受商业贿赂行为。

3. 请购与审批流程控制

3.1 公司采购部门应根据不同物资的具体消耗情况制定主要物资最低库存量，对低于最低库存量的物资应当及时地提出采购申请单。无采购申请单的物资，仓库不得验收入库，财务部不得给予报账。

3.2 公司物资采购权由采购部集中行使，未经公司总经理授权，其他部门一律不得自行采购。

3.3 公司物资采购原则上都要签订购销合同（在所在地市场购买的零星物资除外），明确采购物资的名称、规格、质量执行标准、数量、价格、交货日期、运输方式、付款方式、违约责任等要素，合同印章要由专人保管，发现有越权签订合同的行为，印章保管人有权拒绝盖章并向合同签订人的上级授权部门报告。

3.4 公司建立供应商档案制度，由采购部负责维护。在选择供应商时，企业应当考虑的主要因素包括：

3.4.1 价格。物美价廉的商品是每个企业都想获得的。各个供应商提供的价格连同各种折扣是最明显的比较，价格的高低是选择供应商的一个重要指标。

3.4.2 质量。质量的选择应根据实际情况而定，公司应用最低的价格买到最适合本企业的质量要求的产品。

3.4.3 服务。选择供应商时，服务也是一个很重要的考虑因素。例如，更换残次品、指导设备使用、修理设备等，类似这样的一些服务在采购某些项目时可能会在选择过程中起到关键作用。

3.4.4 位置。供应商所处的位置对送货时间、运输成本、紧急定货与加急服务的回应时间等都有影响。当地购买有助于发展地区经济，形成社区信誉以及良好的售后服务。

3.4.5 供应商存货政策。如果供应商的存货政策要求自己随时持有备件存货，拥有安全库存，则将有助于突发事件的解决。生产总监须在每季度对档案中的供应商进行一次业绩评价，以便确认合格供应商，优胜劣汰。

3.5 请购与审批流程。

3.5.1 制订采购计划。公司采购计划由采购部会同生产部、财务部，根据下月物资的消耗情况并结合相关物资的实际库存制订，报生产总监、财务总监、总经理批准后执行。

3.5.2 提出采购申请单。公司购买物品均需填写采购申请单，相关部门负责人签批后交给采购部门进行采购。

3.5.3 审批。采购申请单首先由部门领导审核签字，生产总监在采购计划内审核批准，在采购申请单上签字，对大额的非经常性物资采购应当及时向总经理汇报。对超出采购计划的采购申请须报财务总监批准，如果超出年度计划，应当经公司总经理批准。

3.5.4 确定供应商。采购部根据需求说明在供应商档案中选择成绩良好的供应商，通知其报价，或以登报公告等方式公开征求供应商，采取竞标、邀标等方式确定供应商。

3.5.5 核价、签订供货合同。确定可能的供应商后，由采购部主管与其进行价格谈判，金额超过××万元的采购合同，生产总监应参与谈判。公司财务部、审计部应定期到市场了解价格，并根据政府公布的市场价格及其他价格信息进行核价，对于公司长期使用的物资，财务部应根据实际情况及对市场的调查制定物资采购价格限定表。价格谈妥后，应办理定货签约手续。公司采购合同由生产总监或总经理签署。

3.5.6 合同追踪。合同签订后，为保证供应商如期、如质、如量交货，采购部主管应依据合约规定对其进行及时督促，如发现对方有违约现象，应及时地向生产总监报告，以便控制违约后果。

4. 采购与验收流程控制

4.1 公司采购的物资内容包括原材料、半成品、成品及低值易耗品。

4.1.1 原材料、半成品、成品采购的要点：

（1）遵照采购部的工作方针及工作原则开展工作，以市场为导向，做到价比三家，货比三家，保质、保量、保供应。

（2）严格执行采购计划，根据物资使用部门的使用要求，保证质量和数量，不超计划采购。

4.1.2 低值易耗品采购要严格执行采购计划，质高、价低，及时满足供应。

4.2 所有物资应由采购员、仓库管理员、物资使用部门、质检部（根据物资检验需要）进行验收。

4.3 参加验收的人员应严格把关，不得徇私舞弊、弄虚作假，发现问题要及时地上报生产总监或审计部。

4.4 采购与验收流程。

4.4.1 发出订单。采购部根据物资管理使用部门提出的采购申请单向已签订合同的供应商发出订单，订单应当明确交货的数量、质量、时间、地点。若合同已约定上述事项的，可不再单独发出订单。

4.4.2 验收。物资到达后，应当由采购人员、仓库管理员、物资使用部门、质检部（根据物资检验需要）一同对供应商提供的物资进行现场验收。所有参加验收人员应当在验收单上签字。验收单一式三联，一联由采购部自存，一联交财务部，一联交供应商。如果验收时发现有不符合要求的原料，由物资使用部门负责人填写退货单并注明退货原因，当即退货，并通知采购员补买。

4.4.3 登记库管账。仓库管理员对仓库保管的货物登记收、发、存明细账。

4.4.4 制单。会计根据现场验收确认的验收单以及供应商提供的发票编制记账凭证。每月月底，会计应当将本月已验收入库但发票未到的采购物资暂估入账。供应商提供发票时再进行红字冲销。

4.4.5 记账。会计人员审核会计处理是否正确后，确认记账凭证，生成账簿。

4.4.6 对账。会计应当每月按原材料大类与采购部门核对本月的出入库金额和月末余额。

5. 付款流程控制

5.1 按合同约定需要预付购货款的，由采购人员提供合同复印件并填写付款申请单，注明付款事由、合同编号、项目编号及名称、付款金额、对方单位名称、开户银行及账号等，按批准物资采购的权限经财务总监、总经理批准后，交出纳办理预付货款业务。

5.2 公司每月月末由会计与供应商核对应付账款、应付票据、预付账款等往来款项。如有不符，会计人员应当查明原因，及时地处理。

5.3 采购付款流程。

5.3.1 申请。采购物资结账由采购人员填写"付款申请单"，经生产总监审核，交财务总监、总经理依次审核、批准。付款申请单后应当附上采购申请单，验收单、合法发票、合同等原始单据。

5.3.2 限额内批准。生产总监、财务总监、总经理根据其职责、权限和相应程序对付款申请单进行审批。对不符合规定的货币资金支付申请，批准人应当拒绝批准。

5.3.3 审核。会计应当对批准后的货币资金付款申请单及其附件进行审核，审核货币资金付款申请的批准范围、权限、程序是否正确，手续及相关合同或证明资料是否真实完整、合法合规，金额计算是否准确，支付方式、支付单位是否妥当等。审核无误后，由审核人在货币资金付款申请单上签字并交由出纳人员办理支付手续。

5.3.4 支付。出纳人员应当根据审核无误并经审核人员签字的付款申请单，办理货币资金支付手续。

5.3.5 制单。会计应当根据审核无误的支付申请编制记账凭证。

5.3.6 记账。会计人员审核会计处理是否正确后确认记账凭证，生成账簿。

6. 监督检查

6.1 公司审计部、财务部在各自职权范围内对本公司的采购与付款内部控制情况进行检查监督。

6.2 对采购与付款业务检查监督的主要内容包括：

6.2.1 采购与付款业务岗位设置和批准权限的授权和执行情况。

6.2.2 申请物资采购的程序是否正确，审批物资采购是否有越权行为。

6.2.3 物资采购合同的订立情况，合同要约是否完整、规范、合法有效。

6.2.4 物资采购专属权的执行情况，重点检查物资采购是否由采购部门集中办理，其他部门办理物资采购是否获得批准并经采购部门授权。

6.2.5 付款环节的控制，重点检查付款通知书填写是否完整，审批手续是否正确有效，是否凭付款申请单支付购货款。

6.3 对监督检查过程中发现的采购与付款内部控制中的薄弱环节，应要求被检查部门纠正和完善，发现重大问题应作书面检查报告，向有关领导和部门汇报，以便及时地采取措施，加以纠正和完善。

6.4 对严重积压物资超过规定的限额，扣发采购申请部门当月奖金，次月仍未控制住的，取消年终奖。

6.5 对违反上述岗位职责及流程控制相关规定的人员，除有特别规定外，发现一次扣罚奖金××元，并提出警告，累计3次以上者报总经理办公会决定予以处罚。

拟定		审核		审批	

二、物资采购管理制度

标准文件		物资采购管理制度	文件编号	
版次	A/0		页次	

1. 目的

为规范本公司及子公司和控股分公司的采购工作，特制定本制度。

2. 适用范围

本制度适用于本公司及子公司和控股分公司的采购活动。

3. 采购原则

3.1 严格执行询议价程序。凡未通过招标确定供应商价格的物品的采购，每次采购金额在××万元以下的必须有3家以上供应商提供报价，在权衡质量、价格、交货时间、售后服务、资信、客户群等因素的基础上进行综合评估，并与供应商进一步议定最终价格，临时性应急购买的物品除外，超过××万以上的采购须以招标的形式进行。

3.2 合同会签。固定资产的采购合同，必须经过行政综合管理部、企业营运管理部、财务审计部，属生产型企业须总经办、设备维修部等共同参与，调研汇总各方意见，经总公司分管领导审核，总裁批准签约。属公司总部采购的项目，应报董事长批准。

3.3 职责分离。物资采购人员不得参与物资和服务的验收，采购物资质量、数量、交货等问题的解决，应由行政人事综合管理部或各分公司相关部门根据合同要求及有关标准与供应商协商完成。

3.4 一致性原则。采购人员定购的物资或服务必须与请购单所列要求规格、型号、数量相一致。在市场条件不能满足部门、分公司要求或成本过高的情况下，及时反馈信息供申请部门更改请购单作参考。如确因特定条件数量不能完全与请购单一致，经审核后，差值不得超过请购量的 5% ~ 10%。

3.5 最低价搜寻原则。采购人员定时搜集市场价格信息，建立供应商信息档案库，了解市场最新动态及各地区最低价格，实现最优化采购。

3.6 廉洁原则。所有采购人员必须做到：

3.6.1 热爱企业，自觉维护企业利益，努力提高采购材料质量，降低采购成本。

3.6.2 加强学习，提高认识，增强法制观念。

3.6.3 廉洁自律，不收礼，不受贿，不接受吃请，更不能向供应商伸手。

3.6.4 严格按采购制度和程序办事，自觉接受监督。

3.6.5 工作认真仔细，不出差错，不因自身工作失误给公司造成损失。

3.6.6 努力学习业务，广泛掌握与采购业务相关的新材料、新工艺、新设备及市场信息。

4. 采购程序

4.1 供应商的选择和审计。

4.1.1 原辅材料的供应商必须证照齐全，具有生产产品的合法证件。变更原辅材料的供应商必须经过送样检验、小试、中试，征得需求部门或分公司同意，并报相关部门批准备案。

4.1.2 对于大宗和经常使用的商品或服务，采购员应较全面地了解掌握供应商的生产管理状况、生产能力、质量控制、成本控制、运输、售后服务等方面的情况，建立供应商档案，做好业务记录，会同行政综合管理部、财务审计部、企业管理营运部等相关部门对供应商定期进行评估和审计。

4.1.3 固定资产及零星物资采购在选择供应商时，必须进行询议价程序和综合评估。供应商为中间商时，采购员应调查其信誉、技术服务能力、资信和以往的服务对象，供应商的报价不能作为唯一的决定因素。

4.1.4 为保证原、辅、包材质量的稳定，供应商也应相对稳定。

4.1.5 为确保供应渠道的畅通，防止意外情况的发生，对于生产运营所必需的商品，应有 2 家或 2 家以上供应商作为后备供应商或在其间进行交互采购。大宗商品应同时由两家以上供应商供货，以保证货源、质量和价格合理。

4.1.6 对于零星且规格繁杂的物资，每年度根据部门预算计划统计造表交行政综合部，向 3 家以上供应商询价，经有关部门及行政综合部综合评估后，选择合适的供应商，签订特约供货协议，定期结算。

4.2 采购程序。

4.2.1 固定资产及其他零星物品的申请，由各使用部门及分公司填写请购单，写清采购物资的数量、规格、型号、质量标准、技术指标、制作工艺、材质、要求到货日期等，由部门负责人或分公司负责人签字上报总部领导逐级审核批准后，交公司总部行政综合管理部负责统一采购。

4.2.2 采购询价、综合评估、会签合同，由行政综合管理部、企业营运管理部、财务审计部、工程部、维修部、分公司总经办及使用部门共同完成，报主管领导审批。生产、质量、工厂维修、使用部门负责采购材料的适用性；财务部门负责预算控制、价格调查、资信调查、合同付款条款的审核；法务人员负责合同条款的审查；审计部门负责合同的事前审计和事后财务审计；行政综合部负责合同条款的谈判，付款申请、索赔、采购档案的建立，市场信息的收集，同时，与供方和生产厂联系货物接送的时间、方式、到货情况、质量反馈及售后服务事宜。凡由总部统一采购的物资，采购合同签订后，由总部行政综合部将合同发至物资需求的项目或分公司。

4.2.3 计划部、仓储部负责计划汇总、接货、记录，接收报告的出具。仓储、质量部门负责原辅包材的验收，出具检测报告，并于每月 10 日将本月收货入库单、检测报告汇总连同原辅料库存数发至总部行政综合部。物资设备由申请部门、工程技术部门验收，并出具验收报告。

5. 审计监督

5.1 对采购全过程进行财务监督和审计。在采购招标、采购询议价、合同签订和采购结算过程中，除有生产部门、质量部门、使用部门、工厂维修部门及相关领导参与外，财务、审计部门要全程参与。

5.2 财务部门主要负责材料价格的核查，审计部门主要负责合同条款的审核和财务支付的事前事后审计。

5.3 采购人员要自觉接受财务和审计部门对采购活动的监督和质询。

5.4 对采购人员在采购过程发生的违反廉洁制度的行为，审计部门将有权对有关人员提出降级、处罚、开除的处理建议，直至追究法律责任。

| 拟定 | | 审核 | | 审批 | |

第三节　采购管理业务内部控制表格

一、采购程序及准购权限表

采购程序及准购权限表

拟定日期：

采购类别	申请人	管理部门	购买期限	准购权限			价款核准权限				验收人	品质检验	
				部长	厂长	总经理	采购	部长	经理	总经理		需	否

核准：　　　　　　　　　　　　　　　　　　拟表：

二、采购作业授权表

采购作业授权表

采购项目	金额范围	采购程序				合同验收单位	付款程序			
		申请	初核	合办	复核	裁决		申请	初核	复核	裁决

三、请购单

请购单

项目	品名	数量	单位价格	总金额
1				
2				
3				
4				
	总金额		RMB：	
	供应商名称及联系电话			报价
1				
2				
3				
4				
	到货时间及付款条件			
备注				
审批（所有申请）（部门经理）		审批（人民币××元以下）（总监）		
审核（所有申请）（财务经理）		审批（人民币××元以上）（总经理）		
最终审批（人民币××万元以上）（总裁/首席执行官）				
总监		总裁	人力资源部	

四、采购合同审批表

采购合同审批表

合同名称		合同编号	
供方名称		合同金额	
相关项目			
合同类别	办公用品□　外购件□　标准件□　辅材□　其他□		

续表

付款方式		交货期	
与前期价格的比较			
价格评审			
评审意见			
部门	评审内容	评审意见	评审人签字
采购部			
技术部			
财务部			
总经理			
评审结论			
合同批准			____年__月__日

五、预付款申请单

预付款申请单

申请部门		申请人	
付款类别	□订金（尚未开发票） □分批交货暂支款		
付款金额			
说明			

采购经理审核：　　　　　财务部：　　　　　总经理：

六、请款单

请款单

请款金额		请款部门		请款人		请款日期	
合同编号		合同经办人		签订付款额		已付款额	
入库验收人		入库时间		付款时间		欠付款	
财务部 审核意见							
收款单位							
开户行							

续表

账号		
请款理由：		采购部审核意见：
审批意见：		

七、付款申请单

付款申请单

申请表编号：　　　　　　　　　　　　　　　　申请时间：
公司名称：　　　　　　　地址：　　　　　　　电话：
收款方名称：　　　　　　地址：　　　　　　　电话：

序号	物资编码	名称	型号描述	合同编号	合同数量	单位	单价	入库数量	金额	备注
				合计						

总金额（大写）	佰　拾　万　仟　佰　拾　元　角　分

| 特别说明 | 后付单据 | |
| | 其他说明 | |

付款申请人		采购经理审核	
总经理审批		财务部审批	

第九章

销售业务内部控制

第一节　销售业务内部控制要点

企业的销售业务并不是简单的交易过程，而是分步骤的交易行为，从收到对方的订单、洽谈交易事宜，到货物的交接，再到货款的支付，甚至还有退货和折让的发生，这些业务都需要加以控制。

企业销售业务内控主要包括销售计划管理、客户开发与信用管理、销售定价、订立销售合同、发货、收款、客户服务和会计系统控制等环节。

一、销售计划管理的内控措施

销售计划是指在销售预测的基础上，结合企业生产能力，设定总体目标额及不同产品的销售目标额，进而设定具体营销方案和实施计划，以支持未来一定期间内销售额的实现。其管控措施具体如下：

（1）企业应当根据发展战略和年度生产经营计划，结合企业实际情况，制订年度销售计划。在此基础上，结合客户订单情况，制订月度销售计划，并按规定的权限和程序审批后下达执行。

（2）企业应当定期对各产品（商品）的区域销售额、进销差价、销售计划与实际销售情况等进行分析，结合生产现状，及时调整销售计划，调整后的销售计划须履行相应的审批程序。

二、客户开发与信用管理的内控措施

企业应当积极开拓市场份额，加强现有客户维护，开发潜在目标客户，对有销售意向的客户进行资信评估，根据企业自身风险和接受程度确定具体的信用等级，其管控措施具体如下：

（1）企业应当在进行充分市场调查的基础上，合理细分市场并确定目标市场；根据不同目标群体的具体需求，确定定价机制和信用方式，灵活运用销售折扣、销售折让、信用销售、代销和广告宣传等多种策略和营销方式，促进销售目标实现，不断提高市场占有率。

（2）建立和不断更新维护客户信用动态档案，由与销售部门相对独立的信用管理部门对客户付款情况进行持续跟踪和监控，提出划分、调整客户信用等级的方案；根据客户信用等级和企业信用政策，拟定客户赊销限额和时限，经销售、财务等部

门具有相关权限的人员审批；对于境外客户和新开发客户，应当建立严格的信用保证制度。

三、销售定价的内控措施

销售定价是指商品价格的确定、调整及相应审批，其管控措施具体如下：

（1）企业应根据有关价格政策，综合考虑目前的财务目标、营销目标、产品成本、市场状况及竞争对手情况等多方面因素，确定产品基准定价，定期评价产品基准价格的合理性。定价或调价需经具有相应权限人员的审核批准。

（2）在执行基准定价的基础上，针对某些商品可以授予销售部门一定限度的价格浮动权，销售部门可结合产品市场特点，将价格浮动权向下实行逐级递减分配，同时明确权限执行人。价格浮动权限执行人必须严格遵守规定的价格浮动范围，不得擅自突破。

（3）销售折扣、销售折让等政策应由具有相应权限的人员审核批准。对于销售折扣、销售折让的实际金额、数量、原因及对象应予以记录，并归档备查。

四、订立销售合同的内控措施

企业与客户订立销售合同，明确双方权利和义务，以此作为开展销售活动的基本依据。其管控措施具体如下：

（1）订立销售合同前，企业应当指定专门人员与客户进行业务洽谈、磋商或谈判，关注客户信用状况，明确销售定价、结算方式、权利与义务条款等相关内容。重大的销售业务谈判还应当吸收财务、法律等专业人员参加，并形成完整的书面记录。

（2）企业应当建立健全销售合同订立及审批管理制度，明确必须签订合同的范围，规范合同的订立程序，确定具体的审核、审批程序和所涉及的部门人员及相应权责。审核、审批应当重点关注销售合同草案中提出的销售价格、信用政策、发货及收款方式等。重要的销售合同，应当征询法律专业人员的意见。

（3）销售合同草案经审批同意后，企业应授权有关人员与客户签订正式销售合同。

五、发货的内控措施

发货是根据销售合同的约定向客户提供商品的环节，其管控措施具体如下：

（1）销售部门应当按照经审核后的销售合同开具相关的销售通知交仓储部门和财务部门。

（2）仓储部门应当落实出库、计量、运输等环节的岗位责任，对销售通知进行审核，严格按照所列的发货品种和规格、发货数量、发货时间、发货方式、接货地点等组织发货，形成相应的发货单据，并对单据进行连续编号。

（3）以运输合同或条款等形式明确运输方式，商品短缺、毁损或变质的责任，以及到货验收方式、运输费用承担、保险等内容，货物交接环节应做好装卸和检验工作，确保货物的安全发运，由客户验收确认。

（4）做好发货各环节的记录工作，填制相应的凭证工作，设置销售台账，实现全过程的销售登记制度。

六、收款的内控措施

收款指企业经授权发货后与客户结算的环节，按照发货时是否收到货款，收款可分为现销和赊销。其管控措施具体如下：

（1）结合公司销售政策，选择恰当的结算方式，加快款项回收，提高资金的使用效率。对于商业票据，企业要结合销售政策和信用政策，明确应收票据的受理范围和管理措施。

（2）建立票据管理制度，特别是加强商业汇票的管理，其管控措施具体如下：

① 对票据的取得、贴现、背书、保管等活动予以明确规定。

② 严格审查票据的真实性和合法性，防止票据欺诈。

③ 由专人保管应收票据，对即将到期的应收票据及时办理托收，定期核对盘点。

④ 票据贴现、背书应经恰当审批。

（3）加强赊销管理，其管控措施具体如下：

① 需要赊销的商品，应由信用管理部门按照客户信用等级审核，并经具有相应权限的人员审批。

② 赊销商品一般应取得客户的书面确认，必要时，企业应要求客户办理资产抵押、担保等收款保证手续。

③ 完善应收款项管理制度，落实责任、严格考核、实行奖惩。销售部门负责应收款项的催收工作，并妥善保存催收记录（包括往来函电）。

（4）加强代销业务款项管理，及时地与代销商结算款项。

（5）收取的现金、银行本票、汇票等应及时地缴存银行并登记入账。禁止由销售人员直接收取款项，如必须由销售人员收取，应由财务部门加强监控。

七、客户服务的内控措施

客户服务是在企业与客户之间建立信息沟通机制，对客户提出的问题应及时地解答或反馈、处理，不断地改进商品质量和服务水平，以提升客户满意度和忠诚度。客户服务包括产品维修、销售退回、维护升级等，其管控措施具体如下：

（1）结合竞争对手客户服务水平，建立和完善客户服务制度，包括客户服务内容、标准、方式等。

（2）设专人或部门进行客户服务和跟踪；有条件的企业可以按产品线或地理区域建立客户服务中心；加强售前、售中和售后技术服务，将客户服务人员的薪酬与客户满意度挂钩。

（3）建立产品质量管理制度，加强销售、生产、研发、质量检验等相关部门之间的沟通协调。

（4）做好客户回访工作，定期或不定期地开展客户满意度调查；建立客户投诉制度，记录所有的客户投诉，并分析产生原因及解决措施。

（5）加强销售退回控制。销售退回需经具有相应权限的人员审批后方可执行；销售退回的商品应当参照物资采购入库管理。

八、会计系统的内部控制

会计系统的内部控制是指利用记账、核对、岗位职责落实和相互分离、档案管理、工作交接程序等会计控制方法，确保企业会计信息真实、准确、完整。会计系统控制包括销售收入的确认、应收款项的管理、坏账准备的计提和冲销、销售退回的处理等内容，其管控措施具体如下：

（1）加强对销售、发货、收款业务的会计系统控制，详细记录销售客户、销售合同、销售通知、发运凭证、商业票据、款项收回等情况，确保会计记录、销售记录与仓储记录核对一致。其具体要求为：

① 财务部门开具发票时，应当依据相关单据（计量单、出库单、货款结算单、销售通知单等）并经相关岗位审核。

② 销售发票应遵循有关发票管理规定，严禁开具虚假发票。

③ 财务部门对销售报表等原始凭证，要审核销售价格、数量等的准确性，并根据国家统一的会计准则制度确认销售收入，登记入账。

④ 财务部门与相关部门月末核对当月销售数量，保证各部门销售数量的一致性。

（2）建立应收账款清收核查制度，销售部门应定期与客户对账，并取得书面对账凭证，财务部门负责办理资金结算并监督款项回收。

（3）及时收集应收账款相关凭证资料并妥善保管；及时要求客户提供担保；对未按时还款的客户，采取申请支付令、申请诉前保全和起诉等方式及时清收欠款。收回的非货币性资产须经评估和恰当审批。

（4）企业对于可能成为坏账的应收账款，应当按照国家统一的会计准则规定计提坏账准备，并按照权限范围和审批程序进行审批。对确定发生的各项坏账，应当查明原因，明确责任，并在履行规定的审批程序后作出会计处理。企业核销的坏账应当进行备查登记，做到账销案存。已核销的坏账又收回时应当及时入账，防止形成账外资金。

第二节 销售业务内部控制制度

一、销售与收款内部控制制度

标准文件		销售与收款内部控制制度	文件编号	
版次	A/0		页次	

1. 目的

为了加强对公司销售与收款环节的内部控制，根据《中华人民共和国会计法》等相关法律法规，特制定本制度。

2. 适用范围

本制度所称销售与收款是指公司在销售过程中接受客户订单、核准客户信用、签订销售合同、按客户要求开展一系列生产及运送、开具发票并收取相关款项等一系列行为。

3. 职责分离

销售与收款业务的下列职责应当分离：

3.1 销售订单职能与货物保管职能相分离。

3.2 销售订单职能与开具发票、记账职能相分离。

3.3 货物保管职能与开具发票、记账职能相分离。

3.4 开具发票、记账职能与收款职能相分离。

4. 分工及授权

4.1 各事业部负责公司产品的销售业务环节，公司财务部负责财务核算与账款回收。

4.2 业务部负责产品的销售定价制度、折扣政策的制定并执行；市场部负责产品物流，开具销售发票。

4.3 公司销售的会计核算业务由财务部统一办理，收回销售收入存入公司总部开设的银行账户并由财务部统一管理，同时负责对应收账款情况进行统计、总结、分析。

4.4 公司的产品销售收入催收工作，由物控部负责订单的关闭，由市场部核对相关加工资料，由业务部再确定相应的单价及其支援方式，由财务部负责收款，同时要负责对催收与付款结果进行按类统计并予以周及月总结，同时做出财务分析报表。

5. 实施与执行

5.1 订单执行过程：业务人员根据授权接受客户订单并签署订单合同后，将订单合同交予市场部进行加工事项的确认（属长期合作客户时，业务及市场人员需确认订单加工事项是否完整），必要时由市场人员召集产前会议，市场人员同时编制加工通知单给计划部，以便计划部根据客户要求事项及实际生产能力做好相应安排。加工通知单作为各事业部和财务部进行业务处理的重要依据，在传递到下一环节前，须经过市场部经理的审批。

5.2 应收款的催收：应收款跟进由该项业务的业务人员直接负责；应收款收取由财务部指定的销售会计负责。

5.3 发票的开具：市场部根据货物到达时间及时开具发票，并与加工通知单、到货凭证（包括送货单与客户收货单）进行核对，若有不符应及时地上报，由各事业部的业务部门与客户相关部门协调解决，其协商结果必须形成相应文书报告，交予审计核查，发票开具后及时地传递给公司财务部的销售会计。

5.4 市场运作与调整：各事业部或业务部门负责拟定本部门每季度的"市场运作说明报告"并报公司总裁批准后执行。中途改变政策需经公司总裁批准并及时以书面形式将内容、执行时间通知公司财务部。

5.5 成品交付的单据管控：成品仓库根据审批的加工通知单发货。发货时必须经过OQC严格检验，不得擅自发货和随意替换货物，确保与加工通知单的一致；在运输过程，计划部与车队须确保货物安全和及时到达。送货单与运货凭证经计划部审核、市场部核准后传递给财务部的销售会计。

5.6 盘点管理：物控部应使用连续编号的加工通知单、送货单与运货凭证，定期或不定期地对货物进行盘点，并对每月情况进行汇总、分析（统计与分析时，应注明好起止时间，以确保数据准确）。公司每月盘点时间暂定为25号，若因特殊情况不能如期盘点时，应至少提前5个工作日并经总裁批准后，由各事业部的市场人员通知给相应部门。

5.7 单据保管与核对：公司财务部的销售会计应当将加工通知单、送货单、运货凭证、发票进行核对并据以入账进行日常会计核算。每月及时编制日常客户收款单，传递给各事业部进行货款催收，定期与各事业部核对应收账款，做好一致性的单据核对工作。财务部对已入账的销售、发运货、发票等凭证承担保管职能。

5.8 客户信用度管理：公司财务部负责制定应收账款信用制度，并根据上一季度的销售额和应收账款的回款情况及公司市场开发政策，分类别制定和客户相应的应收账款制度，并送经客户权威人员批准后执行。应收账款超出信用额度，财务部有权通知各事业部进行催收，严重时须报总裁并经董事长批准后，及时地以书面形式通知业务部及市场部停止对该客户产品的加工与供货，业务部及市场部须待财务部以书面形式通知禁令解除后，方可依据加工通知单继续发货。

5.9 应收账款最终处理方案：财务部每月对应收账款进行分析、评价，并将分析结果传递给各事业部。对逾期两个季度以上的要求各事业部清理，有继续业务往来的企业，应及时地催回应收款或通过提供担保、抵押等方可发生新业务。必要时，应通过法律程序解决，各事业部负责收集与诉讼有关的证据并经公司高层决议后，由综合管理部办理起诉事宜。情况特殊者，需经董事长特批方可办理。

5.10 应收账款的坏账处理方案：对于逾期 1 年以上的应收账款，应由财务经理及时地组织清理并查明原因，由总裁办人员给予相应的法律处理，确实无法追回的应收款，要及时上报公司董事会审查批准后，转作坏账损失并注销相关的应收账款明细账。

5.11 报废确认与初步处理方案：客户退回产品必须经市场部审批后方可执行。退回产品须经质检部门和物控部验收、清点并开具退货接受单后方可入库。公司财务部根据销售退回单和红字发票要及时进行账务处理。物控及计划部对正常产品和退回产品应分别保管，及时统计数量并要求质量部门做好对应处理。若无法保障其产品质量需要报废时，应及时上报公司并根据质量管理部及工程部的意见处理。确定报废时，应由计划部及物控部提请相应的报废报告并予以书面申请，经总裁批准后做相应账务处理。

5.12 坏款追讨方案：已注销的应收账款应做好账销案存，落实责任人随时跟踪，一旦发现客户有偿债能力应立即追索，对于已核销又收回的应收账款应冲减当期坏账准备，并出具相应的报告经董事长批准后做相应账务处理。

6. 监督检查

6.1 本公司的销售与收款环节由内控部会同有关部门行使监督检查权。

6.2 销售与收款环节的监督检查内容包括：

6.2.1 财务部对凭证是否妥善保管，尤其是对空白发票的管理；客户信用的变动是否经过审批；应收账款的管理是否及时。

6.2.2 市场部要监控物控部是否按销售通知单发货，销售退回的凭证是否健全，审批是否越权，处理退回产品是否符合公司有关规定要求。

6.2.3 业务部门是否按经审核的价目表进行运作，价格变动和业务提成是否经过审批，对应收账款的催收管理工作是否到位。

6.2.4 内控部要定期或不定期地对公司的规定与运行状况进行监督与审查，监督检查过程中如发现产品销售与收款内部控制存在薄弱环节，应要求被检查部门纠正和完善，发现重大问题应形成书面检查报告，直接向总裁或董事长汇报，以便及时地采取措施，加以纠正和完善。

拟定		审核		审批	

二、销售与收款流程内部控制办法

标准文件		销售与收款流程内部控制办法	文件编号	
版次	A/0		页次	

1. 目的

为促使本公司的销售及收款循环程序能有所遵循，特订立本办法。

2. 适用范围

凡本公司有关销售及收款循环作业程序的内部控制事项，悉依照本办法的规定办理。

3. 管理规定

3.1 销售预测作业

3.1.1 作业程序。

（1）预测未来两三年的变化对销售的影响。

（2）从供货商、购买者、产业本身、替代品与产业潜在进入者等方面着手进行预测及了解。

（3）对未来状况进行了解后，应就自身优势与劣势以及外界机会与威胁等方面拟定未来方向。

（4）未来方向确定后，考虑自身资源，拟出销售策略以达成目标。

3.1.2 控制重点。

（1）预测时应考虑文化、经济层面。

（2）预测应分长、中、短期，并根据情况变迁随时修正。

（3）以整体观念为起点，不仅衡量公司内在情况，也评估公司外界整体经济因素的影响。

171

（4）应重新考虑各种变量，而非全部沿用历史资料为判断依据，以求更符合实际现状。

（5）各层面的销售预测应有根据资料，不可凭空想象。

（6）对于销售预测应定期检讨及修正。

3.2 销售计划作业

3.2.1 作业程序。销售计划最后的定案与各种指标以及各部门预算应相辅相成。销售计划的作业应包括下列内容：

（1）市场展望与新市场开发计划。

（2）新产品开发与旧产品淘汰计划。

（3）新客户开发与旧客户淘汰计划。

（4）广告及其他销售推广政策。

（5）售价政策。

（6）授信及账款回收政策。

（7）业务人员的增减及异动预测。

（8）销售费用的限制计划。

（9）本年度营业方面可能遭遇的困难及其克服对策。

3.2.2 控制重点。

（1）销售计划应尽可能数量化，以利测量。

（2）预估销售目标应考虑企业内外环境的可能影响并切合实际，在现有客观情况下有达成的可能，同时具有挑战性及主动性。

（3）销售计划的编制应由各有关部门共同参与，并结合企业经营者的战略发展目标进行。

（4）每个季度结束后，业务部应将实际业绩与预算目标进行比较，检讨得失，采取行动。

（5）执行预算时应经常比较现时环境与原始情况，如有显著差异者，应实时修正。

（6）各层面的销售计划应有根据资料，不可凭空想象。

（7）对于销售计划应定期检讨及修正。

3.3 订单处理作业

3.3.1 作业程序。

（1）存货生产接单。

①业务部门接到客户订单后，首先要检查其各项条件齐全与否，订购内容是否清楚，若有涂改应盖章确认。

②查看是否仍有库存，若无库存由业务人员告知客户，与其洽商延期交货

或再讨论交易内容。

③若仍有库存，且客户愿意按一定折扣交付，或经信用评估后须付现，则交货收现。

（2）订货生产接单。

① 业务部门接到客户的样品（或样品要求）及报价单。

② 将样品交由制造部门打样并进行成本分析。

③ 制造部门将制作好的样品、成本分析报告交给业务部门。

④ 业务部门将制作好的样品交与客户确认，并商议交期。

⑤ 客户同意交期，并同意接受所制成的样品，则通知业务部门准备报价。

⑥ 若不同意样品，则由业务部门再交由制造部门修改。

⑦ 若不同意交期，则与制造部门协商后再与客户洽商。

⑧ 客户同意样品及交期后，业务部门依据制造单位的样品成本分析报告，再加计运费、保险费、各项费用及预期利润，订出售价，并填制报价单交由主管核准。

⑨ 业务部门主管同意售价，签批报价单后，则由主办人员向客户报价。

⑩ 若客户接受报价，业务部门收到客户订单后，应首先检查其各项条件齐全与否，订购内容是否清楚，若有涂改应盖章确认。

⑪ 对于客户所下订单的订购种类、数量、规格等各项要求，由业务单位视状况决定是否要预收部分货款。

⑫ 若有预收货款，则依预收款项作业规定执行。

⑬ 若无预收货款，则须进行信用调查及授信审核。

3.3.2 控制重点。

（1）订单处理。

① 订单核批盖章手续必须齐全。

② 订单若经涂改，须有盖章或注记。

③ 业务人员对报价单应依规定办理，售价应考虑估计成本的正确性，并加计合理利润。

④ 核准售价不能超过权限。

⑤ 业务人员与客户谈妥交易后须经客户确认，交期进度应列入控制。

⑥ 单位售价、总价等计算必须正确。

⑦ 优待条件应符合公司规定。

⑧ 应注意品质，要求条件必须符合公司制作能力。

（2）订单变更。

① 客户提出订单变更时，应立即作出反应并及时处理。

②须在受订后未制造前，才准予受理作废。

③订货后已经制造而必须取消时，不论是销售还是客户因素，均应查明该订单内容是否有取消条款，并查明损失处理情形。

④修正订单或订单作废应有相关单位人员会同办理。

⑤订单修改内容必须合理。

⑥订单修改日期须在送货日期之后。

⑦若修改过的单价或数量比原来多时，要查明其是否补开发票。

3.4 征信作业

3.4.1 作业程序。

（1）若客户并非付现，而是采取信用交易方式，则先调阅往来的客户资料，查看有无过去往来记录。

（2）若为新客户，则由业务部门填妥客户资料，送授信部门审核。

（3）授信部门接到业务部门的资料后，要深入调查客户资料及查询银行交易记录状况。

（4）授信部门将资料进行整理评估后，决定授信额度上限。

（5）若授信部门经评估后认为此客户信用不佳，可与业务部门联系，讨论是否要接受此订单。

（6）若信用评估不佳，但仍接受此订单，则由授信部门决定是否要求担保抵押或保证，或是要求现金付款。

（7）若接受担保或保证条件，则由业务部门对客户设定担保或保证作业进行追踪和审查。

（8）抵押保证事宜初步办理妥当后，将资料再交由授信部门审核。

（9）若通过，则由授信部门评估后给予信用额度。

（10）若未通过，则由授信部门决定是否再增加担保品或保证，或要求货到付现。

（11）若客户订单金额未超过信用额度，则接受此订单并出货。

（12）若此订单超过信用额度，则再交由授信部门审核信用，看是否增加额度。

（13）额度若有更动，仍须经由上述授信过程。

（14）收款人员应将客户的信用及付款资料，交由授信部门归档及整理，以更新客户信用额度。

3.4.2 控制重点。

（1）必须建立客户资料档案，登记有关交易情形、财务及信用状况。

（2）客户授信总额的拟定，必须考虑对方的资本额、营业情形、损益情形、创业期间、信用、保证及抵押额度等内容。

（3）必须办妥保证者，需要至少每年重新办理对保工作，并由第三者每半年对保一次。

（4）对于未办妥手续或超过授信总额者，其出货应经特批核准。

（5）对新增客户或转向他公司购货者，必须分析其变更原因，并检讨改进。

（6）对于市场资料的搜集必须充分，范围包括供需量的变迁、产品技术的革新、竞争者的策略等。

3.5 业务人员管理作业

3.5.1 作业程序。

（1）制定个别推广业务人员业绩目标。

（2）制定业务人员奖励制度以激励其工作意愿。

（3）设计完整的训练计划，使其有自信及能力面对客户。

（4）重视职业道德教育，强调操守的重要性。

（5）强调自动自发自我管理。

（6）每月由业务人员填制汇总"营业月报表"。

（7）每月结算业务部门业绩，并告知其与目标的差距，促使其自我激励。

（8）定期分析业务部门的实绩、损益，并制作年度销售比较表。

（9）业务人员每月月底填制下个月份的"客户预定拜访表"，借以安排日程及出差日期，并汇总呈董事长室留存。

3.5.2 控制重点。

（1）业务人员的个别目标制定得是否太低。

（2）业务人员的区域划分是否恰当。

（3）"客户预定拜访表"是否有填制是否确实执行预定进度。

（4）有无浮报差旅费、交际费的情形。

（5）业务人员本身能力及训练是否足够。

（6）业务人员是否够积极、主动。

（7）业务人员的各种激励制度，是否具有足够诱因。

（8）业务人员与客户往来是否诚实，对公司是否忠诚。

3.6 交货作业

3.6.1 作业程序。

（1）交期管理。

①以业务部门与客户协调的交货（或装船、装机）日，为交期管理的管制基准。

②将各订单的预定交期依日期排列，并注明属于内销还是外销。

③ 通知仓储部门各批货品的交期、交货地点、货品种类等。

④ 若为外销，则在交运前7日准备报关文件及出货手续；若为内销，则在交运前2日准备出货手续。

（2）出库排程。

① 仓储部门将各业务部门通知的各批货品交期进行汇总，安排出货日期。

② 依出货日期、货品种类、交运种类等，安排出库日程及出库事宜。

③ 在预定出货日期，将准备交运货品打包好，预备装车工具，并联系运送工具及货运部门。

（3）出库记录。

① 依出货单出库。

② 成品出库时依品名、规格不同，登录库存明细账。

③ 出库时，保安依出货单或托运单放行货车，并将车号登入进出厂记录簿。

④ 内销货品，货到客户签收后，回条由货运部门取回，交与业务部门。

⑤ 财会部门依据出货单入账，列记应收账款及销货收入。

（4）外销装船。

① 业务部门将备妥的报关文件及装船（装机）文件，交由报关行或自行报关。

② 外销货品运至码头或机场后，由承运公司开出装船（装机）证明后，货运部门将各项装船（装机）文件携回，交给业务部门。

3.6.2 控制重点。

（1）受订交货应列入进度表控制，必须准时交货，如有逾期，应检讨未交货原因，并提出改善对策。

（2）制造部门如无法于客户要求的交货日期完成，或无法依排程制造时，必须实时反映给业务部门处理。

（3）交货的种类、数量应与客户订单、出货单上的内容一致。

（4）预备交运货品应与其他库存品分开置放；货品打包时，包装应符合订单要求，各项资料应填写清楚。

3.7 发票开立与作废作业

3.7.1 作业程序。

（1）开立发票。

① 出货时立即开出发票，开立时须符合营业税法规定。

② 发票内容与送货内容须相符。

③ 将发票号码填于出货单内。

（2）发票作废申请。

①收回原发票，填写发票作废申请书，并由客户签章。

②发票作废申请理由包括：发票内容开错；发票所载数量与客户签收数量不符；因故遭受退货。

③原发票取回后，若为当月发票，则直接订于存根联上加盖作废章，始可另开新发票。

④在原出货单与作废发票上注明新开立发票号码。

⑤发票作废申请书须归档处理。

⑥若为已申报营业税的发票，应附客户签章的证明书及原发票向税务机关申请办理营业税扣抵或退回。

3.7.2 控制重点。

（1）发票的开立应依营业税法规定办理，内容应与出货单相符。

（2）财会部应在收到原发票的收执联及扣抵联后，才能将发票作废，重新开立正确发票；同时将有关单据另卷保存，以便检讨核对发票作废原因。

（3）注意有无跳开发票情形，空白及作废发票应适当保存，以便连号控制、勾稽。

3.8 应收账款作业

3.8.1 作业程序。

（1）会计人员根据出货单会计联以及发票，做好应收账款明细账。

（2）出货单客户联经客户签收后，交由业务人员按时收款。

（3）每月结账一次，由会计人员提供"应收账款明细表"给业务人员，由业务主管核对尚未收款的客户签收联与"应收账款明细表"二者是否相符，如有不符应立即追查原因。

（4）业务人员收到客户款项后，填写"收款报告单"，经出纳人员签收无误后交由会计人员冲账。

（5）每月编制"应收账款账龄分析表"，并将超过一般周转期或规定期限尚未收现者，列表注明债务人、金额及原因加以查明。

（6）核对应收账款明细各户与明细表、总分类账及有关凭证是否相符。

（7）不定期地向债务人函证应收账款余额。

（8）确定备抵呆账的提列是否适当足够，已确定的坏账是否转列损失。

（9）呆账冲销应收账款，须经主管核准。

（10）因销货退回及折让所发生的应收账款减少，须经主管核准。

3.8.2 控制重点。

（1）应收账款明细账应与未收款的出货单签收信息相符。

（2）销货明细表应与收款报告单相符。

（3）逾期的账款是否查明原因。

（4）退货必须扣抵应收账款。

（5）每期均应提列备抵坏账，金额力求适当，呆账冲销应经核准。

（6）异常账款发生后，应依公司规定及时地处理，并确保公司债权。

（7）对于异常账款发生原因必须详细分析检讨，并采取各种防范改进措施。

3.9 客诉处理作业

3.9.1 作业程序。

（1）客诉发生。

① 当有客诉问题发生时，先由业务部门了解事情发生状况。

② 若状况并不是很严重，或事故发生原因很常见，由业务部门便可判断责任归属时，即由业务部门判定是否为公司责任。

（2）责任判定。

① 当发生事故原因并不常见，须进一步研究或者事故损坏情形非常严重需详加探究者，则由品管部门详加研究调查后，判定责任归属。

② 若最后判定原因非为公司的责任时，须通知客户，告知其原因以及公司不理赔的理由。

（3）处理意见。

① 若判定为公司责任时，则由业务部门填妥"销售事故报告单"，附上品管单位检验结果，会同品管部门、董事长办公室商讨处理方法。

② 将决定的处理办法附于"销售事故报告单"，交由业务部门主管审核。

③ 若审核不同意，应说明原因，交回业务、品管与董事长办公室等部门再行商议。

④ 若同意上述处理意见，则通知客户。

⑤ 若客户不同意处理方式，则由业务部门反映客户意见后，由上述各部门再行商议。

⑥ 若客户同意上述处理方式，达成共识，则按退换货或理赔的相关规定处理。

（4）退货。

① 退货时，由业务部门至客户处将所退商品取回。

② 依退回商品状况、退货相关规定或处理意见决定退货价格、数量。

③ 填写"退换货报告单"。

④ 将商品退回仓储部门。

（5）理赔。

① 若需理赔，由董事长办公室办理理赔手续。

②依客诉处理规定，计算索赔或折让。

（6）做好记录。

①将上述销售事故自发生到退货理赔，按照不同事项分别登记于"客诉记录簿"。

②将各项客诉记录进行整理分析，以供产品设计或制造生产等作为参考。

3.9.2 控制重点。

（1）对于客诉案件，应作妥当处理；对客户质疑事项，应作适当说明；对客户所提意见，应分类统计并分析检讨。

（2）客诉问题发生时，应明确责任归属，理赔力求合理，手续必须完备。

（3）如有退货发生应按规定扣减绩效奖金，退货应按规定折价登账，查明有无特定客户的退货次数较多。

（4）退货的原发票必须实时收回，每笔退货均交由财务部门及仓储部门入账，对退换的货品应依规定调整内容。

（5）对于理赔案件，必须详加检讨，并采取适当的改进措施；对于销售事故须奖惩者，亦应确实执行。

3.10 内销售后服务作业

3.10.1 作业程序。

（1）交货时，依保证卡编号建立服务卡，做好维修记录。

（2）须定期维修部分，依所在定点及维修日期安排时间表，照表维修并记录维修情形及产品状况。

（3）服务装备须妥善保管使用，并定期保养维修。

（4）定期检讨服务绩效及顾客满意度。

3.10.2 控制重点

（1）服务材料、工具、设备与各项实物是否与账面相符；应按期检修者是否彻底执行。

（2）服务时态度是否亲切有礼，并尽量以客户利益为考量。

（3）门市客户退换（修）货品，是否依规定为其服务。

3.11 签证押汇作业

3.11.1 作业程序。

（1）备妥信用状证、销货确认书、出口押汇申请单、装箱单、提单等办理结汇。

（2）编制预定表控制装船。

（3）列表控制签证、押汇报关费用申请核准及报销等事务，并对进度进行跟催。

（4）委托供应加工外销厂商代工者，依期限收取出口证件，办理外销冲退事务。出口证件收齐后差价保证票即退还客户，出口证件逾期依约加收价差。

（5）成品报运出口的翌日起检附有关证件办妥外销退税手续。

（6）押汇金额先冲销外销货款，如无货款则直接转存本公司账户。

（7）业务人员与客户洽谈外销佣金，应签订合约，合约金额以不超过法定最高限额为限。经主管机关项目核准后，交银行以信汇或电汇方式进出。

3.11.2 控制重点。

（1）有关装船、签证、报关、押汇等各项营业，应列表做进度管制，并按规定确实执行。

（2）前述各项运费、保险费、报关费及其他费用的申请核准手续，应依规定办理，支付金额必须计算正确无误。

（3）外销文件应按客户订单编号归类，并编制目录索引，以利日后查阅。

（4）文件档案必须指定专人保管，未经授权者应严禁接触或翻阅。

（5）支付外销佣金必须有合约，并取得结汇证明或其他证明文件。

3.12 收款作业

3.12.1 作业程序。

（1）预收货款。

① 依规定与合约约定办理，预收定金成数变更时须经核准。

② 预收定金的收款程序、核准等依公司规定处理。

③ 预收货款收讫时，除开立发票外，另开二联式收据，一联交给对方，另一联存根据以入账。

④ 退还预收货款或存货款时，发票及收据均应出示收回，收回的收据另存保管。

⑤ 预收部分或全额货款后出货，冲销预收货款时在传票上注明出货单号码。

⑥ 返还定金时权责和义务应明确，切不可由经办代领。

（2）预收收益。

① 预收收益应依照合约规定办理，其有变动时，须经主管核准。

② 预收收益依规定比率摊转。

（3）应收票据。

① 收受票据时应检查下列项目：到期日、发票人签章、账号、支票金额大写是否错误，涂改部分应有发票人签章。

② 若客户使用客票时，应有确实的背书保证。

③ 应收票据依到期日排列保存，下月到期的票据于本月底前与会计账核对无误后，送银行代收。

④ 预估送存票据到期日，并查核是否有入账。

⑤ 更换或延兑票据时应填"更换／延兑票据报告单"注明理由，并经核准后始可进行，同时应追踪记录其兑现情形，如有蓄意拖延或换票的情形应特别列入记录。

⑥ 经退票的票据应先转回催收账款再予追收，并填写退票处理报告单，立即将退票交与财务人员处理，并将处理情形记入退票处理报告单中，通知征信单位追踪处理。

⑦ 对附有抵押品的票据应加盘点，并确定其价值。

⑧ 若是附息票据，应计算利息收入及应收利息。

3.12.2 控制重点。

（1）应重视发货、开具发票及按期收款等有关作业间的密切联系，不致产生脱节或疏漏现象；重视应收账款的查核及按期催收；对呆账发生情形及增减变动原因应实时查明原由，并及时采取必要行动，以做改进。

（2）预收货款收据存根联应连续编号，如有作废，须两联收回，并盖作废章。

（3）对于非销货客户的应收票据，应留意取得原因，在账务处理作业上，应与销货的应收票据分开；如因背书转让取得，应另行列示。

（4）对于原始或背书转让的票据，应注意追索时效。

（5）对于列为呆账冲销的票据，应注意是否经主管核准。

（6）每月月底核对银行对账单及送存银行代收的票据，公司账应与银行记录相符合，如有不符，应编制调节表，列明不符原因；调节表应由出纳及应收账款人员以外的第三人负责编制。

3.13 销货折让作业

3.13.1 作业程序。

（1）销货折让依规定办理，并在收款报告单中注明，且须取得客户签章的折让证明单。

（2）折让金额的核决权限须合乎规定。

（3）销售特案的折让应注明所属特案条件经授权核准无误后，始可予以折让。

（4）因销售事故的折让，应再附上"销售事故报告单"。

3.13.2 控制重点。

（1）内销销货折让必须经权责单位主管核准后办理。

（2）内销销货折让应取得客户签章的折让证明单，并办理扣抵作业。

（3）因外销事故而发生的销货折让，应取得所得税法规定的证明文件，如国外客户索赔文件、公证机构出具的证明等。

3.14 差异分析作业

3.14.1 作业程序。

（1）就下列项目分别比较实际与预算差异的金额：售价、数量及销货收入，销货折扣及折让，销货成本，销货毛利，销售费用。

（2）分析各利润中心各科目影响利润目标的比例。

（3）就各业务人员、不同地区及不同产品进行分析。

（4）比较各业务人员、不同地区及不同产品的目标与实际的差距。

（5）找出差异原因并加以改善。

（6）若原因不明，则针对造成差异影响最大的科目详加分析，并列出可行方案。

（7）就差异原因，找出对个别业务人员的管理重点，若为训练不足，则再加强训练。

（8）业务人员目标与实际的差异应列入考评。

（9）编制利润中心的百分比财务报表，比较其比率变化的情形。

3.14.2 控制重点。

（1）分析不同产品的售价、成本、毛利，检讨不同产品的经营价值。

（2）分析业务单位收入的消长，利用前后多期趋势变化分析数量、单价、营业额增减与市场景气、销路拓展情形。

（3）计算及核对销货成本，费用分摊应力求正确。

（4）各项推销成本归属，以及支付的发票、收据均须正确。

（5）计算销货成本应依公司规定及会计制度确实执行。

（6）业务部门在编制产品"销货毛利分析表"时，应考虑各项不同交易条件，在同一基础上相互比较；比较分析时应计入直接销售费用，如运费、保险费、佣金等。

（7）有关调整项目对成本或盘盈（亏）的影响列入本期，应经核准，金额力求合理。

（8）查核货品交运日期、入账日期、收款日期、结汇日期，有无拖延异常事项。

（9）销货折让或退回，有无经过核准，并检讨原因。

（10）比较不同客户售价、佣金率的差异情形。

（11）比较不同客户不同期间佣金的变动情形。

（12）运费必须合理，并依规定费率支付，另外须查明是否有装运方式不合理，致运费增加的情形发生。

拟定		审核		审批	

第三节　销售业务内部控制表格

一、销售政策总表

销售政策总表

生产厂商	功能概述	进价	零售价	渠道政策	服务支持	目前促销活动

二、市场营销方案执行表

市场营销方案执行表

时间	项目	进度完成情况
审批		
策划经理		
市场总监		
营销总监		
相关财务人员		
备注		

三、产品价格估算表

产品价格估算表

产品编号：　　　　　　　　　　　　　　　　　　　　日期：
产品名称、规格：　　　　　　　　　　　　　　　　　最低订量：

（一）制造成本							（二）开发成本	
项目		名称、规格	单位	数量	单价	金额	项目	金额
1.原料							9. 设计开发费用	
							10. 新产品试制费用	
							11. 风险损失费	
							12. 总计 9+10+11	
							（三）营业成本	
2.物料							项目	金额
							13. 销售费用	
							14. 财务费用	
							总成本 8+12+13+14	
							单位成本	
3.包装用料							报价	
							利润	
							利润率	
4.人工成本							销售条件	□FOB（离岸价）
								□CIF（到岸价）
								□C&F（保险成本加运费价）
								□C&I（保险费在内价）
5.损耗							成品说明	
6.合计		1+2+3+4+5					（可附产品简图）	
7.制造费用								
8.总计		制造成本 6+7						

四、产品定价分析表

产品定价分析表

日期： 编号：

产品名称规格	
客户类型说明	
目前本产品销量	

成本分析	成本项目	生产数量								
		%		%		%		%		%
	原料成本									
	物料成本									
	人工成本									
	制造费用									
	制造成本									
	毛利									
	合计	100		100		100		100		100

产品竞争状况	生产公司	产品名称	品质等级	售价	估计年销售量	市场占有率	备注

比较图 — 单位占有率

							订价	估计占有率	利用率	利润
					200					
						订价分析				
					100					
					产品					
					10					
					20					
					30	决定售价：厂价_____ 零售价_____				

总经理： 经理： 分析者：

五、销售合同评审表

销售合同评审表

编号：

客户名称		联系人		预备合同编号	
联系电话		联系地址			
合同类型	□一般 □特殊 □电子版 □口头			
评审方式	□传审 □会审			

评审内容		评审		
		部门	评审人	日期
各项要求是否接受				
技术要求	□是 □否			
质量要求	□是 □否			
交货期	□是 □否			
交货方式	□是 □否			
付款方式	□是 □否			
验货方式	□是 □否			
其他	□是 □否			
是否具有满足订单要求的能力	□是 □否			
评审结论： 审批人： 日期：				

注：预备合同为未签字盖章的合同。

六、销售合同统计表

销售合同统计表

序号	销售专员姓名	合同编号	签订日期	货物编号	数量	单价	成交金额
合计							

七、合同履行跟踪表

合同履行跟踪表

合同号：　　　　　　　　客户名称：

履行时间	商品名称	数量			金额			履行情况说明
		未发	已发	总量	未付	已付	总额	

八、商品订货单

商品订货单

订单号码			客户名称		
客户地址					
品名			规格		
批号等级			订货数量		
分批交货数量					
用途			包装		
完成日期			出货日期		
色号	箱数		箱号	毛重	净重
总计					

主管：　　　　　　　　　　制表人：

九、订货登记表

订货登记表

接单日期		制造单号	客户名称	产品名称	数量	单价	金额	预定交货日期		信用情况	生产日期		装运		押汇日期		运费保单	退税凭证
月	日							月	日		月	日	月	日	月	日		

十、订货统计表

订货统计表

客户名称			负责人		
地址			联系方式		
品名	规格	单价	数量	订货月份	总额
合计					

十一、商品发货单

商品发货单

编号：□一次交货　□分批交货	
客户名称	
交货日期	
订单号码	
客户地址	

续表

序号	产品名称	产品编号	数量	单价	金额

仓管员：　　　　　　主管：　　　　　　核准：　　　　　　填单：

十二、销售账款回收计划表

销售账款回收计划表

月份	销售计划金额	回收计划			合计	客户赊款余额	回收率（％）	无法回收率（％）
		现金	90天内	90天以上				
1								
2								
3								
……								
12								

十三、催款通知单

催款通知单

致 ××公司财务部：
　　贵公司下列欠款已经超过借款期，请尽快安排汇款事宜。

货物名称	规格	数量	金额	发货日期	欠款期	到期日	超期天数
合计							

注：1. 我公司已是第____次向贵公司催款。
　　2. 贵公司已是第____次未按协议规定按时结款。

××公司财务部

十四、收款通知单

收款通知单

编号：　　　　　　　　　　　　　　　　　　　　　　日期：

客户名称	发货单号码	摘要	金额	备注
合计				

出票人	银行名称	账号	票据号码	到期日	金额	附件
合计						

主管：　　　　　　　　　　　　　经办人：

第十章

资金管理业务内部控制

第一节　资金管理内部控制要点

对于企业开展资金筹集、投放和营运等活动的业务流程，主要风险类型和风险控制措施应作出具体规定；同时，还应明确指出发布资金活动指引的目的是维护资金的安全与完整、防范资金活动风险、提高资金效益，促进企业健康发展。

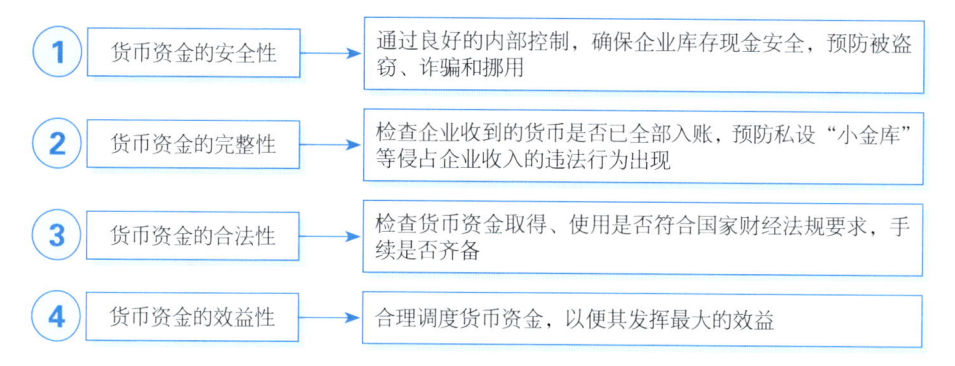

一、货币资金的内部控制目标

货币资金的内部控制应该达到以下目标，如下图所示。

序号	目标	说明
1	货币资金的安全性	通过良好的内部控制，确保企业库存现金安全，预防被盗窃、诈骗和挪用
2	货币资金的完整性	检查企业收到的货币是否已全部入账，预防私设"小金库"等侵占企业收入的违法行为出现
3	货币资金的合法性	检查货币资金取得、使用是否符合国家财经法规要求，手续是否齐备
4	货币资金的效益性	合理调度货币资金，以便其发挥最大的效益

货币资金的内部控制目标

二、货币资金的内部控制环境

货币资金的内部控制环境是对企业货币资金内部控制的建立和实施产生重大影响的因素的统称。货币资金内部控制环境的好坏直接决定着企业内部控制能否实施或实施的效果，影响着内部控制的有效性，其主要因素有以下几个方面，如下表所示。

影响货币资金内部控制环境的主要因素

序号	主要因素	具体说明
1	管理决策者	管理决策者是货币资金内部控制环境中的决定性因素，特别是在推行企业领导个人负责制的情况下，管理决策者的领导风格、管理方式、知识水平、法制意识、道德观念等都直接影响货币资金内部控制执行的效果。因此，管理决策者本人应加强自身约束，同时通过民主集中制、高层联席会等制度加强对其的监督

续表

序号	主要因素	具体说明
2	员工的职业道德和业务素质	在内部控制每个环节中，各岗位都处于相互牵制和制约之中，如果任何岗位的工作出现疏忽大意，均会导致某项控制失效。例如，空白支票、印章应分别由不同的人保管，如果保管印章的会计警惕性不高，出门不关抽屉，可能会使保管空白支票的出纳有机可乘，造成出纳携款潜逃的案件
3	内部审计	内部审计是企业自我评价的一种活动，内部审计可协助管理层监督控制措施和程序的有效性，及时发现内部控制的漏洞和薄弱环节。内部审计力度的强弱同样影响货币资金内部控制的效果

三、筹资活动的内部控制

筹资活动是企业资金活动的起点，也是企业整个经营活动的基础。企业应当根据经营和发展战略的资金需要，确定融资战略目标和规划，结合年度经营计划和预算安排，拟订筹资方案，明确筹资用途、规模、结构和方式等相关内容，对筹资成本和潜在风险进行充分预算。如果是境外筹资，还必须考虑所在地的政治、经济、法律和市场等因素。

1. 筹资活动应重点关注的风险

（1）筹资活动违反国家法律法规，可能遭受外部处罚、经济损失和信誉损失。

（2）筹资活动未经适当审批或超越授权审批，可能因重大差错、舞弊、欺诈而遭受损失。

（3）筹资决策失误，可能造成企业资金不足、冗余或债务结构不合理。

（4）债务过高和资金调度不当，可能导致企业不能按期偿付债务。

（5）筹资记录错误或会计处理不正确，可能造成债务和筹资成本信息不真实。

2. 岗位分工与授权批准

企业应当建立筹资业务的岗位责任制，明确有关部门和岗位的职责、权限，确保办理筹资业务的不相容岗位相互分离、制约和监督。同一部门或个人不得办理筹资业务的全过程，其不相容岗位至少包括：

（1）筹资方案的拟订与决策。

（2）筹资合同或协议的审批与订立。

（3）与筹资有关的各种款项偿付的审批与执行。

（4）筹资业务的执行与相关会计记录。

企业应当配备合格的人员办理筹资业务。办理筹资业务的人员应具备必要的筹资业务专业知识和良好的职业道德，熟悉国家有关法律法规、相关国际惯例及金融业务。

企业应当对筹资业务建立严格的授权批准制度，明确授权批准方式、程序和相关控制措施，规定审批人的权限、责任以及经办人的职责范围和工作要求。

3. 筹资业务的会计控制

对于筹资业务，企业还应设置记录筹资业务的会计凭证和账簿，按照国家统一的会计准则和制度，正确核算和监督资金筹集、本息偿还、股利支付等相关情况，妥善保管筹资合同或协议、收款凭证、资金入库凭证等资料，定期与资金提供方进行账务核对，确保筹资活动符合筹资方案的要求，具体要点如下图所示。

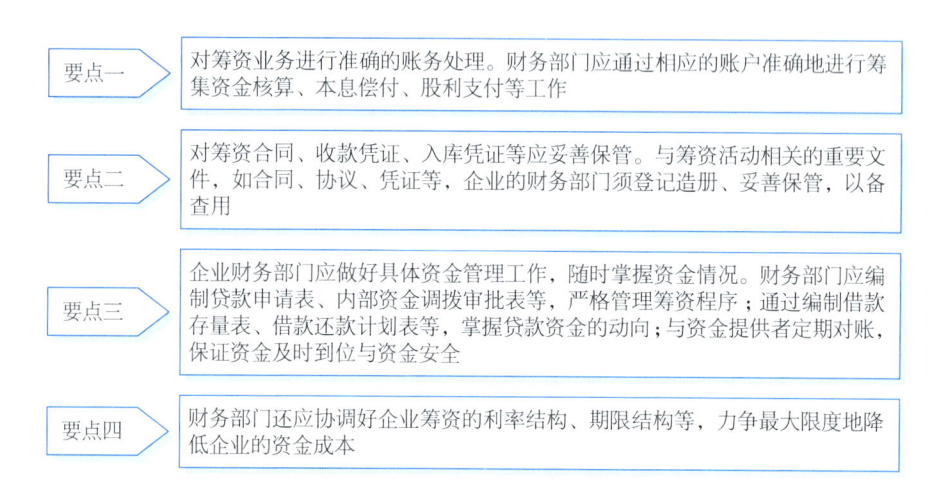

要点一	对筹资业务进行准确的账务处理。财务部门应通过相应的账户准确地进行筹集资金核算、本息偿付、股利支付等工作
要点二	对筹资合同、收款凭证、入库凭证等应妥善保管。与筹资活动相关的重要文件，如合同、协议、凭证等，企业的财务部门须登记造册、妥善保管，以备查用
要点三	企业财务部门应做好具体资金管理工作，随时掌握资金情况。财务部门应编制贷款申请表、内部资金调拨审批表等，严格管理筹资程序；通过编制借款存量表、借款还款计划表等，掌握贷款资金的动向；与资金提供者定期对账，保证资金及时到位与资金安全
要点四	财务部门还应协调好企业筹资的利率结构、期限结构等，力争最大限度地降低企业的资金成本

筹资业务的会计控制要点

四、投资活动的内部控制

企业投资活动是筹资活动的延续，也是筹资的重要目的之一。企业应根据自身发展战略和规划，结合企业资金状况以及筹资可能性拟定投资目标，制订投资计划，谨慎投资。

1. 投资活动应关注的风险

企业至少应当关注涉及长期股权投资业务的下列风险：

（1）投资行为违反国家法律法规，可能遭受外部处罚、经济损失和信誉损失。
（2）投资业务未经适当审批或越权审批，可能因差错、舞弊、欺诈而导致损失。
（3）投资项目未经科学、严密的评估和论证，可能因决策失误导致重大损失。
（4）投资项目执行缺乏有效管理，可能因不能保障投资安全和投资收益而导致损失。
（5）投资项目处置的决策与执行不当，可能导致权益受损。

2. 职责分工与授权批准控制

职责分工与授权批准控制的具体控制政策和措施包括以下几点：

（1）建立投资业务的岗位责任制，确保办理投资业务的不相容岗位相互分离、制约和监督。投资业务不相容岗位至少应当包括投资项目的可行性研究与评估，投资的决策与执行，投资处置的审批与执行，投资绩效评估与执行。

（2）配备合格的人员办理对外投资业务。办理对外投资业务的人员应当具备良好的职业道德，掌握金融、投资、财务、法律等方面的专业知识。

（3）建立投资授权制度和审核批准制度，并按照规定权限和程序办理投资业务；根据投资类型制定业务流程，明确主要业务环节的责任人员、风险点和控制措施等。

（4）设置相应的记录或凭证，如实记载投资业务的开展情况；明确与投资业务相关文件资料的取得、归档、保管、调阅等各个环节的管理规定及相关人员的职责权限。

3. 投资业务的会计控制

财务人员应按照会计准则的规定，准确地进行投资的会计处理。财务人员要根据对被投资方的影响程度，合理确定投资业务适用的会计政策，建立投资管理台账，详细记录投资对象、金额、期限、收益等事项，妥善保管投资合同或协议、出资证明等资料。对于被投资方出现财务状况恶化、市价当期大幅下跌等情形的，企业财务部门应当根据国家统一的会计准则和制度规定，合理计提减值准备、确认减值损失，其控制要点如下图所示。

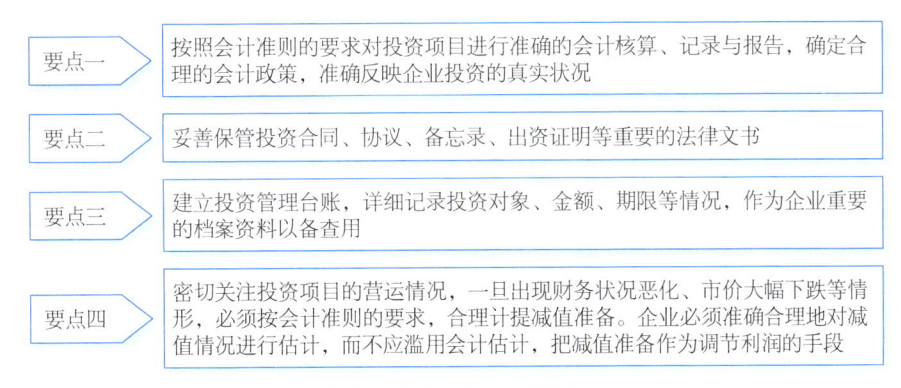

要点一	按照会计准则的要求对投资项目进行准确的会计核算、记录与报告，确定合理的会计政策，准确反映企业投资的真实状况
要点二	妥善保管投资合同、协议、备忘录、出资证明等重要的法律文书
要点三	建立投资管理台账，详细记录投资对象、金额、期限等情况，作为企业重要的档案资料以备查用
要点四	密切关注投资项目的营运情况，一旦出现财务状况恶化、市价大幅下跌等情形，必须按会计准则的要求，合理计提减值准备。企业必须准确合理地对减值情况进行估计，而不应滥用会计估计，把减值准备作为调节利润的手段

投资业务的会计控制要点

五、资金营运活动内部控制

1. 资金营运内部控制的主要目标

企业资金营运内部控制的主要目标如下图所示。

目标一	保持生产经营各环节资金供求的动态平衡
	企业应当将资金合理安排到采购、生产、销售等各环节，做到实物流和资金流相互协调、资金收支在数量上及时间上相互协调
目标二	促进资金合理循环和周转，提高资金使用效率
	资金只有在不断流动的过程中才能带来价值增值。加强资金营运的内部控制，就是要努力促使资金达到正常周转率，为短期资金寻找适当的投资机会，避免出现资金闲置和沉淀等低效现象
目标三	确保资金安全
	企业的资金营运活动大多与流动资金尤其是货币资金相关，这些资金由于流动性很强，出现错弊的可能性更大，因此保护资金安全的要求更为迫切

资金营运内部控制的主要目标

2. 职责分工与授权批准

企业应当建立资金业务的岗位责任制，明确相关部门和岗位的职责权限，确保办理资金业务的不相容岗位相互分离、制约和监督，其要求如下：

（1）资金业务的不相容岗位。

①资金支付的审批与执行。

②资金的保管、记录与盘点清查。

③资金的会计记录与审计监督。

④出纳人员不得兼任稽核、会计档案保管和收入、支出、费用、债权债务账目的登记工作；不得由一人办理货币资金业务的全过程。

（2）定期安排岗位轮换。

①企业应当配备合格的人员办理资金业务，并结合企业实际情况，定期安排办理资金业务的人员进行岗位轮换。

②企业关键财务岗位，可以实行强制休假制度，并在最长不超过 5 年的时间内安排岗位轮换。实行岗位轮换的关键财务岗位，由企业根据实际情况确定并在内部公布。

③办理货币资金业务的人员须具备良好的职业道德，忠于职守，廉洁奉公，遵纪守法，客观公正，并能够不断提高会计业务素质和职业道德水平。

（3）建立严格的授权批准制度。

企业应对货币资金业务建立严格的授权批准制度，明确审批人对货币资金业务的授权批准方式、权限、程序、责任和相关控制措施，规定经办人办理货币资金业务的职责范围和工作要求。审批人根据货币资金授权批准制度的规定，在授权范围内进行审批,不得超越审批权限。经办人在职责范围内,按照审批人的批准意见办理货币资金业务。对于审批人超越授权范围审批的货币资金业务,经办人员有权拒绝办理,并及时地向审批人的上级授权部门报告。

3. 资金运营活动内部控制目标与措施

资金运营活动涉及收付款业务,以及各种票据、证章的管理,其控制目标与措施如下表所示。

资金运营活动内部控制目标与控制措施

序号	控制目标	控制措施
1	现金被安全保管和使用	(1)将每天收到的现金及时入银行 (2)主管人员定期或不定期地对库存现金进行核对和抽查 (3)根据制度存放备用金
2	银行账户使用符合法律规定,并且银行存款是安全的	(1)银行存款的开立和终止有严格的审批手续和授权批准制度 (2)高级别人员定期核对明细账和银行对账单 (3)银行间资金划转须报经授权人审核批准,并登记入账 (4)对账户的管理严格执行国家的相关规定
3	支票管理	(1)支票签署严格按照银行支票管理制度执行,如采用会签制度,须经过指定的支票签署者审批后签发 (2)出纳人员必须做好所有支票和其他票据的收支备查记录,作废支票应当及时地注销或者顺号保存 (3)已签署的支票应当由支票签署人保管,直至支票由签署人或其授权的其他职员寄出或递交给收票人为止 (4)支票签章人应当经董事会授权(索取授权书及支票签章样式)
4	银行票据的安全	(1)对有价证券进行盘点 (2)限制在收到的票据上背书 (3)银行票据与有关印章保管的职务相分离 (4)定期或不定期地进行盘点核对
5	空白票证的保管	(1)空白票证应由专人保管 (2)对空白凭证进行编号管理并定期盘点 (3)银行空白票据需要设置专用登记簿并顺号登记,定期销号 (4)空白凭证的领用有适当的审批制度
6	货币资金记录完整	(1)货币资金保管和记录的岗位相分离 (2)由不接触现金收支或保管的人员负责编制银行调节表,由主管人员或独立稽查人员对银行余额调节表进行复核 (3)出纳人员连同原始凭证送交会计人员复核,由会计人员据以填制记账凭单 (4)出纳人员每日逐笔做好现金日记账,每日下班之前结出现金余额,与实存现金进行核对相符后,据以编制"库存现金日报表" (5)收到现金时,出纳人员应当给缴款人员出具正式收据或发票
7	收入记录完整	(1)财务部在处理现金收入过程中,应限制收款人员接触应收账款文档和相关文件 (2)将收款清单与应收账款贷方和银行存款进行对比 (3)与付款人联系确认付款金额与发票金额不一致的原因,并定期与客户核对收款清单的明细

续表

序号	控制目标	控制措施
7	收入记录完整	（4）对期末未收回的应收账款及客户的投诉进行独立调查 （5）定期对收到的货币资金与开具的发票收据金额进行核对，确保收到的货币资金全部入账
8	完整记录现金支付情况	（1）定期核对支付记录与应付账款未付发票 （2）将支票事先编号并登记 （3）安排独立于应付账款和现金支付职能的人员调查长期未达的支票及银行账项 （4）支付现金时，有适当的授权批准并由出纳在付款的原始凭证上加盖"付讫"戳记
9	经过审批的采购支付业务是合理的	（1）检查经审批的文件，关注审批付款人员是否独立于采购收货和应付账款等职能 （2）经批准付款的支持文件要立即存档或标注，以防用来再次付款
10	及时准确地向卖方或其他相关人员付款	（1）授权批准人比较原始文件和支付金额，在验证相关支持文件的准确性后确认支付 （2）有关计算经过上级人员复核 （3）对于延迟付款而产生的损失有相关的处罚措施
11	企业印鉴管理	（1）新刻印章应履行相应审批程序 （2）建立印章管理卡，专人领取和归还印章的情况要在卡上予以记录 （3）财务专用章和财务负责人名章分开保管

第二节　资金管理内部控制制度

一、货币资金内部控制制度

标准文件		货币资金内部控制制度	文件编号	
版次	A/0	^	页次	

1. 目的

为了加强对公司货币资金的内部控制，保证货币资金的安全，降低资金使用成本，结合本公司的实际情况，特制定本制度。

2. 适用范围

本制度所称货币资金是指公司拥有的库存现金、银行存款以及外埠存款、银行汇票存款、银行本票存款、信用卡存款、信用证保证金存款、有价证券等。

3. 资金收入、支出控制流程

3.1 货币资金收入控制的流程，如下图所示。

```
                    ┌─→ 现金 ──────────→ 收款并开具收据 ──→ 登记现金日记账
                    │
业务部门 ───────────┼─→ 支票、银行汇票 ──→ 存入银行
                    │
                    └─→ 银行承兑汇票 ───→ 登记簿登记
                                              │
                                              ├─→ 银行查询
                                              └─→ 入账
```

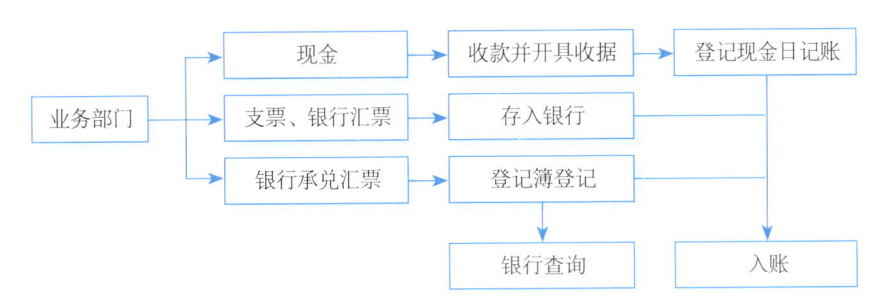

货币资金收入控制流程图

3.1.1 现金收款时先在验钞机中鉴定现钞真伪，再开具收款收据。

3.1.2 为明确责任，交款人必须在收据"经办"一栏签字。

3.1.3 出纳根据收款收据逐笔登记现金日记账，同时将收款收据入账。

3.1.4 支票、银行汇票及时存入银行，并将原始单据入账。

3.1.5 如有与货币资金收入相关的合同、协议等证明资料，应附在会计凭证之后。

3.1.6 收到银行承兑汇票应在备查簿中明细登记并进行票据要素及背书印章的自验。

3.1.7 票据按到期日的顺序依次排放，存入保险柜中并对每张票据进行银行查询。

3.1.8 票据到期前15天向银行提交银行承兑汇票，办理委托收款事宜，并在备查簿中登记。

3.1.9 月末对现金、银行承兑汇票进行盘点，并与账面进行核对，对清查经果进行反映，编制盘点表。

3.2 货币资金支出控制的流程，如下图所示。

```
        部门经理、上级主管审核
               │
               ↓
业务部门 ──→ 提出支付申请 ──→ 财务部审核
                                   │
                                   ↓
                                付款复核 ──┬─→ 现金付款 ──→ 登记现金日记账
                                          └─→ 银行付款 ──→ 入账
```

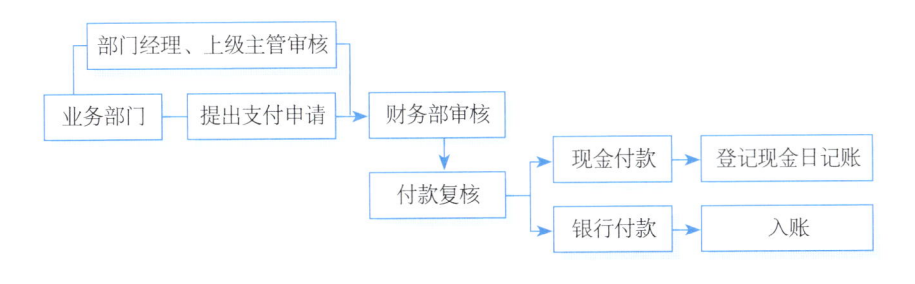

货币资金支出控制流程图

3.2.1 公司财务部门根据董事会批准的全年预算，在每月汇总编制各部门编制的预算，报总经理批准。

　　3.2.2 预算内货币资金支出，业务部门持部门经理或上级主管审批过的借款单或报账单，向财务部门提出付款申请，财务负责人审批后执行；预算外的所有货币资金支出，除执行预算内支出流程外必须报总经理批准后执行。

　　3.2.3 财务部门对原始单据的合法性、业务的合规性及签批的完整性进行审核。

　　3.2.4 审核通过后，由会计填制"会计凭证"后转出纳付款，出纳对签字批准后的借款单或报账单进行复核。

　　3.2.5 复核的内容为：授权审批程序是否完整、手续及相关合同或证明资料是否完备有效、金额计算是否准确、支付方式是否妥当等。

　　3.2.6 对超越支付范围和批准权限的，有权拒绝受理或要求补办手续。

　　3.2.7 出纳人员依据复核无误的借款单或报账单办理货币资金支付手续。

　　3.2.8 为明确责任，现金付款时领款人需在支出凭证中"领款"一栏签字。

　　3.2.9 出纳人员依据审核过的支出凭证登记现金日记账，并在记账处签章。

　　3.2.10 银行付款时，须等待原始凭证完整后传递入账。

　　3.2.11 月末核对银行账，并编制银行余额调节表。

　　3.4 货币资金内部控制的基本要求是：货币资金收支与记账的岗位分离；货币资金收支的经办人员与货币资金收支的审核人员分离；支票（现金支票和转账支票）的保管与支取货币资金的负责人名章的保管分离。

　　3.5 公司财务负责人对货币资金内部控制的建立健全和有效实施以及货币资金的安全完整负责。

4. 分工与授权

　　4.1 财务部门设置出纳岗位。出纳主要负责现金的收付和现金日记账的记录、货币资金的收支，保管银行支票等有编号的银行结算凭证及财务专用章、操作员网银盾。

　　4.2 出纳人员必须持有会计从业资格证书并具有相关专业知识、技能，熟悉国家有关的法律、法规和制度，同时应具备良好的职业道德、廉洁自律、遵纪守法，并能够不断提高道德水平。

　　4.3 公司对各部门领导按照经济业务分类的预算内授权审批，以及所审批经济业务的真实性、合理性负责，对超权限的经济业务有审核责任，并在审核栏内签字确认，交上级领导签批。对已支付的货币资金建立以"谁批准，谁负责"为原则的责任追究制度，批准人要对由本人批准支付的货币资金负责任，以防范货币资金风险，保证货币资金的安全。

4.4 货币资金支付业务的批准形式为书面形式，批准人必须在付款单据上签字后方能生效，批准人在外地急需用款的可在本人的批准限额之内委托本部门的货币资金主管人员代理批准手续，但批准人回来后要立即补办批准手续。

4.5 任何未经授权的人员、部门不得进行货币资金的收支活动；有关业务部门使用现金时要提出用款申请，说明用途、金额、用款方式，同时要与预算相结合。

4.6 严禁一人控制货币资金收支的全过程。

5. 实施与执行

5.1 现金收支必须严格遵守国家规定，办理现金支付业务要优先通过企业网银转账结算，符合规定以及确实无法通过企业网银转账结算的货币资金支付业务，才可以用现金支付。对不属于现金结算范围的支出，不得以现金方式支付，必须通过企业网银转账支付。

5.2 借款必须执行严格的授权审批程序，实行前账不清后账不借，借款期限超过 1 个月不履行报账义务且无正当理由的，不得借支新借款。

5.3 财务部门对超越支付范围和批准权限的，有权拒绝受理或要求补办手续，批准人拒不配合的，出纳人员有权向批准人的上级授权部门报告。审核人明知超出支付范围或有越权批准行为而签字同意支付，或出纳员按没有审核人签字的付款单办理货币资金支付业务的，以失职论处，并对由此引起的不良后果负连带责任。

5.4 出纳人员取得的现金收入必须及时地入账，不得私设"小金库"，不得账外设账，不得坐支现金，因特殊情况需要坐支现金的，应事先报经开户银行审查批准。取得货币资金收入要开具发票或内部收款收据等合法的凭据，如有与货币资金收入相关的合同、协议等证明资料，应附在会计凭证之后。

5.5 业务执行部门要根据经济活动的交易情况交款并取得收款收据等凭证；出纳在收取现金时须在验钞机中鉴定现钞真伪；为明确责任，出纳人员、业务经办人员须在原始凭证上签字；出纳根据收款收据逐笔登记现金日记账，同时将收款收据一同入账。

5.6 支付货币资金时出纳人员需对签字批准后的借款单或报账单进行复核。复核资金支付申请的批准范围、权限、程序是否正确，手续及相关合同或证明资料是否完备有效，金额计算是否准确，支付方式是否妥当等。出纳人员依据复核无误的借款单或报账单，办理货币资金支付手续。

5.7 严格遵守银行结算规定，不准签发没有资金保证的票据或远期支票、无日期支票，套取银行信用；不准签发、取得和转让没有真实交易和债权债务的票据，套取银行和他人资金；不准无理由拒绝付款，任意占用他人资金；不准违反规定开立和使用银行账户；不准出借或出租账户，为他人套取现金。出纳人员有擅自出借或出租账户为他人套取现金行为的，一经发现，应立即将其调离本岗位并追究相应的法律责任。

5.8 无特殊原因应在支票中确认收款人名称；作废支票应在支票登记本中注明"作废"字样，将作废支票的号码剪下粘贴在支票登记本中相应的位置；所开的支票在支票登记本中逐笔做好开票日期、金额、收款单位、领票人的登记，领票必须由经办人签字。

5.9 对领出的空白票据，催促领用人及时交回票据存根或回单，收回空白票据存根或回单后，出纳人员应注销领出的空白票据。及时督促支票头核销，当支票头返回后须对用途进行核查，并将支票核销日期及相关信息填写在支票登记本中。

5.10 银行承兑汇票按到期日的顺序依次排放，存入保险柜中；要对每一张票据进行查询；提前15天向银行办理委托收款；月末对银行承兑汇票进行盘点，并与账面进行核对，对清查经果进行反映，编制盘点表。票据的背书转让由财务总监批准，已背书转让的票据由出纳人员在备查簿上登记并注意掌握其动向，直到该票据兑现为止。

5.11 现金出纳在每个工作日结束后，清点库存现金并与现金日记账金额进行核对，保证账实相符，做好日盘点记录；月末财务部门经理对库存现金进行清查，并与现金日记账进行核对，对清查经果进行反映，编制现金盘点表，记录盘盈、盘亏情况，最后进行分析处理。

5.12 出纳人员应当定期核对银行账户，每月至少核对一次，编制银行存款余额调节表，使公司银行存款账面调节余额与银行存款对账单余额相符。如调节后不符，应查明原因，及时地上报处理。银行余额调节表按年装订归档。

5.13 财务专用章和法人私章应该分离保管，财务专用章应由出纳保管，法人名章必须由会计人员保管。严禁由一个人保管支付货币资金所需的全部印章。按规定需要有关负责人签字或盖章的经济业务，必须严格履行签字或盖章手续。印章离开企业需要经过总经理或授权人的特别批准，印章使用者取得印章后要签字，印章保管人员要备查登记，及时地收回。

5.14 严禁擅自挪用、借出货币资金，一经发现，应立即将出纳员调离岗位，由出纳人员补足已擅自挪用、借出的货币资金，并追究相应的法律责任。

5.15 与货币资金相关的资料按年装订归档，同时限制无关人员接近现金类会计档案。

6. 监督检查

6.1 公司内部审计部门负责对公司的货币资金内部控制执行情况进行监督检查。

6.2 货币资金监督检查的内容主要包括：

6.2.1 货币资金业务相关岗位及人员的设置情况。重点检查是否存在货币资金不相容职务混岗的现象。

6.2.2 货币资金支付授权批准制度的执行情况。重点检查货币资金支付的授权批准手续是否健全，是否存在越权审批行为。

6.2.3 支付款项印章的保管情况。重点检查是否存在办理付款业务的全部印章交由一人保管的现象。

6.2.4 银行结算票据的保管情况。重点检查票据的购买、领用、保管手续是否健全，票据保管是否存在漏洞。

6.2.5 随机检查库存现金的账实相符情况。

6.2.6 货币资金收入、支出是否取得合理、合法的凭据。

6.3 监督检查过程中发现的货币资金内部控制薄弱环节，要求被检查部门应及时地纠正和完善，发现重大问题应作书面检查报告，向有关领导和部门汇报，以便及时地采取措施，加以纠正和完善。

拟定		审核		审批	

二、对外投资管理制度

标准文件		对外投资管理制度	文件编号	
版次	A/0		页次	

1. 目的

为了加强公司对外投资的内部控制，规范对外投资行为，防范对外投资风险，保证对外投资的安全，提高对外投资的效益，结合公司的实际情况，特制定本制度。

2. 适用范围

本制度适用于公司以现金、实物、无形资产或购买股票债券等有价证券方式向其他企业投资的管理。

3. 对外投资管理的组织机构和职责

3.1 股份公司董事会的相关职责：董事会负责权限范围内对外投资方案的审批。重大对外投资项目须经董事会审议通过后，报股东大会审批。

3.2 股份公司总经理办公会的相关职责：总经理办公会负责对投资项目进行审议，经审议通过的对外投资方案提交董事会审批。

3.3 股份公司财务部的相关职责。

3.3.1 根据股东大会决定的投资计划，拟订年度投资计划。

3.3.2 负责对外投资资金的划拨、清算和记录。

3.4 股份公司投资管理部门的相关职责。

3.4.1 负责公司对外投资项目的立项审核、可行性论证、方案确定等工作。

3.4.2 负责公司对外投资项目的实施和监管。

3.4.3 负责公司对外投资项目的备案登记及上报工作。

3.4.4 负责对外投资核算及报表编制等日常工作。

3.5 股份公司证券部的相关职责。

3.5.1 经董事会授权，从事证券投资业务。负责提供投资依据，具体管理运作资金，定期向董事会汇报公司证券投资业务状况。

3.5.2 负责协同财务部拟订年度投资计划。

3.5.3 负责组织公司对外投资事项的相关信息披露。

3.6 对外投资管理岗位分工原则和要求。

3.6.1 为了达到对外投资内部控制规范的目标，公司建立对外投资业务的岗位责任制，明确相关部门和岗位的职责、权限，确保办理对外投资业务的不相容岗位相互分离、相互制约和相互监督。

3.6.2 合法的对外投资业务应在业务的授权、执行、会计记录以及资产的保管方面有明确的分工，不得由一个人同时负责对外投资业务流程中两项或两项以上的工作。

3.6.3 对外投资不相容岗位如下：

（1）对外投资项目的可行性研究人员与评估人员在职责上必须分离。

（2）对外投资计划的编制人员不能同时控制计划的审批权。

（3）对外投资的决策人员与对外投资的执行人员必须是不同的人员。

（4）负责证券购入或出售的人员不能同时担任会计记录工作。

（5）证券的保管人员必须同负责投资交易账务处理的人员在职责上分离。

（6）参与投资交易活动的人员不能同时负责有价证券的盘点工作。

（7）对外投资处置的审批与执行不能由相同的人员负责。

（8）对外投资项目进行投资绩效评估的人员与执行人员在职责上必须分离。

4. 授权审批规定

4.1 各部门应建立对外投资业务的授权审批制度。对外投资业务的相关部门与经办人员应严格履行授权审批程序，审批人应严格遵守审批权限，不得超越权限审批。对于审批人超越授权范围审批的对外投资业务，经办人员有权拒绝办理，并及时向审批人的上级授权部门报告。

4.2 授权审批内容，如下表所示。

审批部门及人员审批事项	对外投资项目承办单位	外部专业机构/有关专家	股份公司本部 法律部门	股份公司本部 投资管理部门	股份公司本部 证券部	股份公司本部 财务部	高管层 总经理办公会	董事会 董事长	董事会 全体成员	股东大会
年度投资计划					参与拟订	拟订	审议	组织拟订	审批	
一般投资项目决策	提出立项申请			初审、可行性论证、方案确定			组织审议		审批	
重大投资项目决策 单项运用资金≤净资产20%	提出立项申请	评审		初审、可行性论证、方案确定			组织审议		审批	
重大投资项目决策 单笔运用资金>净资产50%	提出立项申请	评审		初审、可行性论证、方案确定			组织审议		审议	审批
对外投资实施方案及方案变更	按照授权审批程序重新进行审批									
对外投资业务合同			评审	经授权签订						
重大股票、债券交易行为		参与评定			业务操作		审议		审批	
投资处置						拟订方案	提出处置建议		审批	
重大投资处置						拟订方案	提出处置建议		审议	审批
对外投资转让						确定转让价格	审核		审批	
重大对外投资转让		审计评估				确定转让价格	审核		审议	审批

5. 对外投资管理内控程序

（见下页图）

```
财务部            董事会         投资管理部门财务部

拟订年度投资计划 → 投资决策 → 投资执行
                                    ↓
投资处置      ←              投资管理
```

对外投资管理内控程序

5.1 根据股东大会决定的投资计划，董事会委托总经理组织公司财务部人员拟订年度投资计划，公司财务部拟订年度投资计划后，向董事长报告，提交董事会，形成决议后，交由总经理组织实施。

5.2 对外投资项目承办部门提出立项申请，由投资管理部门上报总经理办公会，总经理办公会委托投资管理部或专业机构对投资项目进行可行性论证，并对投资项目进行审议，审议通过后，上报董事会决策审批。

5.3 投资管理部门分别执行投资谈判和合同签订作业，财务部按照投资合同中投资双方协商确定的价格结算、支付投资款项，或者移交投资实物资产。

5.4 投资管理部门及产权代表对投资项目全过程实行跟踪监管，掌握被投资企业的状况，及时发现并解决项目实施中存在的问题；公司财务部及时收取应获得的股利、利息及其他各项权益，定期与被投资企业核对有关账目。

5.5 公司管理层提出投资处置建议，财务部会同投资管理部门拟订处置方案，报董事会审批，重大投资处置提交股东大会审批。

6. 投资决策内控要求

6.1 对外投资原则：公司的对外投资以形成主业突出、行业特点鲜明、多元化发展的产业体系为目标，同时符合国家产业政策以及公司的中长期发展规划。

6.2 公司所有对外投资均由股份公司运作，公司所属分公司及其他部门不得作为投资主体开展对外投资业务。

6.3 公司对外投资总量须与资产总量相适应，累计对外投资总规模不得超过其净资产的××%。

6.4 对外投资审批程序：项目承办部门提出立项申请，由公司投资管理部门将项目报审资料上报总经理办公会；总经理办公会委托投资管理部门或专业机构对投资项目进行初审、可行性论证、方案确定等工作，并对投资项目进行审议，审议通过后，上报董事会决策审批。

6.5 公司所属参控股企业进行对外投资业务，由所在公司董事会决议。总经理委托公司投资管理部门或专业机构对其投资项目进行可行性论证，为参控股企业董事会决议提供专业意见。

6.6 对外投资项目承办部门提出立项申请需备齐以下资料：对外投资项目申请报告或建议书；对外投资项目可行性研究报告；对外投资方式及资金来源；被投资企业的资产负债及经营状况；有关合作单位的资信情况；政府或主管部门的有关文件等。

6.7 由公司投资管理部门等相关部门对投资建议项目进行分析和论证时，应对被投资企业资信情况进行调查或实地考察，并关注被投资企业管理层或实际控制人的能力、资信等情况。对外投资项目如有其他投资者的，应根据情况对其他投资者的资信情况进行了解或调查。

6.8 公司投资管理部门或委托具有相应资质的专业机构对投资项目出具可行性研究报告，重点对投资项目的目标、规模、投资方式、投资的风险与收益等进行评价，形成评估报告。评估报告应当全面反映评估人员的意见，并由所有评估人员签章。

6.9 对重大对外投资项目，必须委托具有相应资质的专业机构对可行性研究报告进行独立评估。重大对外投资项目包括但不限于：单项运用资金超过××万元人民币（含）以上的对外投资项目，对同一投资对象的金额累计计算；公司新建项目；资本运营项目；其他应由董事会、股东大会决定的项目。

6.10 总经理办公会对投资项目的审议程序为：查询项目基本情况，比较选择不同的投资方案；对项目的疑点、隐患提出质询；提出项目最终决策方案、建议等；最后上报公司董事会决策审批。

6.11 总经理办公会对投资项目的审议内容包括：拟投资项目是否符合国家有关法律法规和相关调控政策，是否符合公司主业发展方向和对外投资的总体要求，是否有利于公司的长远发展；拟订的投资方案是否可行，主要的风险是否可控，是否采取了相应的防范措施；公司是否具有相应的资金能力和项目监管能力；拟投资项目的预计经营目标、收益目标等是否能够实现，公司的投资利益能否确保，所投入的资金能否收回。

6.12 公司董事会在权限范围内根据总经理办公会对项目做出的审核建议，经集体讨论后，签署审批意见。公司单项运用资金超过最近一期经审计净资产××%的对外投资项目须经董事会审议通过后，报股东大会决策审批。

6.13 公司对外投资实行集体决策，严禁任何个人擅自决定对外投资或者改变集体决策意见。

6.14 公司投资管理部门对所有的投资决策进行完整的书面记录，包括投资项目的风险与收益的计算过程、投资决策层人员背景材料等，并对这些书面文件进行编号备查。

7. 投资执行内控要求

7.1 根据董事会或股东大会的审批意见，公司投资管理部门会同项目承办单位制订对外投资实施方案，明确出资时间、金额、出资方式及责任人员等内容。

7.2 对外投资实施方案及方案的变更，应当按照授权审批程序重新进行审批。

7.3 总经理授权公司投资管理部门组织实施对外投资方案。投资管理部门分别执行投资谈判和合同签订作业；财务部按照投资合同中投资双方协商确定的价格结算、支付投资款项，或者移交投资实物资产。

7.4 对外投资业务合同需由公司法律部门或相关专家提出评审意见，并经公司法定代表人授权后签订。

7.5 以委托投资方式进行的对外投资，由公司投资管理部门对受托企业的资信情况和履约能力进行调查，签订委托投资合同，明确双方的权利、义务和责任，并采取相应的风险防范和控制措施。

7.6 公司可以用现金、实物资产、无形资产等向其他企业投资，但不得对国家规定不得用于对外投资的其他财产进行投资。

7.7 经批准实施后的对外投资项目应由产权代表或委托的承办人向公司投资管理部门报齐全部资料，投资管理部门应做好对外投资项目的备案工作。

8. 投资（持有期间）管理内控要求

8.1 投资管理部门负责项目实施过程中的监督、检查工作，定期向总经理办公会和董事会提交报告。董事会认为必要时，可直接听取项目承办部门的汇报。

8.2 公司对外投资（证券投资除外）实行投资、经营、监管相结合的原则，在项目实施前派出产权代表，建立对外投资项目的产权代表责任制度，并建立产权代表适时报告、业绩考评与轮岗制度。

8.3 公司对外投资项目产权代表应指定一人担任，可由公司董事会、监事会、经理层成员、承办部门负责人或其他人员担任。

8.4 产权代表对投资项目全过程实行跟踪监管，掌握被投资企业的财务状况、经营情况和现金流量，定期组织对外投资质量分析，及时发现和汇报项目实施过程中存在的问题，并提出解决的办法和建议。产权代表对子公司的利润分配向董事会提出建议。

8.5 公司投资的全资及控股子公司应按月编制财务报告，并按规定时间送交公司财务部，由财务部按规定编制合并会计报表。

8.6 除全资及控股子公司以外的对外投资项目（含股票、债券投资），由产权代表或具体承办部门每半年向公司财务部报送被投资企业的财务报表，同时对被投资企业的重大经营情况（如利润分配等股东大会决议）也应及时报送公司财务部备案。

9. 证券投资业务内控要求

9.1 经董事会授权，公司证券部为从事证券投资业务的专门部门，公司其他子公司和部门不得从事证券投资业务。

9.2 公司证券投资范围仅限于国内依法公开发行上市的股票、债券和证券投资基金。

9.3 证券部负责提供投资依据和具体管理运作资金。重大证券投资项目聘请中介机构或有关专业人员参与评定，经总经理办公会审议，董事会审批后执行。

9.4 证券部对所发生的交易业务，办理相关手续后必须及时将有关资料移交财务部；财务部设库保管、专人负责、定期盘点。

9.5 证券部在每季度结束后的15日内，向总经理办公会、董事会汇报公司证券投资业务状况，如遇重大事项应及时向董事会作出汇报。

9.6 公司财务部负责对外投资有关权益证书的管理，指定专门人员保管权益证书，建立详细的记录。未经授权人员不得接触权益证书。财会部定期和不定期地与相关管理部门和人员清点核对有关权益证书。

9.7 公司财务部应及时收取应获得的股利、利息及其他各项权益；定期与被投资企业核对有关账目，保证对外投资的安全、完整。

9.8 公司投资收益的核算应符合国家统一的会计制度规定，对外投资取得的股利以及其他收益，均纳入公司会计核算体系。

9.9 被投资企业股权结构等发生变化的，公司财务部应及时地取得被投资企业的相关文件，办理相关产权变更手续，反映股权变更对本企业的影响。

9.10 公司财务部应加强对投资项目减值情况的定期检查和归口管理，减值准备的计提标准和审批程序，按照有关规定执行。

10. 对外投资处置内控要求

10.1 对外投资的处置包括对外投资的收回、转让、核销，由公司管理层提出处置建议，财务部会同投资管理部门拟订处置方案，报董事会审批；重大投资处置还应提交股东大会审议，经批准后方可实施。

10.2 公司财务部对应收回的对外投资资产，要及时足额收取并及时地入账，收到的金额超过投资账面价值部分确认为处置收益。

10.3 公司对外转让投资时应由财务部会同投资管理部门合理确定转让价格，并报公司管理层、董事会及股东大会逐级批准；必要时，可委托具有相应资质的专门机构（会计师或评估师事务所）进行审计评估后确认。

10.4 公司核销对外投资，应取得因被投资企业破产等原因不能收回投资的法律文书和证明文件。

10.5 公司财务部应当认真审核与对外投资处置有关的审批文件、会议记录、资产回收清单等相关资料，并按照规定及时进行对外投资处置的会计处理，确保资产处置的真实性和合法性。

10.6 公司建立对外投资项目后续跟踪评价管理制度，由投资管理部门对公司和所属企业的重要投资项目，有重点地开展后续跟踪评价工作，并作为投资奖励和责任追究的基本依据。

10.7 公司建立对外投资业务的岗位责任制及对外投资责任追究制度，对在对外投资中出现重大决策失误，未按规定履行立项、论证、审批程序和不按规定执行对外投资各项管理规章的机构、部门及人员，追究相应的责任。

10.8 公司结合对外投资经济损失的程度，对投资主体负责人、其他责任人做出经济赔偿处罚；情节严重的给予行政处分；构成刑事责任的移交司法机关。对负有审核责任的部门负责人、其他责任人视情节轻重给予一定的处分。

11. 监督检查

11.1 公司审计部负责对外投资内部控制的监督检查制度，定期或不定期地进行检查。

11.2 对外投资内部控制监督检查的内容主要包括：

11.2.1 对外投资业务相关岗位设置及人员配备情况。重点检查岗位设置是否科学、合理，是否存在不相容职务混岗的现象，以及人员配备是否合理。

11.2.2 对外投资业务授权审批制度的执行情况。重点检查分级授权是否合理，对外投资的授权批准手续是否健全、是否存在越权审批等违反规定的行为。

11.2.3 对外投资业务的决策情况。重点检查对外投资决策过程是否符合规定的程序。

11.2.4 对外投资的执行情况。重点检查各项资产是否按照投资方案投出；投资期间获得的投资收益是否及时地进行会计处理，以及对外投资权益证书和有关凭证的保管与记录情况。

11.2.5 对外投资的处置情况。重点检查投资资产的处置是否经过集体决策并符合授权批准程序，资产的回收是否完整、及时，资产的作价是否合理。

11.2.6 对外投资的会计处理情况。重点检查会计记录是否真实及完整。

11.3 对监督检查过程中发现的对外投资业务内部控制薄弱环节，审计部应当及时报告公司管理层，有关部门应当查明原因，采取措施加以纠正和完善。

11.4 审计部应每年提交对外投资内部审计报告，说明公司对外投资业务内部控制监督检查情况和有关部门的整改情况。

| 拟定 | | 审核 | | 审批 | |

三、集团筹资内部控制制度

标准文件		集团筹资内部控制制度	文件编号	
版次	A/0		页次	

1. 目的

为了加强对筹资业务的内部控制，控制筹资风险，降低筹资成本，防止筹资过程中的差错与舞弊，根据财政部《企业内部控制应用指引》《集团内部控制基本规范》以及国家其他有关法律法规，结合股份公司内控工作实际，特制定本制度。

2. 适用范围

适用于公司通过银行借款、信托借款、发行股票、发行企业债券等债务融资形式筹集资金的活动。

3. 岗位分工与授权批准

3.1 公司及所属各子公司应建立筹资业务的岗位责任制，明确有关部门和岗位的职责、权限，确保办理筹资业务的不相容岗位相互分离、制约和监督。同一部门或个人不得办理筹资业务的全过程。筹资业务的不相容岗位至少包括：

3.1.1 筹资方案的拟订与决策。

3.1.2 筹资合同或协议的审批与订立。

3.1.3 与筹资有关的各种款项偿付的审批与执行。

3.1.4 筹资业务的执行与相关会计记录。

3.2 公司应配备合格的人员办理筹资业务。办理筹资业务的人员应具备必要的筹资业务专业知识和良好的职业道德，熟悉国家有关法律法规、相关国际惯例及金融业务。

3.3 公司对筹资业务建立严格的授权批准制度，明确授权批准方式、程序和相关控制措施，规定审批人的权限、责任以及经办人的职责范围和工作要求。

公司所属分公司不得自行向外部金融机构(银行)、其他单位和个人等处借款，也不得通过银行或非银行金融机构向控股股东及其子公司提供委托贷款。公司所属独资或控股子公司资金不足时，可以根据实际情况在国家法定的金融机构借款，自行筹资，但必须经公司董事会或股东大会审批同意，并报股份公司备案，独立承担还本付息的责任。

各子公司之间、子分公司之间、分公司之间不准相互拆借资金。

3.4 借款单位要按中国人民银行的有关规定进行借款的使用、本金的归还、利息的支付，按财政部会计制度有关借款的规定进行会计处理。

3.5 公司财务部负责加强对筹资决策、审批过程的书面记录以及有关合同或协议、收款凭证、支付凭证等资料的存档、保管和调用等工作，加强对与筹资业务有关的各种文件和凭据的管理，明确相关人员的职责权限。

4. 筹资决策控制

4.1 公司财务部负责筹资方案的拟订按筹资决策程序办理，确保筹资方式符合成本效益原则，筹资决策科学、合理。

4.2 公司财务部拟订的筹资方案应当符合国家有关法律法规、政策和企业筹资预算要求，明确筹资规模、筹资用途、筹资结构、筹资方式和筹资对象，并对筹资时机选择、预计筹资成本、潜在筹资风险和具体应对措施以及偿债计划等作出安排和说明。拟订的筹资方案，应当考虑公司经营范围、投资项目的未来效益、目标债务结构、可接受的资金成本水平和偿付能力。

在境外筹集资金的，还应当考虑筹资所在地的政治、法律、汇率、利率、环保、信息安全等风险以及财务风险等因素。

4.3 财务部等方案拟订部门对重大筹资方案应组织风险评估，形成评估报告，报董事会或股东大会审批。综合考虑筹资成本和风险评估等因素，对方案进行比较分析，履行相应的审批程序后，确定最终的筹资方案。

4.4 对于重大筹资方案，应当实行集体决策审批或者联签制度并由董事会或股东大会审议通过后执行。决策过程应有完整的书面记录。筹资方案需经国家有关管理部门或上级主管单位批准的，应及时报请相关部门批准。

公司采用发行公司债券形式进行融资的，必须经股东大会进行决议。

4.5 公司应当建立筹资决策责任追究制度，监审部应定期或不定期地对筹资决策程序和过程进行检查。

5. 筹资执行控制

5.1 公司财务部应根据经批准的筹资方案，按照规定程序与筹资对象或中介机构订立筹资合同或协议。公司法律顾问及其他相关部门或人员对筹资合同或协议的合法性、合理性、完整性进行审核，审核情况和意见应有完整的书面记录。

筹资合同或协议的订立应当符合《中华人民共和国合同法》及其他相关法律法规的规定，并经企业有关授权人员批准。重大筹资合同或协议的订立，应当征询法律顾问或专家的意见。

筹资通过证券经营机构承销或包销企业债券的，企业应当选择具备规定资质和资信良好的证券经营机构，并与该机构签订正式的承销或包销合同或协议。变更筹资合同或协议，应当按照原审批程序履行审批程序。

5.2 公司财务部应当按照筹资合同或协议的约定及时足额取得相关资产。

5.3 公司财务部应当加强对筹资费用的计算、核对工作,确保筹资费用符合筹资合同或协议的规定。应当结合偿债能力、资金结构等,保持合理的现金流量,确保及时足额偿还到期本金、利息等。

5.4 公司财务部和资金使用单位应当按照筹资方案所规定的用途使用对外筹集的资金。由于市场环境变化等特殊情况导致确需改变资金用途的,应当履行审批手续,并对审批过程进行完整的书面记录。严禁擅自改变资金用途。

国家法律、行政法规或者监管协议规定应当披露的筹资业务,公司财务部应及时予以公告和披露。

6. 筹资偿付控制

6.1 公司财务部负责对支付偿还本金、利息、租金等步骤、偿付形式等作出计划和预算安排,并正确计算、核对,确保各项款项偿付符合筹资合同或协议的规定。

6.2 公司财务部应严格按照筹资合同或协议规定的本金、利率、期限及币种计算利息和租金,与债权人进行核对。本金与应付利息必须和债权人定期对账。如有不符,应查明原因,按规定及时处理。

6.3 支付筹资利息、租金等,公司财务部应按照双方在合同中约定的方式办理。

6.4 公司委托代理机构对外支付债券利息,经办人员应清点、核对代理机构的利息支付清单,并及时取得有关凭据。

6.5 以非货币资产偿付本金、利息、租金时,公司财务部应当合理确定其价值,并报主管领导批准,必要时可委托具有相应资质的中介机构进行评估。

6.6 公司财务部门在办理筹资业务款项偿付过程中,发现已审批拟偿付的各种款项的支付方式、金额或币种等与有关合同或协议不符的,应当拒绝支付并及时向主管领导报告,并及时查明原因,作出处理。

6.7 公司以抵押、质押方式筹资,应当对抵押物资进行登记。筹资业务终结后,相关部门应当对抵押或质押资产进行清理、结算、收缴,及时地注销有关担保内容。

6.8 股份公司筹资业务的会计处理,应当符合公司会计准则的相关规定。

拟定		审核		审批	

第三节 资金管理内部控制表格

一、资金支出计划表

资金支出计划表

年　　月（季度、年度）　　　　　　　　　　　　　　　　　　　单位：元

需付款项目（或单位）名称	审定金额或合同金额	累计支付金额	对方合同履行或劳务提供情况	本月计划支付金额	预计该月支付时间	用款部门	备注

编制人：　　　　　　　　　审核：　　　　　　　　　审批：

二、部门用款计划表

部门用款计划表

计划部门：　　　　　　　　　　　　　　　　　报出日期：
收报单位：财务部　　　　　　　　　　　　　　收到日期：

序号	用款项目	上年同期数	计划金额	形式			批准金额	审批人	备注
				现金	银行存款	借记卡			
合计									

计划单位负责人：　　　　资金负责人：　　　　部门负责人：　　　　制表人：

三、资金收入、支出计划表

资金收入、支出计划表

计划单位：　　　　　　　　　日期：　　　　　　　　　　　　　单位：元

项　　目		上年度 （季度、月度）	本年度 （季度、月度）	审批数	备注
期初现金、借记卡和银行存款					
收入金额	销售收入				
	劳务收入				
	退税收入				
	其他收入				
	收入合计				
支出金额	土地				
	房屋建筑物				
	机器设备				
	偿还借款支出				
	其中：本金支出				
	利息支出				
	支出小计				
	材料支出				
	薪资支出				
	税款支出				
	制造费用				
	其他支出				
	经营支出合计				
	期间费用：				
	管理费用				
	销售费用				
	财务费用				
	费用小计				
现金余缺					
银行借款及其他					
银行存款和现金					

审批人：　　　　　计划单位负责人：　　　　　资金负责人：　　　　　制表人：

四、公司用款计划汇总表

公司用款计划汇总表

收报单位：财务中心

序号	用款公司	计划金额（元）	批准金额（元）	备注
	合计			

审批人：　　　　　　　　财务中心负责人：　　　　　　　　制表人：

五、公司收入计划汇总表

公司收入计划汇总表

序号	单位名称	收入计划额/年（季、月）	批准收入额	备注
	合计			

审批人：　　　　　　　　财务中心负责人：　　　　　　　　制表人：

六、公司用款计划执行情况表

公司用款计划执行情况表

单位名称：　　　　　　　　　　　　　　　　　　　　日期：

序号	（季、月）计划用款项目	审批金额	实际用款	剩余金额	超支金额	备注
	合计					

七、公司收入计划执行情况表

公司收入计划执行情况表

单位名称： 日期：

序号	收入计划额/年（季、月）	实际收入额	差异	差异率	备注
	合计				

计划单位负责人： 资金负责人： 复核人： 制表人：

八、货币资金周（日）报表

货币资金周（日）报表

年 月第 周 编制日期： 单位：元

摘　要			本周收支额			本月累计	下周预计	备注
^^^			现金	存款	合计	^^^	^^^	^^^
上周余额									
收入								
^^^								
^^^								
^^^	收入合计							
支出								
^^^								
^^^								
^^^	支出合计							
本周现金存款									
本周存款提取									
本周余额									

出纳： 财务经理：

九、融资成本分析表

融资成本分析表

单位：元

对比分析期项目	年	年	差值
主权融资（所有者权益） 负债融资 融资总额 息税前利润 减：利息等负债融资成本 税前利润 减：所得税后利润 减：应交特种基金 提取盈余公积金 本年实际可分配利润			
本年资本（股本）利润率			
本年负债融资成本率			

十、融资审批表

融资审批表

融资金额	
法人代表	
合作交接时间	
融资要求时间	
融资方案名称	
融资方案	

	项目名称	
	公司介绍	
	公司股东结构及股东介绍	
用款项目概况	位置	
	占地面积	
	建筑面积	
	项目现状	
	已取得证照	

续表

借款公司概况	公司经营范围	
	公司住所	
	法定代表人	
	注册资本	
	公司类型	
	成立日期	
	资产	
	负债	
	公司负债率	
融资需求	融资规模	
	融资期限	
	期望年利率	
	资金用途	
	偿还资金主要来源	
保证方式	抵押物:	
项目特点	优势	
	说明	
问题		

签字：　　　　　（盖章）日期：

十一、贷款申请表

贷款申请表

一、公司基本情况　　　　　　　　　　　　　　　　　　　　　单位：万元

公司名称				注册地址			
公司性质				税收户管地			
	姓名	证件号码		职务		电话	E-mail
法定代表人							
成立时间				资信等级		评估单位	
员工人数							
经营范围				主导产品			
注册资本			实收资本			所有者权益	

续表

总资产		固定资产净值		房产或土地原值	
总负债		流动负债		毛利率	

前年（年）销售额：		利润总额：	
去年（年）销售额：		利润总额：	
今年（年）计划销售额：		利润总额：	
今年（年）已完成销售额：		利润总额：	

开户情况			
贷款卡号		基本账户开户行及账号	
主要结算账户开户行1		账号	
主要结算账户开户行2		账号	
其他结算银行开户行		账号	

对外担保情况			
被担保公司名称	贷款银行	担保金额	贷款期限

法律诉讼或仲裁说明			
原告	被告	案由	诉讼金额

二、申请贷款情况

本次申请贷款金额		本次申请贷款期限	
本次申请贷款用途与计划			
还款来源			

三、项目／产品基本情况

公司及行业简介	
市场情况	
生产、销售计划	
财务信息	
备注	

四、银行贷款情况说明（是否首次贷款：□是　□否）

贷款银行		贷款起止日		贷款金额	
贷款银行		贷款起止日		贷款金额	

备注：申请人根据实际内容多少调节表格大小，但填写指标可增勿减。

十二、贷款明细表

贷款明细表

日期：

贷款银行	贷款种类	借入时间	金额					利率（%）	已用额度	可用额度	期限	还款方式	备注
			年初数		年末数								
			本金	利息	本金	利息						
合计												

十三、投资收益分析表

投资收益分析表

编号：　　　　　　　　　　　　　　　　　　　　　　　　　　　日期：

投资编号	投资名称	回收期间	投资金额		收回金额		回收率		收益率		备注
			计划	实际	预计	实际	预计	实际	预计	实际	

十四、公司投资计划表

公司投资计划表

编号：　　　　　　　　　　　　　　　　　　　　　　　　　　　日期：

投资项目名称	投资原因	投资金额	预计收益	备注
合计				
填表人		审核人		审核日期

十五、短期投资月报表

短期投资月报表

编号：   日期：

项目		期初余额	本期增加	本期减少	期末余额	备注
股权投资						
	小计					
债券投资						
	小计					
其他投资						
	小计					
合计						

第十一章

资产管理业务内部控制

第一节　资产管理业务内部控制要点

一、资产管理应关注的风险

企业资产管理应着力关注与存货、固定资产和无形资产相关的下列主要风险：

（1）存货积压或短缺，可能导致流动资金占用过量、存货价值贬损或生产中断。

（2）固定资产更新改造不够、使用效能低下、维护不当、产能过剩，可能导致企业缺乏竞争力、资产价值贬损、安全事故频发或资源浪费。

（3）无形资产缺乏核心技术、权属不清、技术落后、存在重大技术安全隐患，可能引发企业法律纠纷，使企业缺乏可持续发展能力。

企业应当在全面梳理资产管理流程的基础上，着重围绕上述三个方面的主要风险，结合企业实际进行细化，全面查找资产管理漏洞，确保资产管理不断处于优化状态。

二、存货的内部控制

存货主要包括原材料、在产品、产成品、半成品、商品及周转材料等；企业代销、代管、代修、受托加工的存货，虽不归企业所有，也应纳入企业存货管理范畴。

存货所涉及的主要业务活动一般会涉及生产计划部门、仓库、生产部门、销售部门和会计部门。

1. 存货业务的分工与授权批准

企业应当建立存货业务的岗位责任制，明确内部相关部门和岗位的职责、权限，确保办理存货业务的不相容岗位相互分离、制约和监督。

企业应当对存货业务建立严格的授权批准制度，明确审批人对存货业务的授权批准方式、权限、程序、责任和相关控制措施，规定经办人办理存货业务的职责范围和工作要求。

企业内部除存货管理部门及仓储人员外，其他部门和人员接触存货时，应由相关部门特别授权。对于属于贵重物品、危险品或需保密物品的存货，应当规定更严格的接触限制条件，必要时，存货管理部门内部也要执行授权接触。

2. 存货业务流程内控措施

无论是生产企业，还是商品流通企业，存货取得、验收入库、仓储保管、领用发出、盘点清查、存货处置等环节，其管控措施都如下表所示。

存货管理环节的管控措施

管理环节	管控措施
取得存货	（1）企业应当根据各种存货采购间隔期和当前库存，综合考虑企业生产经营计划、市场供求等因素，充分利用信息系统，合理确定存货采购日期和数量，确保存货处于最佳库存状态 （2）考虑到存货取得的风险管控措施主要体现在预算编制和采购环节，因此应由相关的预算和采购内部控制应用指引加以规范
验收入库	（1）外购存货的验收应当重点关注合同、发票等原始单据与存货的数量、质量、规格等是否一致，涉及技术含量较高的货物，必要时可委托具有检验资质的机构或聘请外部专家协助验收 （2）自制存货的验收，应当重点关注产品质量，通过检验合格的半成品、产成品才能办理入库手续，不合格品应及时地查明原因、落实责任、报告处理 （3）其他方式取得存货的验收，应当重点关注存货来源、质量状况、实际价值是否符合有关合同或协议的约定
仓储保管	（1）存货在不同仓库之间流动时，应当办理出入库手续 （2）存货仓储期间要按照仓储物资所要求的储存条件妥善储存，做好防火、防洪、防盗、防潮、防病虫害、防变质等保管工作，不同批次、型号和用途的产品要分类存放 （3）生产现场的在加工原料、周转材料、半成品等要按照有助于提高生产效率的方式摆放，同时防止浪费、被盗和流失 （4）对代管、代销、暂存、受托加工的存货，应单独存放和记录，避免与本公司存货混淆 （5）结合企业实际情况，加强存货的保险投保，保证存货安全，合理降低存货意外损失风险 （6）仓储部门应对库存物料和产品进行每日巡查和定期抽检，详细记录库存情况；发现毁损、存在跌价迹象的，应及时地与生产、采购、财务等相关部门沟通；进入仓库的人员应办理进出登记手续，未经授权人员不得接触存货
领用发出	（1）企业根据自身的业务特点，确定适用的存货发出管理模式，制定严格的存货发出制度，明确存货发出和领用的审批权限，健全存货出库手续，做好存货领用记录 （2）无论是何种企业，对于大批存货、贵重商品或危险品的发出，均应当实行特别授权；仓储部门应当根据经审批的销售（出库）通知单发出货物
盘点清查	（1）企业应当建立存货盘点清查工作规程，结合本企业实际情况确定盘点周期、盘点流程、盘点方法等，定期盘点和不定期抽查相结合 （2）盘点清查时，仓储部门应拟订详细的盘点计划，合理安排相关人员使用科学的盘点方法，保持盘点记录的完整性、真实性和有效性 （3）针对盘点清查结果，财务人员要及时地编制盘点表，形成书面报告，对盘点清查中发现的问题，应及时地查明原因，落实责任，按照规定权限报经批准后处理 （4）多部门人员共同盘点，应当充分地体现相互制衡性，严格按照盘点计划执行，认真记录盘点情况 （5）企业至少应于每年年度终结开展一次全面的存货盘点清查，及时地发现存货减值迹象，将盘点清查结果形成书面报告
存货处置	企业应定期对存货进行检查，及时、充分地了解存货的存储状态，对于存货变质、毁损、报废或流失的处理要分清责任、分析原因

三、固定资产的内部控制

固定资产主要包括房屋、建筑物、机器、机械、运输工具，以及其他与生产经营活动有关的设备、器具、工具等。

1. 建立固定资产的岗位责任制

企业应当建立固定资产业务的岗位责任制，明确相关部门和岗位的职责、权限，确保办理固定资产业务的不相容岗位相互分离、制约和监督。同一部门或个人不得办理固定资产业务的全过程。

固定资产的主要业务包括编制资本预算、购置固定资产、验收固定资产，以及固定资产保养和维修、折旧、盘点、报废与清理。为了加强控制，固定资产各项业务必须有明确的职责分工。

（1）固定资产的需求应由使用部门提出。采购部门、企业内部的建筑或建设部门一般无权提出采购或承建要求。

（2）资产请购或建造的审批人应与请购或建造要求提出者分离。

（3）资本预算的复核审批人应独立于资本预算的编制人。

（4）固定资产的验收人应同采购或承建人、款项支付人职务分离。

（5）资产使用或保管人不能同时担任资产的记账工作。

（6）资产盘查工作不能只有使用、保管人员或负责记账的人员参加，应有独立于这些人员的第三者共同参加。

（7）资产报废的审批人不能同时是资产报废通知单的编制人。

2. 固定资产各环节的控制措施

固定资产各环节的管控措施如下表所示。

固定资产各环节的管控措施

管理环节	管控措施
固定资产取得	建立严格的固定资产交付使用验收制度 （1）企业外购固定资产应当根据合同、供应商发货单等对所购固定资产的品种、规格、数量、质量、技术要求及其他内容进行验收，出具验收单，编制验收报告 （2）企业自行建造的固定资产，应由建造部门、固定资产管理部门、使用部门共同填制固定资产移交使用验收单，验收合格后移交使用部门投入使用 （3）未通过验收的不合格资产，不得接收，必须按照合同等有关规定办理退换货或采取其他弥补措施 （4）具有权属证明的资产，取得时必须有合法的权属证书
	重视和加强固定资产的投保工作 （1）企业应当通盘考虑固定资产状况，根据其性质和特点，确定和严格执行固定资产的投保范围和政策。投保金额与投保项目力求适当，对应投保的固定资产项目按规定程序进行审批，办理投保手续，规范投保行为，应对固定资产损失风险

续表

管理环节	管控措施
固定资产取得	（2）对于重大固定资产项目的投保，企业应当考虑采取招标方式确定保险人，防范固定资产投保舞弊 （3）已投保的固定资产发生损失的，企业应及时地调查原因及受损金额，向保险公司办理相关的索赔手续
资产登记造册	（1）制定适合本企业的固定资产目录，列明固定资产编号、名称、种类、所在地点、使用部门、责任人、数量、账面价值、使用年限、损耗等内容 （2）按照单项资产建立固定资产卡片，资产卡片应在资产编号上与固定资产目录保持对应关系，详细记录各项固定资产的来源、验收、使用地点、责任部门和责任人、运转、维修、改造、折旧、盘点等相关内容，便于固定资产的有效识别。固定资产目录和卡片均应定期或不定期复核，保证信息的真实性和完整性
固定资产运行维护	（1）固定资产使用部门会同资产管理部门负责固定资产的日常维修、保养工作，将资产日常维护流程体制化、程序化、标准化，定期检查，及时地消除风险，提高固定资产的使用效率，切实消除安全隐患 （2）固定资产使用部门及管理部门建立固定资产运行管理档案，并制订合理的日常维修和大修计划，经主管领导审批后执行 （3）固定资产实物管理部门审核施工方资质和资信，并建立管理档案；修理项目应分类，明确需要招投标项目。修理完成，由施工方出具交工验收报告，经资产使用和实物管理部门核对工程量并审批。重大项目应专项审计 （4）操作人员上岗前应由具有资质的技术人员对其进行充分的岗前培训，特殊设备实行岗位许可制度，须证证上岗，并对资产运转进行实时监控，保证资产使用流程与既定操作流程相符，确保安全运行，提高使用效率
固定资产升级改造	（1）定期评估固定资产技术的先进性。结合盈利能力和企业发展可持续性，资产使用部门根据需要提出技改方案，与财务部门一起进行预算可行性分析，经管理部门审核批准后执行 （2）管理部门要对技改方案实施过程适时地监控、加强管理，有条件的企业应建立技改专项资金并定期或不定期审计
资产清查	（1）财务部门组织固定资产使用部门和管理部门定期进行清查，明确资产权属，确保实物与卡、财务账表相符。在清查作业实施之前，财务部门应编制清查方案，经过管理部门审核后再执行相关的清查作业 （2）清查结束后，清查人员需要编制清查报告，管理部门要对清查报告进行审核，确保清查报告的真实性和可靠性 （3）对清查过程中发现的盘盈（盘亏），应分析原因，追究责任，妥善处理。固定资产盘盈（盘亏）要在报告审核通过后及时地调整固定资产账面价值，确保账实相符，并上报备案
抵押、质押	（1）加强固定资产抵押、质押的管理，明晰固定资产抵押、质押流程，规定固定资产抵押、质押的程序和审批权限等，确保固定资产抵押、质押经过授权审批及适当程序。同时，应做好相应记录，保障企业资产安全 （2）财务部门办理资产抵押时，如需要委托专业中介机构鉴定评估固定资产的实际价值，应当会同金融机构有关人员、固定资产管理部门、固定资产使用部门现场勘验抵押品，对抵押资产的价值进行评估。对于抵押资产，应编制专门的抵押资产目录
固定资产处置	企业应当建立健全固定资产处置的相关制度，区分固定资产的不同处置方式，采取相应控制措施确定固定资产处置的范围、标准、程序和审批权限，保证固定资产处置的科学性，使企业的资源得到有效的运用 （1）对使用期满、正常报废的固定资产，应由固定资产使用部门或管理部门填制固定资产报废单，经企业授权部门或人员批准后对该固定资产进行报废清理 （2）对使用期限未满、非正常报废的固定资产，应由固定资产使用部门提出报废申请，注明报废理由、估计清理费用和可回收残值、预计处置价格等。企业应组织有关部门作出技术鉴定，按规定程序审批后进行报废清理

续表

管理环节	管控措施
固定资产处置	（3）对拟出售或投资转出及非货币交换的固定资产，应由有关部门或人员提出处置申请，对固定资产价值进行评估，并出具资产评估报告，报经企业授权部门或人员批准后予以出售或转让。企业应特别关注固定资产处置中的关联交易和处置定价，固定资产的处置应由独立于固定资产管理部门和使用部门的相关授权人员办理，固定资产处置价格应报经企业授权部门或人员审批后确定。对于重大固定资产处置，应当考虑聘请具有资质的中介机构进行资产评估，采取集体审议或联签制度。涉及产权变更的，应及时办理产权变更手续 （4）对出租的固定资产，应由相关管理部门提出出租或出借申请，写明申请的理由和原因，并由相关授权人员和部门进行审核。审核通过后应签订出租或出借合同，包括合同双方的具体情况，出租的原因和期限等内容

四、无形资产各环节的内部控制

无形资产是企业拥有或控制的没有实物形态的可辨认非货币性资产，通常包括专利权、非专利技术、商标权、著作权、特许权、土地使用权等。企业应当加强对无形资产的管理，建立健全无形资产分类管理制度，保护无形资产的安全，提高无形资产的使用效率，充分发挥无形资产对提升企业创新能力和核心竞争力的作用。

企业应当在对无形资产取得、验收、使用、保护、评估、技术升级、处置等环节进行全面梳理的基础上，明确无形资产业务流程中的主要风险，并采用适当的控制措施，其各环节的管控措施如下表所示。

无形资产各环节的管控措施

管理环节	管控措施
无形资产取得与验收	（1）企业应当建立严格的无形资产交付使用验收制度，明确无形资产的权属关系，及时办理产权登记手续 （2）企业外购无形资产，必须仔细审核有关合同协议等法律文件，及时取得无形资产所有权的有效证明文件，同时特别关注外购无形资产的技术先进性 （3）企业自行开发的无形资产，应由研发部门、无形资产管理部门、使用部门共同填制无形资产移交使用验收单，移交使用部门使用 （4）企业购入或者以支付土地出让金的方式取得的土地使用权，必须取得土地使用权的有效证明文件 （5）当无形资产权属关系发生变动时，应当按照规定及时办理权证转移手续
无形资产使用与保全	（1）企业应当强化无形资产使用过程的风险管控，充分发挥无形资产对提升企业产品质量和市场影响力的重要作用 （2）建立健全无形资产核心技术保密制度，严格限制未经授权的人员直接接触技术资料。对技术资料等无形资产的保管及接触应做好记录，实行责任追究制度，保证无形资产的安全与完整 （3）对侵害本企业无形资产的，要积极取证并形成书面调查记录，提出维权对策，按规定程序审核并上报
无形资产技术升级与更新换代	企业应当定期对专利、专有技术等无形资产的先进性进行评估，当发现某项无形资产给企业带来经济利益的能力受到重大不利影响时，应当考虑淘汰落后技术，同时加大研发投入，不断推动企业自主创新与技术升级，确保企业在市场经济竞争中始终处于优势地位

续表

管理环节	管控措施
无形资产处置	（1）企业应当建立无形资产处置的相关管理制度，明确无形资产处置的范围、标准、程序和审批权限等要求 （2）无形资产的处置应由独立于无形资产管理部门和使用部门的其他部门或人员，按照规定的权限和程序办理 （3）应当选择合理的方式确定处置价格，并报经企业授权部门或人员审批 （4）重大的无形资产处置，应当委托具有资质的中介机构进行资产评估

第二节　资产管理业务内部控制制度

一、固定资产内部控制制度

标准文件		固定资产内部控制制度	文件编号	
版次	A/0		页次	

1. 目的

1.1 为了加强公司对固定资产的内部控制，防止并及时发现和纠正固定资产业务中的各种差错和舞弊，保护固定资产的安全完整，提高固定资产的使用效率，特制定本制度。

2. 适用范围

2.1 使用年限在一年以上的房屋建筑物、机器设备、运输工具、仪器仪表、办公设备等生产经营主要设备。

2.2 单位价值在2000元以上、使用年限在一年以上的，不属于生产经营主要设备的。

不同时具备以上条件的，列为低值易耗品。临时简易工棚、办公房以及各类属于周转性的生产工具及设施，不论价值大小及使用期限，都不列为固定资产。

3. 关注的风险和关键环节

3.1 公司在固定资产管理过程中，至少应关注涉及固定资产的下列风险：

3.1.1 固定资产业务违反国家法律法规，可能遭受外部处罚、经济损失和信誉损失。

3.1.2 固定资产业务未经适当审批或超越授权审批，可能因重大差错、舞弊、欺诈而导致资产损失。

3.1.3 固定资产购买、建造决策失误，可能造成公司资产损失或资源浪费。

3.1.4 固定资产使用、维护不当和管理不善，可能造成公司资产使用效率低下或资产损失。

3.1.5 固定资产处置不当，可能造成公司资产损失。

3.1.6 固定资产会计处理和相关信息不合法、不真实、不完整，可能导致公司资产账实不符或资产损失。

3.2 公司在建立与实施固定资产内部控制过程中，至少应强化对下列关键方面或关键环节的控制：

3.2.1 职责分工、权限范围和审批程序应明确规范，机构设置和人员配备应科学合理。

3.2.2 固定资产取得依据应充分适当，决策过程应科学规范。

3.2.3 固定资产取得、验收、使用、维护、处置和转移等环节的控制流程应清晰严密。

3.2.4 固定资产的确认、计量和报告应符合企业和国家的相关规定。

4. 职责分工与授权批准

4.1 固定资产业务的岗位责任制。

4.1.1 业务归口办理。

（1）固定资产的采购由采购部门办理。

（2）固定资产的建造由公司工程部门归口办理。

（3）固定资产管理由公司工程部门归口办理。

（4）在用固定资产的保管由使用部门负责。

（5）未经授权的机构或人员，不得办理固定资产业务。

4.1.2 部门职责。

（1）使用部门：提出固定资产的购置、大修申请；固定资产的保管、日常维修、维护和保养；固定资产处置申请；建立本部门的固定资产台账。

（2）工程部门：提出固定资产购置预算；下达固定资产购置计划；固定资产建造管理，包括建造过程、工程物资的管理；组织固定资产验收；办理固定资产处置和转移；建立固定资产台账和卡片；组织编制固定资产目录；定期对固定资产安全和使用情况进行检查。

（3）财务部门：建立固定资产台账；对固定资产进行会计核算；参与固定资产的验收、检查、处置和转移工作；每年年底组织固定资产盘点。

（4）审计部门：对采购或建造合同进行审计；参与固定资产的验收、检查、处置和转移工作；参与工程项目审计决算。

4.2 固定资产不相容岗位。

4.2.1 固定资产投资预算的编制与审批。

4.2.2 固定资产投资预算的审批与执行。

4.2.3 固定资产的采购、验收与款项支付。

4.2.4 固定资产投保的申请与审批。

4.2.5 固定资产处置的审批与执行。

4.2.6 固定资产取得与处置业务的执行与相关会计记录。

4.3 授权批准制度。

4.3.1 授权方式。

（1）公司对董事会的授权由公司章程和股东大会决议。

（2）公司对董事长、总经理的授权，由公司章程规定和公司董事会决议。

（3）总经理对其他人员的授权，年初以授权文件的方式明确。

（4）对经办部门的授权，在部门职能描述中进行规定或临时授权。

4.3.2 审批权限，如下表所示。

项目	审批人	审批范围和权限
购置	股东大会	（1）涉及总金额在公司净资产××%及以上的购置计划 （2）审批年度购置计划 （3）授权董事长、总经理购置决策
	董事会	（1）审批年度购置预算 （2）审批年度购置计划 （3）授权董事长、总经理购置决策
	董事长	（1）董事会闭会期间，在授权范围内购置决策 （2）预算外单项××万元以上，年预算外累计不超过××万元
	总经理	（1）年度预算内购置项目 （2）预算外单项××万元以下，年预算外累计不超过××万元
处置	股东大会	（1）成批处置公司主要生产用设备 （2）固定资产总金额超过公司净资产××%及以上的处置计划
	董事会	批准除需经股东大会批准事项之外的处置计划
	董事长	每批固定资产原值××万元至××万元
	总经理	每批固定资产原值××万元以下

4.3.3 审批方式。

（1）股东大会、董事会以决议的形式批准，董事长根据股东大会决议、董事会决议签批。

（2）董事会、总经理以及其他被授权审批人员，以书面批准的方式直接签批。

4.3.4 批准和越权批准处理。

（1）审批人根据固定资产业务授权批准制度的规定，在授权范围内进行审批，不得超越审批权限。

（2）经办人在职责范围内，按照审批人的批准意见办理固定资产业务。

（3）对于审批人超越授权范围审批的固定资产业务，经办人有权拒绝办理，并及时地向审批人的上一级授权部门报告。

4.4 固定资产增加业务流程及控制要求。

4.4.1 固定资产外购业务流程，如下表所示。

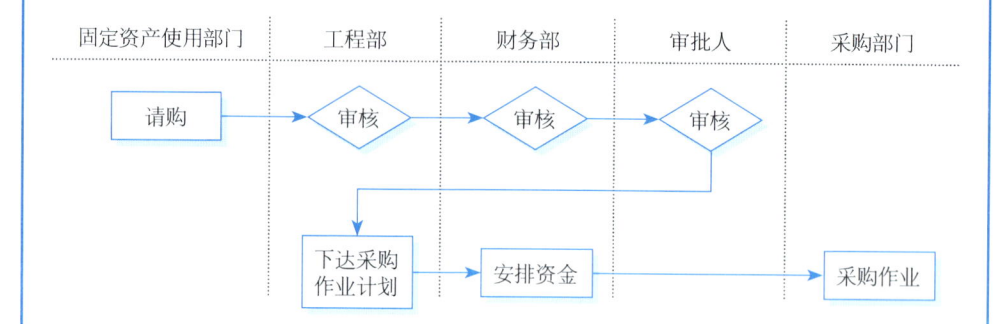

固定资产使用部门	工程部	财务部	审批人	采购部门
请购 →	审核 →	审核 →	审核	
	下达采购作业计划 →	安排资金 →		采购作业

4.4.2 外购控制要求，如下表所示。

业务操作	操作人	内控要求
采购申请	固定资产使用部门	（1）采购申请的固定资产，年初列入年度预算 （2）采购项目已经可行性论证并且可行 （3）对请购的固定资产的性能、技术参数有明确要求 （4）书面申请
审核	工程部门	（1）核实采购申请是否列入年度计划 （2）审核采购项目是否经过可行性论证并且可行 （3）必要时，征求有关专家的意见
	审计部门	（1）核实采购申请是否列入年度预算 （2）按相关制度进行合同审计
	审批人	（1）按照公司授权，在授权范围内审批 （2）审批时应充分地考虑审核部门的意见，未经审核的采购项不予审批
采购作业计划	工程部门	（1）未经批准的项目和越权批准的项目不予下达采购作业计划 （2）采购计划一式三份，基建财务、采购、仓库各一份 （3）采购作业计划须经授权批准人批准
资金安排	财务部门	（1）根据采购作业计划准备资金 （2）未经批准的采购项目不予安排资金
采购作业	采购部门	（1）严格按采购作业计划书规定的规格、型号、技术参数采购 （2）除特殊采购项目外，必须有3家以上的预选供应商 （3）比价采购或招标采购 （4）必须签订采购协议，并经审计部门审计

5. 固定资产投资预算审核审批

5.1 固定资产使用部门根据实际使用情况，编制本部门固定资产投资预算，对于重大的固定资产投资项目，应考虑聘请独立的中介机构或专业人士进行可行性研究与评价。

5.2 资产管理部门固定资产管理员根据各部门提交的固定资产投资预算，汇总整理成企业固定资产总投资预算，经资产管理经理审核确认后，交财务部审核。

5.3 财务部对固定资产投资预算的各种数据和其依据资料及其预算的意见进行复核，财务部经理提供审核意见，交财务负责人及总经理审核后，提交董事会批准。

5.4 各部门严格按照固定资产投资预算购置固定资产，并将固定资产投资严格控制在预算之内。

6. 固定资产购置申请审批

6.1 固定资产使用部门填写固定资产采购申请单。

6.2 采购申请单的批准。

6.2.1 工程部审核采购申请单，审查是否在采购预算范围之内，如果在采购预算范围之内，由工程部分管副总审批。

6.2.2 采购预算外金额在××万元以下的固定资产采购申请，由总经理审核批准。

6.2.3 投资预算外金额在××万元至××万元的固定资产购置应报董事长审批。

6.2.4 投资预算外金额在××万元以上的固定资产购置应报董事会集体审批。

6.3 经审批的采购单交到采购部门，采购部门根据采购申请单，按公司采购相关规定进行采购。

6.4 质量管理部和技术部相关人员应参与购货订单或购货合同在技术和质量方面的条款的制定。

6.5 对技术质量要求较高、费用支出较大的设备购货合同，应由不同专业技术人员如采购专家、工程师、生产人员、法律顾问、财务专家组成的小组做最后的审查。

7. 取得与验收控制

7.1 公司应建立严格的固定资产交付使用验收制度，确保固定资产数量、质量等符合使用要求。固定资产交付使用的验收工作由固定资产管理部门、使用部门及相关部门共同实施。

7.1.1 公司外购固定资产，应根据合同协议、供应商发货单等对所购固定资产的品种、规格、数量、质量、技术要求及其他内容进行验收，出具验收单或验收报告。验收合格后方可投入使用。

7.1.2 公司自行建造的固定资产，应由制造部门、固定资产管理部门、使用部门共同填制固定资产移交使用验收单，验收合格后移交使用部门投入使用。

7.1.3 公司对投资者投入、接受捐赠、债务重组、公司合并、非货币性资产交换、外公司无偿划拨转入以及其他方式取得的固定资产均应办理相应的验收手续。

7.1.4 公司对经营租赁、借用、代管的固定资产应设立登记簿记录备查，避免与本公司财产混淆，并应及时地归还。

7.1.5 对验收合格的固定资产应及时办理入库、编号、建卡、调配等手续。由固定资产管理部门办理验收入库手续，设立固定资产台，填写"固定资产入库单"一式三联，第一联由资产管理部门留存，第二联送财务部门记账，第三联由使用部门留存。

7.2 公司财会部门应按照公司及国家的相关规定，及时地确认固定资产的购买或建造成本。

7.3 对需要办理产权登记手续的固定资产，公司资产管理部门应及时到相关部门办理。

8. 使用与维护控制

8.1 公司应加强固定资产的日常管理工作，授权具体部门或人员负责固定资产的日常使用与维修管理，保证固定资产的安全与完整。

公司应定期或不定期检查固定资产明细及标签，确保具备足够详细的信息，以便固定资产的有效识别与盘点。

8.2 公司应根据国家及行业有关要求和自身经营管理的需要，确定固定资产分类标准和管理要求，并制定和实施固定资产目录制度。

8.3 公司应依据国家有关规定，结合公司实际，确定计提折旧的固定资产范围、折旧方法、折旧年限、净残值率等折旧政策。折旧政策一经确定，不得随意变更。确需变更的，应按照规定程序审批。

8.4 公司应建立固定资产的维修、保养制度，保证固定资产的正常运行，提高固定资产的使用效率。固定资产使用部门负责固定资产日常维修、保养，定期检查，及时消除风险。固定资产大修应由固定资产使用部门提出申请，按规定程序报批后安排修理。固定资产技术改造应组织相关部门进行可行性论证，审批通过后予以实施。

8.5 公司应根据固定资产的性质和特点，确定固定资产投保范围和政策。投保范围和政策应足以应对固定资产因各种原因发生损失的风险。公司应严格遵照固定资产投保范围和政策，对应投保的固定资产项目按规定程序进行审批，办理投保手续。对于重大固定资产项目的投保，应考虑采取招标方式确定保险公司。

已投保的固定资产发生损失的，应及时办理相关的索赔手续。

8.6 公司应定期对固定资产进行盘点。盘点前，固定资产管理部门、使用部门和财会部门应进行固定资产账簿记录的核对，保证账账相符。公司应组成固定资产盘点小组定期对固定资产进行盘点，至少每年1次。根据盘点结果填写固定资产盘点表，并与账簿记录核对，对账实不符，固定资产盘盈、盘亏的，编制固定资产盘盈、盘亏表。

8.7 固定资产发生盘盈、盘亏，应由固定资产使用部门和管理部门逐笔查明原因，共同制定盘盈、盘亏处理意见，经公司授权部门或人员批准后由财会部门及时调整有关账簿记录，使其反映固定资产的实际情况。

8.8 公司应至少在每年年末由固定资产管理部门和财会部门对固定资产进行检查、分析。检查分析应包括定期核对固定资产明细账与总账，并对差异进行及时分析与调整。

固定资产存在可能发生减值迹象的，应计算其可收回金额；可收回金额低于账面价值的，应按照相关规定计提减值准备、确认减值损失。

8.9 对于未使用、不需用或使用不当的固定资产，固定资产管理部门和使用部门应及时地提出处理措施，报公司财务部、财务总监、总经理批准后实施。

8.10 对由于使用人或保管人使用不当或管理失职造成固定资产受损的，使用人或保管人应承担相应的赔偿责任。

8.11 对封存的固定资产，应指定专人负责日常管理，定期检查，确保资产的安全、完整。

9. 处置与转移控制

9.1 固定资产报废处理。

9.1.1 固定资产报废条件。

（1）机器设备、生产装置的报废条件。使用年限已满，丧失使用效能，无修复价值的；使用年限未满，但因生产条件改变，已丧失原有使用价值的；使用年限未满，但缺乏配件无法修复使用的；因受自然灾害毁损无修复使用价值的；城建规划，必须拆除且再无利用价值的；装置更新改造必须拆除更换的；因技术落后必须淘汰的；经国家质量监督部门、环保部门鉴定，不符合安全环保要求又不能修复利用的；整套设备拆除时不能利用的部分；其他符合报废条件的固定资产。

（2）房屋、建筑物的报废条件。划入整体规划或阻碍交通要道的；年久失修，承重墙风化，结构强度不符合抗震标准，也不能修复的；地质条件或自然灾害，损坏严重有倒塌危险的。

9.1.2 固定资产报废程序。

（1）固定资产因毁损而报废者，应由使用部门填制"固定资产报废申请单"一式四联，注明毁损原因，经技术鉴定小组鉴定后，送固定资产管理部门及财务部门签注处理意见后呈报公司领导批准。经核准后，第一联送固定资产管理部门；第二联送财务部门；第三联送市场部；第四联自存。

（2）对已批准报废的固定资产，由市场部统一处理，各使用部门不得自行处理。

（3）固定资产有偿转让或清理报废的变价净收入与其账面净值的差额，作为营业外收入或者营业外支出。固定资产变价净收入是指转让或变卖固定资产所取得的价款扣除清理费用后的净额。固定资产净值是指固定资产原值减累计折旧后的净额。

9.2 固定资产的处置。

9.2.1 对拟出售或投资转出的固定资产，应由有关部门或人员提出处置申请，列明该项固定资产的原价、已提折旧、预计使用年限、已使用年限、预计出售价格或转让价格等。

9.2.2 固定资产的处置应由独立于固定资产管理部门和使用部门的其他部门或人员办理。固定资产处置价格应报经公司财会部门和财务总监审批后确定。对于金额重大的固定资产处置，应考虑聘请具有资质的中介机构进行资产评估，并应由公司总经理办公会或董事会采取集体审议制度审批，并建立集体审批记录机制。

9.2.3 固定资产处置涉及产权变更的，应及时办理产权变更手续。

9.2.4 公司出租、出借固定资产，应由固定资产管理部门会同财会部门按规定报经批准后予以办理，并签订合同协议，对固定资产出租、出借期间所发生的维护保养、税负责任、租金、归还期限等相关事项予以约定。

9.2.5 对固定资产处置及出租、出借收入和发生的相关费用，应及时入账，保持完整的记录。

9.2.6 公司对于固定资产的内部调拨，应填制固定资产内部调拨单，明确固定资产调拨时间、调拨地点、编号、名称、规格、型号等，经有关负责人审批通过后，及时办理调拨手续。固定资产调拨的价值应由公司财会部门按账面净值审核批准，并做好相关账务处理。公司对外闲置设备调拨，实行有偿调拨，由公司总经理批准。

| 拟定 | | 审核 | | 审批 | |

二、无形资产日常管理内部控制规定

标准文件		无形资产日常管理内部控制规定	文件编号	
版次	A/0		页次	

1. 目的

为了加强公司对无形资产日常管理的内部控制，特制定本规定。

2. 适用范围

本规定适用于公司对无形资产日常管理的内部控制。

3. 业务目标

3.1 战略目标。

3.1.1 为公司经营、投资、筹资活动提供支持，保护公司无形资产的垄断性、共享性、高效性。

3.1.2 保护公司品牌，产生稳定的品牌效益。

3.1.3 保护公司的根本权益，防止无形资产流失和被盗用，保护公司无形资产的垄断性。

3.1.4 加强无形资产有序管理，使无形资产与其他资源合理搭配、组合，促使无形资产产生其应有的社会效益和经济效益。

3.2 经营目标：充分利用现有无形资产，使其服务于生产经营活动，保证无形资产的有效利用。

3.3 财务目标：正确反映无形资产的价值，合理摊销，保证财务报告的真实性、完整性。

3.4 合规目标：遵守无形资产有关的国家法律、法规和公司内部规章制度。

4. 风险评估

4.1 战略风险：不能有效使用、保护无形资产，造成无形资产使用效率低下，影响企业目标实现。

4.2 经营风险：

4.2.1 无形资产权属不清，发生经济纠纷造成损失。

4.2.2 无形资产长期闲置或低效使用，失去其原有的使用价值。

4.2.3 保密工作不到位，无形资产被盗用，公司经济利益受到损失。

4.3 财务风险：会计核算不规范，数据不实，摊销错误，资产、利润失真，导致财务报告不真实、不准确。

4.4 合规风险：

4.4.1 不按照规定使用无形资产，导致处罚或索赔等。

4.4.2 违反国家相关法律、法规的规定和公司内部规章制度，受到处罚。

5. 业务流程步骤与控制点

5.1 建立无形资产管理体系。

5.1.1 公司应建立由无形资产主管部门、归口管理部门、使用部门组成的无形资产管理体系，建立健全无形资产管理岗位责任制度。实行"统一领导、归口管理、责任到人"的管理体制。

5.1.2 综合管理部作为无形资产主管部门，对无形资产实施统一监督管理。

5.1.3 无形资产的归口管理部门，负责具体业务管理。计划财务部负责财务软件管理；技术质量部负责专有技术权、生产技术软件管理；市场销售部负责公司名誉、商标权的管理；综合管理部负责公司名称、特许经营权、土地使用权等其他无形资产管理。

5.1.4 按照分级管理的原则，无形资产使用部门负责对其使用的无形资产实施日常管理。

5.2 建立对外使用公司品牌管理制度。

5.2.1 拟使用本公司品牌的部门需向综合管理部提交使用申请单。申请单上应注明使用部门的名称及使用的资产名称、期限等。

5.2.2 法律顾问对申请资料进行初步审核，并出具初步审核意见。

5.2.3 综合管理部组织法律顾问、生产部、技术质量部、市场部采取实地调查等方式严格查证使用者的资信、财务状况等，提出详细审核意见，并将使用申请资料、审核意见交公司总经理、董事长审批。

5.2.4 若涉及的使用品牌对公司意义重大，须提交董事会进行集体决策。

5.2.5 综合管理部根据经审批后的申请书与申请单位就使用无形资产的名称、地点、期限、价款及违约责任进行洽谈，共同确定品牌使用的收费标准。在洽谈的过程中如价款、使用时间、使用者情况等发生变化应及时向总经理、董事长请示。

5.2.6 综合管理部根据审批后的申请书与洽谈事项草拟使用合同，并交法律顾问审核。

5.2.7 总经理、董事长审批使用合同，董事长或其书面委托人员与使用者签订使用合同和保密合同。

5.2.8 综合管理部、市场部交付使用品牌的有关资料。

5.2.9 综合管理部负责将使用部门的申请资料、使用证书等相关资料进行登记、存档，以备查询。

5.2.10 建立品牌使用考核制度。

（1）综合管理部应组织各无形资产归口管理部门、使用单位定期或不定期地对品牌的使用情况进行调查。法律顾问须对有关质量、服务等问题作出快速反应，妥善处理，以增强企业的信誉。

（2）公司将品牌用于经营或对外服务的，综合管理部应定期检查，对损害公司权益的，应及时地收回。对盗用本公司专利技术、假冒本公司产品品牌等行为，综合管理部要积极取证，法律顾问要主动运用法律手段有效地保护公司的利益。公司占有、使用的无形资产发生产权纠纷，应按规定程序予以调解，或请求有关部门予以仲裁。

5.3 无形资产增加。

5.3.1 无形资产增加主要是自创、购置、受赠、受让等活动所引起的。无形资产购置见无形资产外购业务流程。

5.3.2 自行开发或研制的项目应依法及时申请并办理注册登记手续。明确产权关系，依法确定公司的所有者权益。

（1）公司应加强无形资产的研究与开发，从人力资本、品牌、企业文化、技术创新、业绩与资质、信誉等方面进行无形资产培育。

（2）技术质量部组织有关技术人员进行项目研究与开发，项目试验成功并达到国家标准，经总经理、董事长审批和法律顾问审核后，由综合管理部向政府有关部门及时申请并办理注册登记手续。

（3）项目申请并注册登记成功，由技术质量部保存研发资料，不得外泄。

5.4 无形资产安全防范。

5.4.1 综合管理部制订无形资产安全防范措施，加强品牌、专利、专有技术等无形资产的管理。对于专利权、商标权、土地使用权等权利类无形资产，应及时申请，寻求法律保护；对于专有技术、商誉等非权利类无形资产，应在内部设计合理的制度予以维护，如建立激励与约束机制、加强保密措施等。

5.4.2 加强无形资产权证的保管。无形资产归口管理部门对有权证的无形资产，要明确管理责任，安全保管证明资料，防止遗失。在无形资产产权变动时，企业应按照规定办理权证转移手续，部门负责人审核变动事项的有关资料。

（1）公司所有无形资产权证原件均由公司综合管理部保管。

（2）公司所有无形资产权证复印件及相关的技术资料由各归口管理部门保管。

5.4.3 加强无形资产保密工作。

（1）公司应建立保密制度。无形资产各归口管理部门对保密性质的无形资产，要执行安全保密的有关规定，严禁泄露商业机密。

① 公司所有员工均承担有保密的义务，各部门负责保密工作的日常管理事项。对严格执行保密制度，在保密工作中作出贡献的员工要给予鼓励，对泄密造成公司损失的部门和个人将视其性质、情节给予相应的处理。

② 按保密内容的重要程度、技术水平及一旦失密后造成的危害程度，公司密级划分为绝密、机密、秘密、内部事项四级。密级的确定，由编制、处理文件

资料的具体承办人员按规定分类提出建议意见，经公司领导核准，同时确定保密时限和保密范围。密级调整和提前解密应由无形资产归口管理部门提出申请，综合管理部进行调查后上报总经理审批，及时通知有关单位执行。规定有保密期的，时限到后自动解密。

（2）对员工进行保密教育、签订保密协议。

5.5 无形资产财务处理与分析。

5.5.1 计划财务部按照会计核算要求设置会计账簿，核算无形资产的增减变动以及摊销；每年12月与使用部门、归口管理部门、综合管理部至少对账一次，确保账账、账实相符。

5.5.2 无形资产应当按照成本进行初始计量。

5.5.3 无形资产在未产生经济价值时，无形资产各归口管理部门应调查统计并登记在账。当取得无形资产发生支出或因投入资金产生成本和费用时，管理部门应进行会计核算。由无形资产各归口管理部门和计划财务部分别设立备查账。

5.5.4 计划财务部要严格按照规定填报年度会计报告，反映无形资产的变动、摊余价值和使用效益，做到内容完整，数字准确。

5.6 处理无形资产产权纠纷。

公司产权纠纷，由双方当事人协商解决，并将协商结果报公司领导审批，协商不成的可按司法程序处理。

5.7 无形资产监督与考核管理。

5.7.1 建立健全无形资产清查制度。

（1）由综合管理部牵头，组织有关部门每年末进行一次无形资产资料、使用状况的全面清查，并根据需要不定期地进行局部清查，逐项与财务账表核对，出具无形资产清查报告，对已经失效但未摊销完毕的无形资产查明原因，提出处置意见。

（2）审计监察室、计划财务部定期对无形资产的账面价值进行检查。如发现无形资产发生减值情况的，应对无形资产的可收回金额进行重新评估并在相应账簿中登记，且在无形资产的报告中予以披露。根据多方面分析论证，认为无形资产预期不能为公司带来利益时，公司应按规定的程序将无形资产的账面价值予以注销。

（3）综合管理部、审计监察室、计划财务部将清查报告上报公司总经理、董事长审批；若金额重大，报董事会审批后由计划财务部进行相应的财务处理。

5.7.2 企业应建立定期报告制度，及时地掌握无形资产的使用和运营情况。无形资产各归口管理部门应严格按规定的格式和期限对其管理或占有使用的无形资产的存量、状态等做出报告。对造成无形资产损失的重大事件应及时报告公司总经理和董事长。

5.7.3 建立无形资产管理奖惩制度。有下列行为之一的，无形资产管理部门有权责令其改正，并按管理权限，报公司总经理、董事长审批后追究主要领导和直接责任人的责任：

（1）不如实进行产权登记、填报资产统计报表，隐瞒真实情况的。

（2）对用于投资经营的无形资产不认真进行监督管理，不维护投资者权益的。

（3）未履行职责，放松无形资产管理，造成严重损失的。

（4）不按规定权限使用无形资产的。

（5）对公司无形资产规定执行不力的。

（6）不按规定权限擅自处理、批准产权变动或用于经营投资的。

（7）弄虚作假，以各种名义侵占资产和利用职权牟取私利的。

5.7.4 建立保密工作责任追究制度：事前明确保密责任和保密要求，一旦造成泄密，将追究相关领导和人员责任。

（1）若员工在职时泄密，将视性质、情节的不同，给予通报批评、罚款、降职、降薪、解除劳动合同直至依法追究经济责任和法律责任。

（2）员工在与公司解除劳动合同后1年内，向其他人泄露自己掌握的商业机密，给公司造成严重后果或重大经济损失的，公司将依法追究其经济责任和法律责任。

5.7.5 建立激励机制，加强无形资产管理。

拟定		审核		审批	

三、存货内部控制制度

标准文件		存货内部控制制度	文件编号	
版次	A/0		页次	

1. 目的

为了加强对公司库存物资的内部管理和控制，保证库存物资的验收进库、存储保管和领料出库业务的规范有序，保证合理确认存货价值，防止并及时揭示差错，结合本公司的实际情况，特制定本制度。

2. 适用范围

公司在日常活动中持有以备出售的产成品、处在生产过程中的在产品、在生产过程或提供劳务过程中耗用的材料和物料，主要包括各类材料、在产品、半成品、产成品等。

3. 职责分工和授权批准

3.1 公司设置专门的存货仓储管理部门和人员，并根据本制度要求做到不相容人员的分离，还要建立健全请购、审批、询价、采购、验收、保管、付款、盘点、对账等方面的规章制度。在分管负责人的领导下，积极组织、协调本单位的存货管理控制工作，做到制度执行严格、资料保存完整不缺货、不长期存货、不形成积压存货，并定期盘点、对账、编制存货盘点表，保证库存物资达到账证相符、账实相符、账账相符。

3.2 财务部要设置存货核算岗位，对存货收发业务进行会计核算，并每月监督、检查仓库保管人员存货核算、账簿登记是否正确，发现问题及时地解决。

3.3 存货验收入库的批准权限由物资保障部部长行使，保管员要按规定严格审查入库资料，禁止办理无实物入库的验收入库手续，否则要追究批准人和验收人的责任。

3.4 仓库保管员在发出存货时，要严格审核领用手续，对不符合领用手续的，可拒绝发货。否则，要追究相关人员的责任。

3.5 库存物资的盘盈、盘亏、变质老化、毁损、跌价的处理由物资保障部与财务部提出处理意见，经上级有关部门（总公司财务部）核实认可后，由公司的总经理签字批准实施。经批准后，物资保障部与财务部门共同协商，根据相关法规制度的规定作出处理并进行会计核算。

4. 存货内部控制的实施与执行

4.1 根据本公司的生产、销售、仓储、资金周转状况以及库存定额等情况，对存货实行预算管理，合理确定材料、在产品、产成品等存货的库存比例。要认真考虑公司需求、市场状况、行业特征等因素，尽可能使库存储量趋于合理。

4.2 存货验收入库前必须经质量部门检验，对检验不合格的要及时地办理退货和索赔，自制存货要给出处理意见。检验合格后仓库保管人员要认真核对实物与物资请购单或入库申请单（自制存货）上注明的品名、规格、数量等，如发生短缺、破损等情形，应尽快查明原因上报部门负责人，作出相应的处理意见。经验收正确无误的，应按物资的类别、数量、单价、金额、入库时间等，开具入库单办理入库手续。验收人员一定要严格按操作程序进行验收，凡不符合条件的一律不予验收。

4.3 存货的初始计量要严格按照公司的要求进行核算，不得人为调节存货的初始计量成本。否则，追究相关人员的责任。

4.4 企业应根据自身存货的特点、管理要求、人员设置等，建立存货保管制度，加强存货的日常保管工作，并制定相应的保安、防火、卫生等制度，实施有效管理。

4.5 存货的存放和管理应指定专人负责，所有存货原则上储存在规定的库房内，严禁未经批准或授权的人员进入库房或接触存货。入库储存确有困难的，也应采取有效措施，加强护理监管，以确保物资的安全、完整、有效。

4.6 仓库保管员应对入库存货按其重要程度采取 ABC 分类法管理，使入库存货分门别类、摆放整齐、标识清楚、账卡物相符，并定期对库内存货进行库龄分析、检查、整理，防止库房储存管理混乱，杜绝材料变质、偷盗丢失、私自挪用等不良现象的发生。

4.7 仓库保管人员应根据存货的收发情况，做好登记仓库存货明细账、存货收发记录卡，并定期清点存货数量，达到账、卡、物相符。财务存货核算人员负责财务存货的核算工作。财务部门对仓库部门负有监管职责，每季度至少一次对仓库部门工作进行监督、检查，发现问题要及时提出整改措施并形成监督、检查记录。

4.8 建立严格的存货领用和发出制度，明确对领用材料的授权，特别是对大批存货、贵重存货、危险品以及非生产性存货的发出授权应明确。

4.9 领料单（或出库单）是仓库发出存货的原始凭证，仓库部门要坚持凭领料单（或出库单）发放存货。领料单上应准确地记录存货的种类、品名、数量、批准人、经办人姓名，经仓库主管人员审核领料单的内容是否详实、批准权限是否恰当等，审查正确无误后，由仓库主管人员在领料单（或出库单）上签字，然后交由仓库保管员发放存货并在领料单（或出库单）上签名。领料单（或出库单）填写内容不翔实或存在越权批准行为的，仓库部门有权拒绝发货或要求补办有关手续，仓库部门明知领料单（或出库单）填写内容不详实或有越权批准的行为而予以审核签字、发货的，以失职论处，造成损失的，要追究有关人员的责任。

4.10 公司的存货发出可根据本公司的生产管理特点，采取实际成本核算。其计价方法原则上采取加权平均法，计价方法一经确定，不得随意变更。跌价准备计提按期末存货的成本与可变现净值孰低计价计提。严禁人为调节存货的发出价格，否则追究相关人员的责任。

4.11 仓库部门应于每月财务结账日将各单位领用的材料进行汇总，连同领料单（财务核销联）上报财务部门。对于发出的自制存货（如产成品）应于每月财务结账日与销售部门的销售数量、开出发票数量进行核对，发现问题要及时汇报处理。

4.12 坚持定期盘点制度。检查存货的实际库存数量是否与账面数量相符，以便及时地发现问题，采取有效措施纠正错误，堵塞漏洞。要求仓库部门自行盘点，年末或遇特殊情况财务人员要与保管员共同盘点，发现问题及时地解决。

4.13 对在盘点中发现的存货的盘盈、盘亏、变质老化、毁损等问题，要及时查明原因，经公司总经理批准后处理，属人为因素造成的要追究有关责任人的责任。

4.14 在期末若发现存货有减值迹象，应根据成本与可变现净值孰低的计量原则，确认并计提存货跌价准备。

4.15 仓库部门对长期闲置不用并且在可预见的未来也派不上用场的存货，要进行清点造册并提出处理意见，经公司生产技术部门鉴定认可，报公司总部批准后，由财务部门根据处理结果进行相应的会计核算，以减少存货的库存量，降低减值风险。

5. 监督与检查

5.1 本公司由财务部行使对存货内部控制的监督检查权。

5.2 对存货内部控制监督检查的内容主要包括：

5.2.1 存货管理、核算岗位设置及人员配备、制度健全的情况。

5.2.2 存货的验收入库批准制度的执行情况；存货出库制度执行情况；存货的内部对账情况。

5.2.3 存货盘点制度的执行情况，存货盘盈、盘亏、变质老化、毁损的处理情况。

5.3 对监督检查过程中发现的库存物资内部控制薄弱环节，应要求被检查部门予以纠正和完善，发现重大问题应形成书面检查报告，向有关领导和部门汇报，以便及时地采取措施，加以纠正和完善。

| 拟定 | | 审核 | | 审批 | |

第三节 资产管理业务内部控制表格

一、固定资产购置申请表

固定资产购置申请表

申请部门				申请时间		
固定资产名称	规格型号	单位	数量	预计单价	预计总价
总计						

续表

申请部门负责人意见：	行政部负责人意见：	财务部负责人意见：
日期：	日期：	日期：
总经理意见		

二、固定资产入库验收单

固定资产入库验收单

日期：

固定资产名称	规格型号	单位	数量	单价	总价	采购员	验收员

三、固定资产使用保管登记表

固定资产使用保管登记表

部门：　　　　　物品存放地：

固定资产名称	规格型号	数量	编号	原值	领用人、时间	使用保管人	使用人变更	备注

四、固定资产报废申请表

固定资产报废申请表

申请部门		经办人		申请日期		
固定资产名称	规格型号	单位	数量	购置原值	残值	报废原因
总计						

续表

申请部门负责人意见　　　　日期：	行政部负责人意见　　　　日期：
财务部负责人意见　　　　日期：	总经理意见　　　　日期：

五、固定资产领用责任状

固定资产领用责任状

序号	资产名称	单位	数量	领用日期	领用人

六、固定资产盘点统计表

固定资产盘点统计表

资产类别	资产编号	资产名称	规格型号	责任人	使用人	存放地点	资产现状	与账面是否相符	备注

资产盘点人：　　　　主管资产负责人：　　　　填表人：　　　　日期：

填表说明：资产现状分为在用、闲置、需维修、待报废四项内容。
　　　　　资产盘点人为行政部、财务部人员共同组成。

七、公司内部专利申请表

公司内部专利申请表

一、基本资料

第一发明人	姓名		职称		专业	
其他发明人						

续表

发明性质	○职务发明　○非职务发明
申请专利类别	○发明　○实用新型　○外观设计
专利检索结果：	
内容简介（限200字，包括国内外情况、主要发明点、技术指标、应用范围等）：	

二、可行性报告及经济社会效益分析

1 实施条件（投资额度、主要设备、厂房、人员及其他必备条件）
2 应用范围及市场预测
3 转让价格及投资回收年限
4 提供技术服务方式 ○说明书　○生产图纸　○生产工艺 ○配方　　○技术指导　○人员培训

三、审批

是否开过鉴定会、参加过展览会以及在国内外刊物上发表，或其他公开方式	
是否有实施单位		申请所需经费来源	
合作单位意见	签字（盖章）　　　　　日期：

八、专利奖励申请表

专利奖励申请表

单位（盖章）：　　　　　　　　　　　　　　　　　日期：

专利权人名称（姓名）	
营业执照及工商登记号	
身份证号码	
地址	
联系人		联系电话		传真	

续表

企业网址			公司电子邮箱	
专利名称			专利号	
专利证书号			授权公告日	
专利内容简介				
知识产权管理科核对意见		经办人（签名）：		日期：
审核意见	分管领导意见	签名：		日期：
	主管领导意见	签名：		日期：
	局长意见	签名：		日期：

九、存货盘点表

存货盘点表

仓库名称：　　　　存货类别：　　　　　　　　　　编号：

序号	名称	规格型号	单位	单价	实点数量	盘点日至会计基准日		推算会计基准日数量	会计基准日库房账面数量	会计基准日账面数量	盘盈盘亏数量	状态
						入库数量	出库数量					

仓管员/责任人：　　　　盘点人：　　　　监盘人：　　　　盘点日期：

十、存货动态表

存货动态表

_____ 仓库　　　　　　　　　　　　　　　　　　日期：

存货品名			规格		部门	
期初库存				1		
本期入库	1		本期出库	2		
	2			3		
	3			4		
	4			5		
合计			期末库存			

主管：　　　　　　　　保管员：

第十二章

担保业务内部控制

第一节　担保业务内部控制要点

担保是指企业依据《中华人民共和国担保法》和担保合同或者协议，按照公平、自愿、互利的原则向被担保人提供一定方式的担保并依法承担相应法律责任的行为，不包含担保公司的担保业务及按揭销售中涉及的担保等具有日常经营性质的担保行为。

建立健全担保内部控制制度，是规范担保行为、降低担保风险的有效途径，而在各控制关键点建立一套相互牵制、相互稽查、相互监督的内部控制体系，是企业内部控制制度的中心环节，其根本目的在于规范担保行为、防范担保风险、促进企业资金良性循环。

一、担保业务应关注的风险

（1）担保违反国家法律法规，可能遭受外部处罚、经济损失和信誉损失。
（2）担保业务未经适当审批或超越授权审批，企业可能因重大差错、舞弊、欺诈而遭受损失。
（3）担保评估不适当，企业可能因诉讼、代偿等遭受损失。
（4）担保执行监控不当，可能导致企业经营效率低下或资产遭受损失。

二、担保业务的职责分工与授权批准

企业应当建立担保业务的岗位责任制，明确相关部门和岗位的职责权限，确保办理担保业务的不相容岗位相互分离、制约和监督。

1. 担保业务不相容岗位

担保业务不相容岗位至少包括：
（1）担保业务的评估与审批。
（2）担保业务的审批与执行。
（3）担保业务的执行与核对。
（4）担保业务相关财产保管与担保业务记录。

2. 建立担保授权制度和审核批准制度

企业应明确审批人对担保业务的授权批准方式、权限、程序、责任和相关控制

措施。

3. 制定担保政策

企业应当制定担保政策，明确担保的对象、范围、方式、条件、程序、担保限额和禁止担保的事项，定期检查担保政策的执行情况及效果。

4. 制定担保业务流程

企业应当制定担保业务流程，明确担保业务的评估、审批、执行等。企业内设机构和分支机构不得对外提供担保。

5. 建立担保业务责任追究制度

企业应当建立担保业务责任追究制度，对在担保中出现重大决策失误、未履行集体审批程序或不按规定执行担保业务的部门及人员，应当严格追究责任人的责任。

三、担保业务的关键控制点和主要管控措施

1. 受理申请

受理申请是企业办理担保业务的第一道关口，其管控措施具体如下：

（1）依法制定和完善本企业的担保政策和相关管理制度，明确担保的对象、范围、方式、条件、程序、担保限额和禁止担保事项等。

（2）严格按照担保政策和相关管理制度对担保申请人提出的担保申请进行审核。例如，担保申请人是否属于可以提供担保的对象。一般而言，对于与本企业存在密切业务关系需要互保的企业、与本企业有潜在重要业务关系的企业、本企业的子公司及具有控制关系的其他企业等，可以考虑提供担保；反之，则必须十分慎重。又如，担保申请人整体实力、经营状况、信用水平的情况。如果担保申请人实力较强、经营良好、恪守信用，可以考虑接受申请；反之，则不应受理。再如，担保申请人申请资料的完备情况，如果资料完备、情况翔实，可予受理；反之，则不予受理。

2. 调查和评估

企业在受理担保申请后对担保申请人进行的资信调查和风险评估，是办理担保业务中不可或缺的重要环节，它在相当程度上影响甚至决定着担保业务的未来走向。这一环节的管控措施具体如下：

（1）委派具备胜任能力的专业人员开展调查和评估。调查评估人员与担保业务审批人员应当分离。担保申请人为企业关联方或与关联方存在经济利益或近亲属关系的有关人员不得参与调查评估。企业可以自行对担保申请人进行资信调查和风险评估，也可以委托中介机构承担这一工作，同时应加强对中介机构工作情况的监控。

（2）对担保申请人资信状况和有关情况进行全面、客观的调查评估。在调查和评估中，应当重点关注以下事项：

① 担保业务是否符合国家法律法规和本企业担保政策的要求，凡与国家法律法规和本企业担保政策相抵触的业务，一律不得提供担保。

② 担保申请人的资信状况，包括基本情况、资产质量、财务状况、经营情况、信用程度以及行业前景等。

③ 担保申请人用于担保和第三方担保的资产状况及其权利归属。

④ 企业要求担保申请人提供反担保的，还应对与反担保有关的资产状况进行评估。企业应当综合运用各种行之有效的方式方法，对担保申请人的资信状况进行调查了解，务求真实准确。例如，在对担保申请人财务状况进行调查时，要深入分析其短期偿债能力、长期偿债能力、盈利能力、资产管理能力和可持续发展能力等核心指标，从而做到胸有成竹、防患于未然。涉及对境外企业提供担保的，还应特别关注担保申请人所在国家和地区的政治、经济、法律等因素，并评估外汇政策、汇率变动等可能对担保业务造成的影响。

（3）对担保项目经营前景和盈利能力进行合理预测。企业整体的资信状况和担保项目的预期运营情况，构成判断担保申请人偿债能力的两大重要因素，应当予以重视。

（4）划定不予担保的"红线"，并结合调查评估情况作出判断，明确规定以下几类不予担保的情形：

① 担保项目不符合国家法律法规和本企业担保政策的。

② 担保申请人已进入重组、托管、兼并或破产清算程序的。

③ 担保申请人财务状况恶化、资不抵债、管理混乱、经营风险较大的。

④ 担保申请人与其他企业存在较大经济纠纷，面临法律诉讼且可能承担较大赔偿责任的。

⑤ 担保申请人与本企业发生过担保纠纷且仍未妥善解决的，或不能及时足额交纳担保费用的。

企业应当将上述几类情形作为办理担保业务的"高压线"，严格遵守、不得突破；同时，可以结合企业自身的实际情况，进一步充实、完善有关管理要求，切实防范为"带病"企业提供担保。

（5）形成书面评估报告，全面地反映调查评估情况，为担保决策提供第一手资料。企业应当规范评估报告的形式和内容，妥善保管评估报告，并将其作为日后追究有关人员担保责任的重要依据。

3. 审批

审批环节在担保业务中具有承上启下的作用，既是对调查评估结果的判断和认定，也是担保业务能否进入实际执行阶段的必经之路。这一环节的管控措施具体如下：

（1）建立和完善担保授权审批制度，明确授权批准的方式、权限、程序、责任和相关控制措施，规定各层级人员应当在授权范围内进行审批，不得超越权限审批。企业内设机构不得以企业名义对外提供担保。企业应当加大公司对外担保的管控力度，严格限制公司担保行为，避免因公司违规担保为本企业带来不利后果。

（2）建立和完善重大担保业务的集体决策审批制度。企业应当根据国家法律法规，结合企业章程和有关管理制度，明确重大担保业务的判断标准、审批权限和程序。上市公司的重大对外担保事项，应取得董事会全体成员 2/3 以上签署同意或者经股东大会批准，未经董事会或者类似权力机构批准，不得对外提供重大担保。

（3）认真审查担保申请人的调查评估报告，在充分了解掌握有关情况的基础上，权衡比较本企业净资产状况、担保限额与担保申请人提出的担保金额，确保将担保金额控制在企业设定的担保限额之内。

（4）从严办理担保变更审批。被担保人要求变更担保事项的，企业应当重新履行调查评估程序，根据新的调查评估报告重新履行审批手续。

4. 签订担保合同

担保合同是审批机构同意办理担保业务的直接体现，也是约定担保双方权利义务的基础载体。这一环节的管控措施具体如下：

（1）严格按照经审核批准的担保业务订立担保合同。合同订立经办人员应当在职责范围内，按照审批人员的批准意见拟订合同条款。

（2）认真审核合同条款，确保内容完整、表述严谨准确、相关手续齐备。在担保合同中应明确被担保人的权利、义务、违约责任等相关内容，并要求被担保人定期提供财务报告和有关资料，及时地通报担保事项的实施情况。如果担保申请人同时向多方申请担保，那么企业应当在担保合同中明确约定本企业的担保份额和相应的责任。

（3）实行担保合同会审联签。除担保业务经办部门之外，鼓励和倡导企业法律部门、财务部门、内审部门等参与担保合同会审联签，增强担保合同的合法性、规范性、完备性，有效避免权利义务约定、合同文本表述等方面的疏漏。

（4）加强对有关身份证明和印章的管理。例如，在担保合同签订过程中，依照法律规定和企业内部管理制度，往往需要提供、使用企业法定代表人的身份证明、个人印章和担保合同专用章等。因此，企业必须加强对身份证明和印章的管理，保证担保合同用章用印符合当事人真实意愿。

（5）规范担保合同记录、传递和保管，确保担保合同运转轨迹清晰完整、有据可查。

5. 日常监控

担保合同的签订，标志着企业的担保权利和担保责任进入法律意义上的实际履行阶段。企业应切实加强对担保合同执行情况的日常监控，通过及时、准确、全面地了解及掌握被担保人的经营状况、财务状况和担保项目运行情况，最大限度地实现企业的担保权益并最大限度地降低企业的担保责任。这一环节的管控措施具体如下：

（1）指定专人定期监测被担保人的经营情况和财务状况，对被担保人进行跟踪和监督，了解担保项目的执行、资金使用、贷款归还、财务运行及风险等情况，促进担保合同有效履行。企业财务部门要及时（最好是按月或者按季）收集、分析被担保人担保期内的财务报告等相关资料，持续关注被担保人的财务状况、经营成果、现金流量以及担保合同的履行情况，积极配合担保经办部门防范担保业务风险。

（2）及时地报告被担保人异常情况和重要信息。企业有关部门和人员在实施日常监控过程中如发现被担保人经营困难、债务沉重，或者存在违反担保合同的其他各种情况，应当在第一时间向企业有关管理人员报告，以便及时地采取有针对性的应对措施。

6. 会计控制

担保业务直接涉及担保财产、费用收取、财务分析、债务承担、会计处理和相关信息披露等，决定了会计控制在担保业务经办中具有举足轻重的作用。这一环节的管控措施具体如下：

（1）健全担保业务经办部门与财务部门的信息沟通机制，促进担保信息及时有效的沟通。

（2）建立担保事项台账，详细记录担保对象、金额、期限、用于抵押和质押的物品或权利，以及其他有关事项；同时，及时足额收取担保费用，维护企业担保权益。

（3）严格按照国家统一的会计准则制度进行担保会计处理，如发现被担保人出现财务状况恶化、资不抵债、破产清算等情形，应当合理确认预计负债和损失。涉及上市公司的，还应当区别不同情况依法予以公告。

（4）切实加强对反担保财产的管理，妥善保管被担保人用于反担保的权利凭证，定期核实财产的存续状况和价值，发现问题及时处理，确保反担保财产安全完整。

7. 代为清偿和权利追索

被担保人在担保期间如果顺利履行了对银行等债权人的偿债义务，且向担保企业及时足额支付了担保费用，担保合同一般应予终止，担保双方可以解除担保权利责任。但在实践中，由于各方面因素的影响，部分被担保人无法偿还到期债务，"连累"担保企业不得不按照担保合同约定承担清偿债务的责任。因此，在代为清偿后依法主张对被担保人的追赔偿权，成为担保企业降低担保损失的最后一道屏障。这一环节的管控措施具体如下：

（1）强化法制意识和责任观念，在被担保人确实无力偿付债务或履行相关合同义务时，自觉按照担保合同承担代偿义务，维护企业诚实守信的市场形象。

（2）运用法律武器向被担保人追索赔偿。在此过程中，企业担保业务经办部门、财务部门、法律部门等应当通力合作，做到在司法程序中举证有力；同时要依法处置被担保人的反担保财产，尽力减少企业经济损失。

（3）启动担保业务后评估工作，严格落实担保业务责任追究制度，对在担保中出现重大决策失误、未履行集体审批程序或不按规定管理担保业务的部门及人员，严格追究其行政责任和经济责任，并深入开展总结分析，举一反三，不断完善担保业务内控制度，严控担保风险，促进企业稳健发展。

第二节　担保业务内部控制制度

一、担保业务内部控制办法

标准文件		担保业务内部控制办法	文件编号	
版次	A/0		页次	

1. 目的

为降低担保风险，保证公司资产安全，规范公司对外担保行为，保证对外担保真实、合法，特制定本办法。

2. 适用范围

本办法适用于公司为外单位（包括为公司）提供担保行为。

3. 担保申请、审批

3.1 公司可以为具有独立法人资格和较强偿债能力且具有下列条件之一的企业提供担保：

3.1.1 公司自身。

3.1.2 具有互相担保关系的财务状况良好、银行信用资质良好的公司。

3.1.3 与公司有现实或潜在重要业务关系的企业。

3.1.4 董事会认可的其他情况。

3.2 公司不得为控股股东及本公司持股 50% 以下的其他关联方、任何非法人企业或个人提供担保；不得以公司资产为本公司的股东、股东的控股子公司、股东的附属企业或者个人债务提供担保；不得直接或间接为资产负债率超过 70% 的被担保对象提供担保。

3.3 公司在决定担保前，应当掌握申请担保人的资信状况。要求申请担保人报送的资料至少应当包括以下内容：

3.3.1 企业基本资料（包括营业执照、企业章程复印件、法定代表人身份证明、反映与本公司关联关系及其他关系的相关资料等）。

3.3.2 担保方式、期限、金额等。

3.3.3 近 3 年经审计的财务报告及还款能力分析。

3.3.4 与借款有关的主要合同的复印件。

3.3.5 申请担保人提供反担保的条件。

3.3.6 其他重要资料。

3.4 经办责任人应根据申请担保人提供的基本资料，对申请担保人的财务、经营状况和信用、信誉情况及行业前景进行调查，确认资料的真实性，报公司分管领导审核后提交董事会。

公司可在必要时聘请外部专业机构对实施对外担保的风险进行评估，以作为董事会进行决策的依据。

3.5 董事会根据有关资料，认真审查申请担保人的情况，对于有下列情形之一的或提供资料不充分的，不得为其提供担保：

3.5.1 资金投向不符合国家法律法规或国家产业政策的。

3.5.2 在最近 3 年内财务会计文件有虚假记载或提供虚假资料的。

3.5.3 公司曾为其担保，发生过银行借款逾期、拖欠利息等情况的。

3.5.4 经营状况已经恶化，信誉不良的。

3.5.5 上年度亏损或预计本年度亏损的。

3.5.6 未能落实用于反担保的有效财产的。

3.5.7 董事会认为不能提供担保的其他情形。

3.6 董事会同意担保的，应当掌握申请担保人的资信状况，对该担保事项的风险进行充分分析，并在董事会公告中进行详尽披露。董事会同意担保的，应要求申请担保人提供反担保或其他有效防范风险的措施，反担保必须与需担保的数额相对应。申请担保人设定反担保的财产为法律、法规禁止流通或者不可转让的财产的，应当拒绝担保。

3.7 公司对外担保总额不得超过最近一个会计年度净资产的 50%。

3.8 公司对外提供担保，应当经董事会全体成员 2/3 以上签署同意。

3.9 董事会就担保事项作出决议时，与该担保事项有利害关系的董事应当回避表决。

3.10 经公司董事会批准后，经办责任人拟订担保合同。担保合同要求事项完整、明确，必须符合有关法律法规。除银行出具的格式担保合同外，其他形式的担保合同需由公司法律顾问审查。

3.11 为加强担保合同的管理，公司为他人提供担保，应与被担保人约定其必须履行以下义务：

3.11.1 主合同的修改、变更须经担保人同意，并重新签订担保合同。

3.11.2 被担保人在履行债务后5个工作日内，应及时地通知担保人。

3.11.3 被担保人若不能按期履行主合同义务或发生影响履约能力的重大事项时，应在5个工作日内函告担保人。

3.11.4 被担保人应按要求定期提供财务报告，并接受担保人对其资金使用情况、经营状况、资产状况的检查监督。

3.12 担保合同审定后，由董事长对外签署担保合同。

3.13 在接受反担保抵押、反担保质押时，由公司计划财务部、法律顾问完善有关法律手续，特别要及时办理抵押或质押登记等手续。

4. 担保管理

4.1 计划财务部是担保合同的职能管理部门，负责担保事项的登记与注销。

4.2 担保合同订立后，由计划财务部指定专人对所提供的担保文件及相关资料进行确认备案，应妥善管理担保合同及相关原始资料，及时地进行清理检查，并定期与银行等相关机构进行核对，保证存档资料的完整、准确、有效，并登记备查台账，定期对担保业务进行整理归档和统计分析，并注意相应的担保时效期限。

在合同管理过程中，一旦发现未经董事会审议程序批准的异常合同，应及时地向董事会和监事会报告。

4.3 经办责任人应持续关注被担保人的情况，收集被担保人最近一期的财务资料和审计报告，定期分析其财务状况及偿债能力，关注其生产经营、资产负债、对外担保以及分立合并、法定代表人变化等情况，建立相关财务档案，定期向董事会报告。

4.4 经办责任人如发现被担保人经营状况严重恶化或发生公司解散、分立等重大事项的，应及时报告董事会。董事会有义务采取有效措施，将损失降低到最小程度。

4.5 公司所担保债务到期前，经办责任人要积极督促被担保人按约定期限履行债务。

4.6 对主债务到期且未履行完债务的，公司应按批准担保的权限，决定是否延长担保期。如必须延长担保期，应由担保直接或间接受益人提供反担保，在反担保的有关抵押或质押登记手续办理完成前，公司不予延长担保期。

4.7 公司担保的债务到期后需展期并需继续由其提供担保的，应作为新的对外担保，重新履行担保审批程序。

4.8 经办责任人应及时地跟踪、掌握被担保人及其相关情况，特别是被担保人的债务偿还情况，对可能出现的风险加以分析，并根据情况及时地报告计划财务部。

4.8.1 对于未约定保证期间的连续债权保证，经办责任人发现继续担保存在较大风险，有必要终止保证合同的，应当及时地向计划财务部报告。

4.8.2 计划财务部应根据上述情况，采取有效措施，对有可能出现的风险，提出相应处理办法报公司领导审定后提交董事会。

4.9 当出现被担保人在债务到期后15个工作日未履行还款义务，或是被担保人破产、清算、债权人主张担保人履行担保义务等情况时，公司应及时地了解被担保人债务偿还情况，并在知悉后及时地披露相关信息，准备启动反担保追偿程序。

4.10 被担保人不能履约，担保债权人对公司主张债权时，公司应立即启动反担保追偿程序，经办责任人同时向董事会秘书报告，由董事会秘书立即报公司董事会，并予以公告。

4.11 公司作为一般保证人时，在主合同纠纷未经审判或仲裁，并就债务人财产依法强制执行仍不能履行债务前，未经公司董事会同意不得对债权人拒绝承担保证责任。

4.12 公司作为保证人，同一债权有物的担保的，若债权人放弃物的担保，应当在债权人放弃权利的范围内拒绝承担保证责任。

4.13 公司作为保证人，同一债务有2个以上保证人且约定按份额承担保证责任的，应当拒绝承担超出公司约定份额外的保证责任。

4.14 人民法院受理债务人破产案件后，债权人未申报债权，经办责任人应当提请公司参加破产财产分配，预先行使追偿权。

5. 担保信息披露

5.1 公司董事会秘书是公司担保信息披露的责任人，董事会办公室负责承办有关信息的披露、保密、保存和管理工作。

5.2 公司对外提供担保，同一担保对象单项担保金额或累计金额在最近一个会计年度会计报表净资产的10%以上的，应及时披露有关信息。

5.3 公司有关部门应采取必要措施，在担保信息未依法公开披露前，将信息知情者控制在最小范围内。任何依法或非法知悉公司担保信息的人员，均负有当然的保密义务，直至该信息依法公开披露之日，否则将自行承担由此产生的法律责任。

6. 违规责任

6.1 公司对外提供担保，未严格执行担保规定，公司董事会视公司的损失、风险的大小、情节的轻重决定给予责任人相应的处分。

6.1.1 公司董事、总经理及其他管理人员未按规定程序擅自越权签订担保合同的，应当追究当事人责任。

6.1.2 责任人违反法律规定或本办法规定，无视风险擅自保证造成损失的，应承担赔偿责任。

6.1.3 责任人怠于行使其职责，给公司造成损失的，视情节轻重给予经济处罚或行政处分。

6.1.4 法律规定保证人无须承担的责任，责任人擅自承担的，给予行政处分并承担赔偿责任。

6.2 担保过程中，责任人触犯刑法的，依法追究刑事责任。

拟定		审核		审批	

二、对外担保管理制度

标准文件		对外担保管理制度	文件编号	
版次	A/0		页次	

1. 目的

为了维护投资者的合法权益，规范公司对外担保行为，有效控制公司资产运营风险，保证公司资产安全，促进公司健康稳定地发展，根据《中华人民共和国公司法》（以下简称"《公司法》"）、《中华人民共和国担保法》（以下简称"《担保法》"）、公司章程及其他相关法律法规和规范性文件的规定，特制定本制度。

2. 适用范围

本制度适用于本公司以自有资产或信誉为任何其他部门或个人提供的保证、资产抵押、质押以及其他担保事宜。具体包括借款担保、银行开立信用证和银行兑汇票担保、开具保函担保等。

3. 担保要求

3.1 本公司为子公司提供的担保视同对外担保。

3.2 公司对外担保应遵守下列基本规定：

3.2.1 遵守《公司法》《担保法》和其他相关法律、法规，并符合公司章程有关担保的规定。

3.1.2 遵循平等、自愿、公平、诚信、互利的原则，拒绝强令为他人提供担保的行为。

3.1.3 对外担保实行统一管理，公司的分支机构不得对外提供担保。未经公司批准，子公司不得对外提供担保，不得相互提供担保。

3.1.4 对外担保必须要求被担保人提供反担保等必要的防范措施，且反担保的提供方应当具有实际承担能力。

3.1.5 任何对外担保均应当取得股东大会或董事会的批准。

3.1.6 公司对外担保的内部控制应遵循合法、审慎、互利、安全的原则，严格控制担保风险。

3.2 公司董事应审慎对待和严格控制担保产生的债务风险。

4. 担保对象

4.1 公司可以为具有独立资格且具有下列条件之一的企业担保：

4.1.1 因公司业务需要的互保企业。

4.1.2 与公司有现实或潜在重要业务关系的企业。

4.1.3 公司所属全资公司、持股超过 50% 的子公司。

4.1.4 董事会认为需担保的其他主体。

4.2 以上企业必须同时具有较强偿债能力，且具有 3A 级银行信用资质，公司对以上企业提供担保，必须经董事会或股东大会审议批准，担保方式应尽量采用一般保证担保，必须落实包括但不限于资产抵押、质押或公司认可的被担保人之外的第三人提供的保证等反担保措施，对以上企业实施债务担保后，其资产负债率不超过 70%。

4.3 公司不得为任何非法人企业或者个人提供担保。

5. 对外担保申请的受理与调查

5.1 公司在决定担保前，应首先掌握被担保人的资信状况，对该提保事项的收益和风险进行充分的分析。公司应调查被担保人的经营和信誉情况。董事会应认真审议分析被担保方的财务状况、营运状况、行业前景和信用情况，审慎依法作出决定。公司可在必要时聘请外部专业机构对实施对外担保的风险进行评估，以作为董事会或股东大会的决策依据。

申请担保人需在签署担保合同之前向公司有关部门提交担保申请书，说明需担保的债务状况、对应的业务或项目、风险评估与防范，并提供以下资料：

5.1.1 企业基本资料（包括企业名称、注册地址、法定代表人、关联关系、其他关系）。

5.1.2 与借款有关的主要合同及与主合同相关的资料。

5.1.3 反担保方案和基本资料。

5.1.4 担保方式、期限、金额等。

5.1.5 近期经审计的财务报告、还款资金来源及计划、还款能力分析。

5.1.6 在主要开户银行有无不良贷款记录。

5.1.7 不存在重大诉讼、仲裁或行政处罚的说明。

5.1.8 公司认为需要的其他重要资料。

5.2 被担保对象同时具备以下资信条件的，公司方可为其提供担保：

5.2.1 为依法设立并有效存续的独立企业法人，且不存在需要终止的情形。

5.2.2 为公司持股 50% 以上的控股子公司或公司的互保企业或与公司有重要业务关系的企业。

5.2.3 近 3 年连续盈利。

5.2.4 产权关系明确。

5.2.5 如公司曾为其提供担保，没有发生被债权人要求承担担保责任的情形。

5.2.6 提供的财务资料真实、完整、有效。

5.2.7 提供公司认可的反担保，且该反担保的提供方应当具有实际承担能力。

5.2.8 没有其他法律风险。

5.3 公司有关部门应根据申请担保人提供的基本资料，对申请担保人的财务状况、行业前景、经营状况和信用、信誉情况进行调查，确定资料是否真实，核查结果应当以书面形式提交财务部。财务部应审慎核查担保资料与主合同的真实性与有效性、未决及潜在的诉讼，防止被担保对象采取欺诈手段骗取公司担保，降低潜在的担保风险。

5.4 公司财务部直接受理被担保人的担保申请或报其他部门转报的担保申请后，应当及时地对被担保人的资信进行调查或复审，拟定调查报告，进行风险评估并提出担保是否可行意见。

5.5 公司主管财务工作的负责人负责日常担保事项的审核。

5.6 公司独立董事应在董事会审议对外担保事项时发表独立意见，必要时可聘请会计师事务所对公司累计和当期对外担保情况进行核查。如发现异常，应及时向董事会和监管部门报告并公告。

6. 担保审查与决议权限

6.1 对外担保事项经公司主管财务工作的负责人审核后由公司财务部递交董事会办公室以提醒董事会审议决定。财务部同时应当向董事会提交被担保人资信状况的调查报告，包括被担保人提供的资料以及公司其他承办担保事项部门的核查结果。

董事会应当结合公司上述调查报告与核查结果对被担保人的财务状况、发展前景、经营状况及资信状况进行进一步审查，对该担保事项的利益和风险进行充分的分析。董事会认为需要提供其他补充资料时，公司财务部应当及时地补充。

6.2 董事会根据有关资料，认真审查担保人的情况。对于有以下情形之一的，不得为其提供担保：

6.2.1 不符合国家法律法规或国家产业政策的。

6.2.2 不符合本办法规定的。

6.2.3 产权不明，转制尚未完成或成立不符合国家法律法规或国家产业政策的。

6.2.4 提供虚假的财务报表和其他资料。

6.2.5 公司前次为其担保，发生过银行借款逾期、拖欠利息等情况的。

6.2.6 上年度亏损或上年度盈利甚少或本年度预计亏损的。

6.2.7 经营状况已经恶化、商业信誉不良的企业。

6.2.8 未能落实用于反担保的有效财产的。

6.2.9 董事会认为不能提供担保的其他情形。

6.3 公司下列对外担保行为，须经股东大会审议通过：

6.3.1 本公司及本公司控股子公司的对外担保总额，达到或超过最近一期经审计净资产的 50% 以后提供的任何担保。

6.3.2 公司的对外担保总额，达到或超过最近一期经审计总资产的 30% 以后提供的任何担保。

6.3.3 为资产负债率超过 70% 的担保对象提供的担保。

6.3.4 单笔担保额超过最近一期经审计净资产的 10% 的担保。

6.3.5 连续 1 年内担保金额超过公司最近一期经审计净资产的 50% 且绝对金额超过 ×× 万元。

6.3.6 对股东、实际控制人及其关联方提供的担保。

上述担保事项由董事会审议后提出预案，提交公司股东大会批准；其他对外担保事宜应当由出席董事会会议的三分之二以上董事同意并经三分之二以上独立董事同意方可对外担保。

6.4 股东大会或者董事会对担保事项做出决议，与该担保事项有利害关系的股东或者董事应当回避表决。

7. 担保合同

7.1 对外担保事项经董事会或股东大会批准后，必须订立书面担保合同。

7.2 担保合同必须符合有关法律法规，约定事项明确。对担保合同中的下列条款应当予以明确：

7.2.1 被担保的主债权的种类、金额。

7.2.2 债权人履行的期限。

7.2.3 担保的方式。

7.2.4 保证的期间。

7.2.5 保证担保的范围。

7.2.6 各方的权利、义务和违约责任。

7.2.7 双方认为需要约定的其他事项。

7.3 董事会办公室必须对担保合同的合法性和完整性进行审核，重大担保合同的订立应征询法律顾问或专家的意见，必要时由公司聘请的律师事务所审阅或出具法律意见书。对于强制性条款或明显不利于公司利益的条款以及可能存在无法预料风险的条款，应当要求对方修改或拒绝为其提供担保。

7.4 合同订立前应当由财务部落实反担保措施，董事会办公室检查落实情况。

7.5 公司董事长或其授权代表根据董事会或股东大会的决议代表公司签署担保公司。未经公司股东大会或者董事会决议通过，董事、经理以及公司的分支机构不得擅自代表公司签订担保合同，责任企业不得越权签订担保合同，也不得在主合同中以保证人的身份签字或盖章。

7.6 被担保人提供的反担保，一般不低于公司为其提供担保的数额。被担保人设定反担保的财产为法律、法规禁止流通或不可转让的财产的，公司应当拒绝提供担保。

7.7 签订互保协议时，责任企业应及时地要求对方如实提供有关财务报告和其他能反映偿债能力的资料。互保应当实行等额原则，超出部分应要求对方提供相应的反担保。

7.8 公司接收抵押、质押形式的反担保时，由公司财务部会同董事会办公室完善有关法律手续，及时地办理登记。

7.9 法律规定必须办理担保登记的，公司财务部必须到有关登记机关办理担保登记；无需登记即可生效的担保合同是否登记，由财务部请示董事长意见办理。

7.10 签订互保协议时，应当实行等额原则，超出部分应要求对方提供相应的反担保。

8. 对外担保的日常管理与风险管理

8.1 担保管理机构。

8.1.1 公司财务部为对外担保的职能管理部门，根据分级授权和条线管理的原则，各部门管理范围内的被担保对象担保申请的受理、资信调查、担保风险等事项均由各部门负责初审与管理，并形成正式材料上报财务部复审。公司直接受理的对外担保事项由财务部负责受理、审查与管理。公司财务部负责组织履行董事会或股东大会的审批程序和对外担保额度的总量监控。

8.1.2 董事会办公室为对外担保监管部门，负责有关文件的法律审查、核查反担保措施的落实、履行担保责任后的追偿、追究违反本办法的部门或人员的责任。

8.2 对外担保合同订立后，公司财务部应及时地通报监事会和董事会秘书，并向董事会办公室备案。

8.3 公司应妥善管理担保合同及相关原始资料，及时地进行清理检查，并定期与银行等相关机构进行核对，保证存档资料的完整、准确、有效，关注担保的时效、期限。在合同管理过程中，一旦发现未经董事会或股东大会审议程序批准的异常合同，应及时地向董事会、监事会报告。

8.4 公司应指派专人持续关注被担保人的情况，收集被担保人最近一期的财务资料和审计报告，定期分析其财务状况及偿债能力，关注其生产经营、资产负债、对外担保以及分立合并、法定代表人变化等情况，建立相关财务档案，定期向董事会报告。

8.5 如发现被担保人经营状况严重恶化或发生公司解散、分立等重大事项的，有关责任人应及时报告董事会。董事会应采取有效措施，将损失降低到最小程度。

8.6 对外担保的债务到期后，公司应督促被担保人在限定时间内履行偿债义务。若被担保人未能按时履行义务，公司应及时地采取必要的补救措施。当出现被担保人债务到期后 15 个工作日内未履行还款义务，或是被担保人破产、清算、债权人主张担保人履行担保义务等情况时，公司有义务及时地了解被担保人的债务偿还情况，并在知悉后及时地披露相关信息。上市公司担保的债务到期后需展期并需继续由其提供担保的，应作为新的对外担保事项，重新履行担保审批程序和信息披露义务。

8.7 公司如需履行担保责任必须经董事会办公室审核并报董事会批准，在向债权人履行了担保责任后办公室应当立即启动反担保追偿等有效措施追偿。

8.8 债权人将债权转让给第三人的，除合同另有约定外，公司应当拒绝对增加义务承担担保责任。

8.9 公司作为一般保证人时，在主合同纠纷未经审判或仲裁，并就债务人财产依法强制执行仍不能履行债务前，公司不得对债务人先行承担保证责任。

8.10 人民法院受理债务人破产案件后，债权人未申报债权的，责任人应当提请公司参加破产财产分配，预先行使追偿权。

8.11 保证合同中保证人为 2 人以上的且与债权人约定按份额承担责任的，公司应当拒绝承担超过公司份额外的保证责任。

8.12 公司在收购和对方投资等资本运作过程中，应对被收购方的对外担保情况进行审查，作为董事会决议的重要依据。

8.13 公司为债务人履行担保义务时，责任企业应当采取有效措施向债务人追偿，并将追偿情况进行及时披露。

9. 法律责任

9.1 公司董事、总经理及其他高级管理人员、相关部门及人员违反法律法规或本办法规定，擅自担保或怠于行使其职责，给公司造成损失的，依法承担责任或由公司视情节轻重给予处理。

9.2 公司董事、总经理及其他高级管理人员未按本办法规定程序擅自越权签订担保合同的，应当追究当事人责任。

9.3 责任人违反法律规定或本办法规定，无视风险擅自对外担保造成损失的，应承担赔偿责任。

9.4 责任人怠于行使其职责，给公司造成损失的，视情节轻重给予经济处罚或行政处分。

9.5 责任人未经公司董事会同意承担保证责任就擅自承担的，应承担赔偿责任并给予相应的行政处罚。

9.6 担保过程中，责任人违反刑法规定的，依法追究刑事责任。

10. 附则

10.1 本制度由公司董事会负责解释和修订。

10.2 本制度由董事会制定，自公司股东大会通过之日起生效，本制度未尽事宜，按有关法律、法规和公司章程的规定执行。

拟定		审核		审批	

第三节　担保业务内部控制表格

一、委托担保申请书

委托担保申请书

××有限公司：
　　我方按照贵公司《融资担保业务流程》有关规定，根据本公司实际情况，对本次申请委托担保的理由、贷款金融机构和资金额度、期限、用途及还款来源等做如下陈述：

续表

本公司在此郑重承诺：①所提供的资料真实、合法、有效，并愿意为所提供资料的真实性承担一切法律责任和后果；②如需补充其他资料，本公司将尽力给予方便和协助；③无论贵公司决策结果是否同意为我公司提供担保，所提供的所有资料除特别申明外，一律留存贵公司存档，不必退回。 申请公司全称：(盖章) 法定代表人（签字）：

二、申保企业基本情况表

申保企业基本情况表

金额单位：万元

法定代表人		婚否		手机号码	
财务负责人		专／兼职		手机号码	
成立日期		主营业务开始日期		在册员工人数：___ 人	
实收资本		其中：货币资本：_____；实物资本：_____			
股东结构	股东A：			出资额	
	股东B：			出资额	
	股东C：			出资额	
	股东D：			出资额	
开户银行及账号	开户银行				账号
主要管理人员基本情况	法人代表	姓名：　　　　年龄：　　　　性别：　　　　学历： 主要简历：			
	总经理	姓名：　　　　年龄：　　　　性别：　　　　学历： 主要简历：			
	财务负责人	姓名：　　　　年龄：　　　　性别：　　　　学历： 主要简历：			
关联企业情况：					

续表

	主要资产	金额	负债及权益	金额
年月资产负债及损益指标	货币资金		短期借款	
	应收账款		应付账款	
	其他应收款		其他应付款	
	存货		长期负债	
	固定资产（含在建工程）		负债合计	
	无形及递延资产		实收资本	
	其他资产		未分配利润	
	资产总计		负债及所有者权益总计	
	营业收入		管理及营业费用	
	营业成本		财务费用	
	实际缴税额		净利润	
	纳税种类及方式			

	金额	账龄（月）	预计收回时间	付款公司名称
大额应收账款				

	名称	规格型号	金额	存放地	备注
存货					

	供应商名称	供应产品名称	年供应额	结算方式
主要供应商及销售商				
	销售商名称	销售产品名称	年销售额	结算方式

续表

企业主营业务或主要产品介绍及市场相对竞争优势：
公司未来发展战略（含新项目）：
反担保措施：

三、对外担保明细表

对外担保明细表

编制部门：　　　　　　　　　　　　　　　　　　　　　　　日期：

序号	担保企业	被担保企业	担保金额	币种	担保起始时间	批准单位、文件	备注
1							
2							
3							
4							
5							
6							
7							
8							
9							

批准：　　　　　　　　　审核：　　　　　　　　　制表：

第十三章

业务外包内部控制

第一节　业务外包内部控制要点

所谓的业务外包，是指企业利用专业化分工优势，将日常经营中的部分业务委托给本企业以外的专业服务机构或经济组织（以下简称"承包方"）完成的经营行为，通常包括研发、资信调查、可行性研究、委托加工、物业管理、客户服务和IT服务等。

一、业务外包应关注的风险

企业的业务外包至少应当关注下列风险：
（1）外包范围确定不合理、承包方选择不当，可能导致企业遭受损失。
（2）外包业务监控不严、服务质量低劣，可能导致企业难以发挥业务外包的优势。
（3）业务外包存在商业贿赂等舞弊行为，可能导致企业相关人员涉案。

二、业务外包的管控措施

1. 制订业务外包实施方案

制订业务外包实施方案是指企业根据年度生产经营计划和业务外包管理制度，结合确定的业务外包范围制订实施方案。该环节的管控措施具体如下：

（1）建立和完善业务外包管理制度，根据各类业务与核心主业的关联度、对外包业务的控制程度以及外部市场成熟度等标准，合理确定业务外包的范围，并根据是否对企业生产经营有重大影响对外包业务实施分类管理，以突出管控重点，同时明确规定业务外包的方式、条件、程序和实施要点等相关内容。

（2）严格按照业务外包管理制度规定的业务外包范围、方式、条件、程序和实施要点等内容制订实施方案，避免将核心业务外包，同时确保方案的完整性。

（3）根据企业年度预算以及生产经营计划，对实施方案的重要内容进行深入评估以及复核，包括承包方的选择方案、外包业务的成本效益及风险、外包合同期限、外包方式、员工培训计划等，确保方案的可行性。

（4）认真听取外部专业人员对业务外包的意见，并根据其合理化建议完善实施方案。

2. 审核批准

审核批准是指企业应当按照规定的权限和程序审核批准业务外包实施方案。该环节的管控措施具体如下：

（1）建立和完善业务外包审核批准制度。明确授权批准的方式、权限、程序、责任和相关控制措施，规定各层级人员应当在授权范围内进行审批，不得超越权限审批。同时加大对分公司重大业务外包的管控力度，避免因分公司越权业务外包给企业带来不利后果。

（2）在对业务外包实施方案进行审查和评价时，应当着重对比分析该业务项目在自营与外包情况下的风险和收益，确定外包的合理性和可行性。

（3）总会计师或企业分管会计工作的负责人应当参与重大业务外包的决策，对业务外包的经济效益作出合理评价。

（4）对于重大业务外包方案，应当提交董事会或类似权力机构审批。

3. 选择承包方

选择承包方是指企业要按照批准的业务外包实施方案选择承包方。该环节的管控措施具体如下：

（1）充分调查候选承包方的合法性，即是否为依法成立、合法经营的专业服务机构或经济组织，是否具有相应的经营范围和固定的办公场所。

（2）调查候选承包方的专业资质、技术实力及其从业人员的履历和专业技能。

（3）考察候选承包方从事类似项目的成功案例、业界评价和口碑。

（4）综合考虑企业内外部因素，对业务外包的人工成本、营销成本、业务收入、人力资源等指标进行测算分析，合理确定外包价格，严格控制业务外包成本。

（5）引入竞争机制，按照有关法律法规，遵循公开、公平、公正的原则，采用招标方式等择优选择承包方。

（6）按照规定的程序和权限在候选承包方中作出选择，并建立严格的回避制度和监督处罚制度，避免相关人员在选择承包方的过程中出现受贿和舞弊行为。

4. 签订业务外包合同

确定承包方后，企业应当及时与选定的承包方签订业务外包合同，约定业务外包的内容和范围、双方权利和义务、服务和质量标准、保密事项、费用结算标准和违约责任等事项。该环节的管控措施具体如下：

（1）在订立外包合同前，企业应充分地考虑业务外包方案中识别出的重要风险因素，并通过合同条款予以有效规避或降低。

（2）在合同规定的内容和范围方面，注明承包方提供的服务类型、数量、成本，以及明确界定服务的环节、作业方式、作业时间、服务费用等细节。

（3）在合同规定的服务和质量标准方面，规定承包方最低的服务水平以及未能满足标准实施的补救措施。

（4）在合同规定的权利和义务方面，明确企业有权督促承包方改进服务流程和方法，承包方有责任按照合同协议规定的方式和频率，将外包实施的进度和现状告知企业，并对存在的问题进行有效沟通。

（5）在合同的保密事项方面，应具体约定对于涉及本企业机密的业务和事项，承包方有责任履行保密义务。

（6）在费用结算标准方面，综合考虑内外部因素，合理确定外包价格，严格控制业务外包成本。

（7）在违约责任方面，制定既具原则性又体现一定灵活性的合同条款，以适应环境、技术和企业自身业务的变化。

5. 组织实施业务外包

组织实施业务外包是指企业严格按照业务外包制度、工作流程和相关要求，组织业务外包过程中人、财、物等方面的资源分配，建立与承包方的合作机制。该环节的管控措施具体如下：

（1）按照业务外包制度、工作流程和相关要求，制订业务外包实施全过程的管控措施，包括落实与承包方之间的资产管理、信息资料管理、人力资源管理、安全保密管理等机制，确保承包方在履行外包业务合同时有章可循。

（2）做好与承包方的对接工作，通过培训等方式确保承包方充分了解企业的工作流程和质量要求，从价值链的起点开始控制业务质量。

（3）与承包方建立并保持畅通的沟通协调机制，以便及时发现并有效解决业务外包过程中存在的问题。

（4）梳理有关工作流程，提出每个环节上的岗位职责分工、运营模式、管理机制、质量水平等方面的要求，并建立对应的即时监控机制，及时地检查、收集和反馈业务外包实施过程的相关信息。

6. 业务外包过程管理

根据业务外包合同的约定，承包方会采取在特定时点向企业一次性交付产品或在一定期间内持续提供服务的方式交付业务外包成果。由于承包方交付成果的方式不同，业务外包过程也有所不同，前者的业务外包过程是指承包方对产品的设计制造过程，后者的业务外包过程是指承包方持续提供服务的整个过程。该环节的管控措施具体如下：

（1）在承包方提供服务或制造产品的过程中，密切关注重大业务外包承包方的履约能力，采取承包方动态管理方式，对承包方开展日常绩效评价和定期考核。

（2）对承包方的履约能力进行持续评估，包括承包方对该项目的投入是否能够支持其产品或服务质量达到企业预期目标，承包方自身的财务状况、生产能力、技术创新能力等综合能力是否满足该项目的要求。

（3）建立即时监控机制，一旦发现偏离合同目标等情况，应及时要求承包方调整改进。

（4）对重大业务外包的各种意外情况做出充分预计，建立相应的应急机制，制订临时替代方案，避免业务外包失败造成企业生产经营活动中断。

（5）有确凿证据表明承包方存在重大违约行为，并导致业务外包合同无法履行的，应当及时终止合同，并指定有关部门按照法律程序向承包方索赔。

（6）切实加强对业务外包过程中形成的商业信息资料的管理。

7. 验收

在业务外包合同执行完成后需要验收的，企业应当组织相关部门或人员对完成的业务外包合同进行验收。该环节的管控措施具体如下：

（1）根据承包方业务外包成果交付方式的特点，制定不同的验收方式。一般而言，可以对最终产品或服务进行一次性验收，也可以在整个外包过程中分阶段验收。

（2）根据业务外包合同的约定，结合在日常绩效评价基础上对外包业务质量是否达到预期目标进行基本评价，确定验收标准。

（3）组织有关职能部门、财务部门、质量控制部门等相关人员严格按照验收标准对承包方交付的产品或服务进行审查和全面测试，确保产品或服务符合需求，并出具验收证明。

（4）验收过程中发现异常情况的，应当立即报告，查明原因，视问题的严重性与承包方协商采取恰当的补救措施，并依法索赔。

（5）根据验收结果对业务外包是否达到预期目标作出总体评价，据此对业务外包管理制度和流程进行改进和优化。

8. 会计控制

会计控制是指企业根据国家统一的会计准则制度，加强对外包业务的核算与监督，并做好外包费用结算工作。该环节的管控措施具体如下：

（1）企业财务部门应当根据国家统一的会计准则制度，对业务外包过程中交由承包方使用的资产、涉及资产负债变动的事项以及外包合同诉讼等加强核算与监督。

（2）根据企业会计准则制度的规定，结合外包业务特点和企业管理机制，建立完善外包成本的会计核算方法，进行有关会计处理，并在财务报告中进行必要、充分的披露。

（3）在向承包方结算费用时，应当依据验收证明，严格按照合同约定的结算条件、方式和标准办理支付。

第二节 业务外包风险与内部控制制度

一、业务外包内部控制制度

标准文件		业务外包内部控制制度	文件编号	
版次	A/0		页次	

1. 目的

为使公司外包业务流程顺畅合理，规范参与业务外包人员的行为，确保业务外包期间公司资产安全，维护公司利益，实现业务外包的战略目标，提高资源利用率，特制定本制度。

2. 适用范围

本制度适用于本公司及全资、控股子公司所有业务外包活动的管理。常见的业务外包包括研发、资信调查、可行性研究、委托加工、物业管理、客户服务、IT 服务等。

2. 岗位职责

3.1 董事会及审计委员会：审议、审批重大或核心业务外包项目计划书；确定外包业务的归口管理部门。

3.2 董事长、总经理：审批外包业务流程管理制度，审议非核心业务或涉及金额较少的外包项目计划书，审定最终的承包方，审议、批准外包合同书，审批外包业务付费款项，审议因承包方提供附加产品而产生的额外付费。

3.3 主管财务负责人：审核外包业务固定资产、流动资产、存货各项制度，审批盘盈盘亏的资产、存货，审批资产、存货的会计处理结果。

3.4 法律顾问：审核外包的法律性协议或合同文件，参与外包业务的谈判，解释协议或合同条款，处理相关法律事务。

3.5 归口管理部门：拟定外包业务流程管理制度；跟踪监督外包业务流程管理制度的执行情况；编制外包项目计划书；根据承包方资质标准及遴选办法，审核承包方资质并进行初步遴选；初步接洽，订立外包合同协议；培训涉及业务外包流程的员工；定期检查和评价外包业务进展情况；提出外包业务的初步检验结果，参与项目的正式验收；确认承包方最终提供的产品（服务）的差异，提出改进意见或建议；协调处理与承包方之间，以及各承包商之间的争议；申请外包业务正常及额外付费款项。

3.6 财务部等职能部门：组织编制外包业务固定资产、流动资产、存货各项制度，并进行审核；审查外包业务承包方对公司固定资产、流动资产、存货的使用情况；定期对承包方库存存货进行检查；组织开展资产、存货的盘点工作；根据成本收益情况，评估业务外包项目计划；进行外包业务相关的会计处理；审核外包业务付费款项；确认业务外包中的退款及折扣金额。

4. 外包业务流程

4.1 制定外包战略。

4.1.1 在决定是否将业务项目外包时，应考虑以下几个方面的因素：

（1）此项业务是否是利用公司没有的设备、生产系统、专业人员及专门技术。

（2）此项业务外包可以降低成本。

（3）此项业务外包能够产生比自己运作更多的利益。

4.1.2 准确把握公司核心竞争力与盈利环节，避免将公司核心业务外包。

4.2 编制外包项目计划书。

公司在确定业务外包内容后，指定与该项业务相关的职能部门编制计划书。计划书主要包括以下内容：

4.2.1 业务外包的背景，如公司外部环境要求及公司中长期发展战略。

4.2.2 业务外包内容，将部分还是全部业务职能交由承包商提供。

4.2.3 业务外包的具体实施程序。

4.2.4 业务外包的主要风险和预期收益。

4.2.5 其他相关内容。

4.3 外包项目计划书通过审批后，成立外包业务归口管理部门，由业务部门负责人、有关咨询专家、法律及财会专业人员等组成。

4.4 业务归口管理部门负责业务外包项目的具体实施，确保业务外包流程的顺利实现。

4.5 按照《业务外包承包方管理制度》选择承包方。

4.6 业务归口管理部门组织有关人员和承包方就《外包项目合同》的主要条款进行谈判，达成共识，由合同双方代表签署《外包项目合同》。

4.7 业务归口管理部门负责培训涉及外包业务流程的员工，确保员工正确理解和掌握业务外包项目相关政策制度。

4.8 业务归口管理部门根据合同约定，为承包方提供必要协作条件，并指定专人定期检查和评估项目进展情况。

4.9 项目结束或合同到期时，业务归口管理部门负责组织相关人员对外包业务产品（服务）进行验收。如承包方最终提供的产品（服务）与合同约定不一致，须及时告知承包方进行调整。

4.10 与承包方就最终产品（服务）达成一致后，由承包方提交费用支付申请，业务归口管理部门对申请书进行审核，审核通过后，开具付款证书，按照公司规定程序审批，支付承包方费用。

4.11 对于因承包方原因导致外包合同未完整履行的，归口管理部门负责向承包方索赔。

4.11.1 指定专人对承包方认可的赔偿事项进行跟踪、报告，及时收回相关款项并追究责任人责任。

4.11.2 采用法律手段解决长期未决赔款。

4.11.3 若终止对承包方的索赔，则由归口管理部门提出申请，详细说明终止索赔理由，报公司总经理以上级别管理层审批后执行并备案。

5. 外包合同管理

5.1 订立外包合同应遵循自愿平等、互利有偿和诚实守信的原则，不得有损公司的利益和形象。

5.2 业务外包合同内容涉及国家安全或重大利益需要保密的，按相关规定办理，并与承包方签订《外包项目保密协议书》。

5.3 按照《合同管理制度》《合同管理实施办法》办理审批后签订。

5.4 合同文本要规范，根据外包业务的性质，按公司的相关规定格式填写，内容要翔实，必要时要补充保密协议书附件、技术协议书附件、外包项目咨询合同书附件。

5.5 公司应当在外包合同中具体约定下列事项：

5.5.1 对于涉及公司机密的业务和事项，承包方有责任履行保密义务。除合同约定的保密事项外，公司应当根据业务外包项目实施情况和外界环境的变化，不断更新、修正保密条款，必要时可与承包方补签保密协议。

5.5.2 公司有权获得和评估业务外包项目的实施情况和效果，获得具体的数据和信息，督促承包方改进服务流程和方法。

5.5.3 承包方有责任按照合同规定的方式和频度，将外包实施的进度和现状告知公司，并对存在的问题进行有效沟通。

5.6 公司所有业务外包合同均要由印章管理部门统一编号，便于业务外包合同的管理。

5.7 合同档案管理人员专门保管业务外包合同协议、与业务外包合同有关的主合同（如保密合同、技术协议、咨询合同等）。

5.8 子公司外包金额超过××万元应报公司审批后实施；外包金额不足××万元的由各公司根据其审批权限审批后执行，并报公司备案。

6. 外包合同经费管理及执行

6.1 外包合同经费根据项目进展情况，按合同规定分阶段外拨，如需全额拨出需提出充分、正当的理由。经费外拨时，归口管理部门应填写"外包合同经费拨转申请表"。

6.2 合同生效后，归口管理部门应指定专人对外包业务进行定期或阶段性检查，检查内容包括经费的使用情况、业务进度情况及存在的问题。

6.3 对于问题较大的外包合同应终止执行，并追究当事人的责任。

6.4 合同专用章的使用报告按照《印章管理制度》的规定执行。

7. 业务外包流程中资产的管理

7.1 固定资产管理。

7.1.1 对于公司所有的固定资产，如因业务需要交由承包方使用的，要求承包方按照本公司《固定资产管理制度》使用和管理。

7.1.2 固定资产管理部门指定专人定期检查承包方使用和管理固定资产的情况。

7.1.3 交由承包方使用但所有权归公司的资产，只能用于外包业务活动。未经公司总经理同意，擅自将固定资产挪作他用的承包方，相关部门应对其采取警告直至解除合同的措施。

7.2 流动资产管理。

7.2.1 业务外包过程中形成的原材料、产成品等流动资产，业务归口管理部门可要求承包方遵循公司制定的相关管理政策，如防火、防盗、防未经授权接触和未经批准转移等。

7.2.2 对承包方责任造成的流动资产损失，公司有义务责成承包方赔偿。

7.2.3 业务外包过程中形成的商业信息材料等，业务归口管理部门按照合同中约定的保密条款对承包方的保密工作进行监督。

7.3 存货管理。

7.3.1 对于因业务外包需要由承包方购进的存货，存货订单应经我方相关授权领导审核批准，而存货的数量、质量检查由承包方负责办理；存货管理部门按公司存货管理规章制度准确、及时地在存货系统中予以记录和反映。

7.3.2 对于因业务外包需要由公司销售给承包方的存货，承包方只能将其用于外包项目，不得另作他用。存货管理部门负责监督。

7.3.3 存货管理部门负责定期组织相关部门（如资产管理部、财务部等）及相关人员对承包方的存货进行盘点（每月×次）。而对于盘盈盘亏的存货，应经公司财务负责人审批后，方可交会计人员进行会计处理。

7.3.4 对于所有权归公司的、在承包方储存的存货，存货管理部门负责监督、检查承包方是否按公司存货库存管理制度中的要求进行管理；对于检查中发现的次品、损坏品或过期存货，应当及时予以确认、分离。

7.3.5 存货管理部门负责指定专人跟踪、调查外包业务中涉及的所有存货的一切变动，查明原因，报财务负责人审核后处理。对于承包方无合理原因过度使用存货，造成公司成本上升，存货管理部门或相关人员有权代表公司要求承包方补偿。

8. 外包业务流程中断防范措施

8.1 业务归口管理部门采取承包方竞争机制，选择多家企业作为业务承包方和备选承包方，以降低一方服务失败或单方中止合同可能给公司带来的损失。

8.2 业务归口管理部门应密切关注重大业务外包承包方的履约能力，采取承包方动态管理方式，对承包方开展日常绩效评价和定期考核。

定期对所有重要承包方的履约能力进行持续评估，形成业务可持续能力评估报告，交由公司总经理及以上级别管理层审阅。

评估的内容包括：承包方对该项目的投入是否能够支持其产品或服务质量达到企业预期目标；承包方自身的财务状况、生产能力、技术创新能力等综合能力是否满足该项目的要求等。

8.3 对重大业务外包的各种意外情况做出充分预计，建立应急机制，制定临时替代方案，避免因业务外包失败造成企业生产经营活动中断。

8.4 根据业务可持续能力评估报告，业务归口管理部门负责及时将不再具备继续履约能力的承包方的情况和需要替换承包方的名单呈报公司管理层核准，避免因外包业务失败造成公司商业活动的中断。

9. 业务外包的验收

9.1 根据外包业务的性质采取对最终产品或服务的一次性验收，或在整个外包过程中分阶段验收。

9.2 业务归口管理部门根据业务外包合同的约定，结合在日常绩效评价基础上对外包业务质量是否达到预期目标的基本评价，确定验收标准，并报公司管理层批准后执行。

9.3 组织有关职能部门、财会部门、质量控制部门等的相关人员，严格按照验收标准对承包方交付的产品或服务进行审查和全面测试，确保产品或服务符合需求，并出具验收证明。

9.4 验收过程中发现异常情况的，业务归口管理部门应当立即报告，查明原因，视问题的严重性与承包方协商采取恰当的补救措施，并依法索赔。

9.5 根据验收结果对业务外包是否达到预期目标作出总体评价，据此对业务外包管理制度和流程进行改进和优化。

| 拟定 | | 审核 | | 审批 | |

二、业务外包流程管理规范

标准文件		业务外包流程管理规范	文件编号	
版次	A/0		页次	

1. 目的

为加强公司业务外包管理，规范业务外包行为，防范业务外包风险，根据有关法律法规和企业内部控制相关要求，特制定本制度。

2. 适用范围

适用于公司及各子公司将日常经营中的部分业务委托给公司以外的专业服务机构或经济组织（以下简称"承包方"）完成的经营行为，通常包括研发、资信调查、管理咨询、可行性研究、委托加工、IT服务等业务的外包管理。

3. 相关角色和职责

3.1 归口管理

××部门是业务外包管理的归口管理部门。

3.2 ××部门岗位人员

负责××业务（研发、资信调查、管理咨询、可行性研究、委托加工、IT服务）等的管理。

3.3 ××部门负责人

（1）统筹计划、安排本部门业务外包工作，与相关职能部门沟通协调等。

（2）对业务外包过程进行指导、监督和总体控制；。

（3）定期对业务外包的合理性、合同执行、绩效以及对承包方管理等情况进行分析，及时上报主管领导。

4. 管理要求

4.1 业务外包方案管理

4.1.1 业务外包范围和方式。

（1）与主业核心能力关联度低、可控度高、外部市场化程度高的业务，适合业务外包。

（2）与主业核心能力关联度低，但可控度和外部市场化程度低的业务，具备手段或能力对其外包后的质量、信息安全或成本进行有效监控的业务，可以实施业务外包。

（3）与主业核心能力关联紧密的业务，不得进行外包。

外包方式包括整体外包和部分外包。确定业务外包时要考虑业务运营具体特点、外包市场成熟程度、管控水平等综合因素。

公司业务外包包括：研发、资信调查、管理咨询、可行性研究、委托加工、IT 服务等。

4.1.2 业务外包实施方案的制订。

（1）公司应当根据各类业务与核心主业的关联度、对外包业务的控制程度以及外部市场成熟度等标准，合理确定业务外包的范围，并根据是否对企业生产经营有重大影响对外包业务实施分类管理，以突出管控重点，同时明确规定业务外包的方式、条件、程序和实施等相关内容。

（2）公司应根据企业年度预算以及生产经营计划，对实施方案的重要方面进行深入评估以及复核，包括承包方的选择方案、外包业务的成本效益及风险、外包合同期限、外包方式、员工培训计划等，确保方案的可行性。业务外包方案包括但不限于：业务外包范围、方式、条件、程序和实施等，应避免将核心业务外包，同时确保方案的完整性。

（3）公司对重大的业务外包项目应组织可行性分析，必要时可征询外部专家的意见，并根据其合理化建议完善实施方案。

4.1.3 业务外包实施方案的审批。

（1）公司应建立和完善业务外包的审核批准制度。明确授权批准的方式、权限、程序、责任和相关控制措施，规定各层级人员应当在授权范围内进行审批，不得超越权限审批。

（2）公司相关业务部门在对业务外包实施方案进行审查和评价时，应当着重对比分析该业务项目在自营与外包情况下的风险和收益，确定外包的合理性和可行性。

（3）重大业务外包项目应当由主管财务的集团副总裁 / 财务总监参与决策，对业务外包的经济效益做出合理评价。重大业务外包方案应当提交董事会或类似权力机构审批。

4.2 承包方的选择

4.2.1 承包方准入机制的建立：公司应建立严格的承包方准入机制，并指定专人负责承包方名录的日常维护和定期更新，同时对列入名录的承包方进行考量和评定，评定结果由相关业务部门负责人审核后报公司主管领导批准。

4.2.2 招标及承包方的选择：公司应引入竞争机制，按照有关法律法规，遵循公开、公平、公正的原则，采用招标等适当方式，择优选择承包方。

（1）选择承包方时，公司相关业务部门应根据不同的业务范围，组成由相应专业人员组成的承包方评估小组，并对外发布投标公告，与候选承包商建立联系，发放外包项目竞标邀请书及相关材料。参与竞标的候选承包商应在指定期限内提交投标书及相关材料，主要内容包括项目解决方案、实施计划、资源配置、报价等。

（2）评估小组应通过实地调研等多种方法，调查候选承包方的合法性（即是否为依法成立、合法经营的专业服务机构或经济组织，是否具有相应的经营范围和固定的办公场所）、专业资质、技术实力及其从业人员的履历和专业技能，并考察候选承包方从事类似项目的成功案例、业界评价和口碑，同时综合考虑企业内外部因素，对业务外包的人工成本、营销成本、业务收入、人力资源等指标进行测算分析，合理确定外包价格，严格控制业务外包成本。

（3）调查结束后，评估小组应编制考核报告，并按规定权限执行审批。

（4）公司根据评估小组反馈的各种信息，按照规定的程序和权限从候选承包方中作出选择，并建立严格的回避制度和监督处罚制度，避免相关人员在选择承包方过程中出现受贿和舞弊行为。

4.3 业务外包合同的签订

4.3.1 风险因素的识别及外包合同的签订。

公司相关业务部门在订立外包合同前，应充分考虑业务外包方案中识别出的重要风险因素，并通过合同条款予以有效规避或降低。

（1）在合同的内容和范围方面，明确承包方提供的服务类型、数量、成本，以及明确界定服务的环节、作业方式、作业时间、服务费用等细节。

（2）在合同的权利和义务方面，明确企业有权督促承包方改进服务流程和方法，承包方有责任按照合同协议规定的方式和频率，将外包实施的进度和现状告知企业，并对存在的问题进行有效沟通。

（3）在合同的服务和质量标准方面，应当规定外包商最低的服务水平要求以及如果未能满足标准实施的补救措施。

（4）在合同的保密事项方面，应具体约定对于涉及本企业机密的业务和事项，承包方有责任履行保密义务。

（5）在费用结算标准方面，综合考虑内外部因素，合理确定外包价格，严格控制业务外包成本。

（6）在违约责任方面，制定既具原则性又体现一定灵活性的合同条款，以适应环境、技术和企业自身业务的变化。

4.3.2 业务外包管控措施的落实。

公司相关业务部门应当按照业务外包制度、工作流程和相关要求，落实业务外包实施全过程的管控措施，包括制定与承包方之间的资产管理、信息资料管理、人力资源管理、安全管理等机制，确保承包方在履行外包业务合同时有章可循。

4.4 业务外包过程管理

4.4.1 绩效评价和考核的开展。

（1）在承包方提供服务或制造产品过程中，公司应密切关注重大业务外包承包方的履约能力，采取动态管理方式，对承包方开展日常绩效评价和定期考核。

（2）公司应对承包方的履约能力进行持续评估，包括承包方对该项目的投入是否能够支持其产品或服务质量达到企业预期目标，承包方自身的财务状况、生产能力、技术创新能力等综合能力是否满足该项目的要求。

4.4.2 监控和应急机制的建立。

（1）公司应建立即时监控机制，一旦发现偏离合同目标等情况，应及时地要求承包方调整改进。

（2）公司应对重大业务外包的各种意外情况作出充分预计，建立相应的应急机制，制订临时替代方案，避免业务外包失败造成企业生产经营活动中断。

4.4.3 违约行为的处理。

（1）有确凿证据表明承包方存在重大违约行为，并导致业务外包合同无法履行的，应当及时地终止合同，并指定有关部门按照法律程序向承包方索赔。

（2）切实加强对业务外包过程中形成的商业信息资料的管理。

4.5 项目验收

公司应根据承包方业务外包成果交付方式的特点制定不同的验收方式，严格按照有关验收标准对承包方交付的产品或服务进行审核及测试，确保产品或服务的质量达到要求，并出具验收证明。验收过程中发现异常情况的，应当立即报告，查明原因，视问题的严重性与承包方协商并采取恰当的补救措施，必要时依法索赔。

4.6 财务核算与披露

4.6.1 费用结算：公司相关业务部门应当严格按照合同约定的结算条件、分包业务标准和验收证明进行交付。财务部门应审核相应的结算申请单、发票等原始凭证，审核无误后进行账务处理，记账凭证须经不相容岗位人员稽核。

4.6.2 管控与披露：公司财务部应当根据公司内部会计制度的规定，结合外包业务的特点，制定外包业务成本核算与管理办法，对业务外包过程中交由承包方使用的资产、涉及资产负债变动的事项以及外包合同诉讼等加强核算与监控，并在财务报告中进行必要、充分的披露。

| 拟定 | | 审核 | | 审批 | |

第三节　业务外包风险与内部控制表格

一、承包方资质审查表

承包方资质审查表

编号：　　　　　　　　　　　　　　　　　　　　　　　　　日期：

公司名称					
公司地址					
法人					
联系人			电话		
电子邮件			网址		
公司概况	注册资本额（万元）				
	成立日期				
	营业执照编号				
	平均营业额				
	往来银行名称				
	外协厂商数				
设备概况	名称				
	台数				
	厂牌规格				
	购入时间				
	购入成本				
	性能				
主要产品	名称		所占比例		
	名称		所占比例		
	名称		所占比例		
主要客户	名称		所占比例		
	名称		所占比例		
	名称		所占比例		
材料来源	材料名称		材料名称		
	供应厂商		供应厂商		

续表

材料来源	价格		价格	
	备注		备注	
职工概况	职能		大学学历	
	人数		大专学历	
	干部人数		高中学历	
	员工人数		平均月薪	

确认：　　　　　　审核：　　　　　　填表：

二、外包项目保密协议书

外包项目保密协议书

协议编号：
甲方名称：　　　　　　　　　　乙方名称：
通信地址：　　　　　　　　　　通信地址：
联系人：　　　　　　　　　　　联系人：
电话：　　　　　　　　　　　　电话：
电子邮件：　　　　　　　　　　电子邮件：

一、总则
1. 本协议所牵涉的产品造型、工艺技术等知识产权为甲方所拥有，甲方享有此产品的所有权。
2. 甲方因特殊工艺要求或生产需要外包加工，由乙方完成，为保证甲方此产品知识产权不受侵犯，经协商一致同意签订本协议书，共同信守以下条款并做好保密工作。
3. 乙方应严格遵守本协议各条款的规定和要求，如违约，应对其所造成的损失承担全部责任，并按协议要求向甲方作出赔偿。

二、协议内容
1. 甲乙双方合同无论完成与否，乙方都应对本协议项目中甲方提供的所有信息严格保密，包括甲方提供的材料、工艺、参数、图纸、资料与技术信息、商业机密等。
2. 未经甲方书面同意，乙方不得将上述任何信息透露给第三方。
3. 甲乙双方合作期间，乙方不得将甲方所提供的样品、工艺资料、产品（含不合格产品）、原材料、配方等提供给第三方生产类似产品。
4. 不得利用甲方产品及甲方提供的一切资料做宣传。
5. 以上协议乙方如有违反，乙方将赔偿甲方全部经济损失，同时终止合同关系，并依法追究乙方相关法律责任。

三、其他
1. 甲乙双方在业务往来中发生纠纷，由双方协商解决；若协商未成，甲乙双方均有权向甲方所在地人民法院提起诉讼。
2. 未尽事宜，由双方友好协商解决。
3. 本协议共一页，一式两份，甲乙双方各执一份。
4. 本协议自双方签字或盖章之日起生效，至甲方终止与乙方合作的最后交易日后 × 个月后自动失效。

甲方：（公章）　　　　　　　　乙方：（公章）
法定代表人：　　　　　　　　　法定代表人：
日期：　　　　　　　　　　　　日期：

第十四章

财务报告业务内部控制

第一节　财务报告内部控制要点

财务报告是指企业对外提供的反映企业某一特定日期财务状况和某一会计期间经营成果、现金流量等会计信息的文件。

财务报告是综合反映企业经营效果和效率的文件，是其他内部控制制度是否有效运行的综合体现。财务报表的编制和披露内控制度是会计信息准确、有用、及时、完整的重要保证，同时也是企业风险控制的重要依据。财务报告不真实、不完整往往是企业的重要风险之源。

一、财务报告内部控制的目标

企业编制财务报告内部控制的目标如下图所示。

目标一	保护企业资产的安全、完整及对其的有效使用，使企业各项生产和经营活动有秩序、有效地进行，避免可能遭受的经济损失
目标二	保证会计信息及其他各种管理信息真实、可靠和及时提供，避免因虚假记载、误导性陈述、重大遗漏和未按规定及时披露导致损失
目标三	保证企业管理层制定的各项经营方针、管理制度和措施的贯彻执行
目标四	尽量压缩和控制成本、费用，减少不必要的成本、费用，以求企业达到更大的盈利目标
目标五	预防和控制且尽早、尽快查明各种错误和弊端，及时、准确地制订和采取纠正措施，避免因重大差错、舞弊、欺诈而造成损失

财务报告内部控制的目标

二、财务报告编制阶段的管控措施

1. 制订财务报告的编制方案

企业财务部门应在编制财务报告前制订财务报告编制方案，并由财务部门负责人审核。财务报告编制方案应明确财务报告编制方法（包括会计政策和会计估计、合并方法、范围与原则等）、财务报告编制程序、职责分工（包括牵头部门与相关配合部门的分工与责任等）、编报时间安排等相关内容。该环节的管控措施具体如下：

（1）会计政策应符合国家有关会计法规和最新监管要求的规定。企业应按照国家最新会计准则制度规定，结合自身情况，制定企业统一的会计政策。企业应有专人关注会计相关法律法规、规章制度的变化及监管机构的最新规定等，并及时对企业的内部会计规章制度和财务报告流程等作出相应更改。

（2）会计政策和会计估计的调整，无论是强制还是自愿，均需按照规定的权限和程序审批。

（3）企业的内部会计规章制度至少要经财务部门负责人审批后生效，财务报告流程、年报编制方案应当经企业分管财务会计工作的负责人核准后签发。

（4）企业应建立完备的信息沟通渠道，将内部会计规章制度和财务流程、会计科目表和相关文件及时有效地传达至相关人员，使其了解相关职责要求，掌握适当的会计知识、会计政策并加以执行。企业还应通过内部审计等方式，定期进行测试，保证会计政策有效执行，且在不同业务部门、不同期间内保持一致性。

（5）明确各部门的职责分工，总会计师或分管会计工作的负责人负责组织领导；财务部门负责财务报告编制工作；各部门要及时地向财务部门提供编制财务报告所需的信息，并对信息的真实性和完整性负责。

（6）根据财务报告的报送要求，为各步骤设置关键时间点，并由财务部门负责督促和考核各部门的工作进度，及时进行提醒，对未能按时完成相关工作的部门和个人进行处罚。

2. 确定重大事项的会计处理

在编制财务报告前，企业应当确认对当期有重大影响的主要事项，并确定重大事项的会计处理。该环节的管控措施具体如下：

（1）企业应对重大事项予以关注，通常包括以前年度审计调整以及相关事项对当期的影响、会计准则制度的变化及对财务报告的影响、新增业务和其他新发生的事项及对财务报告的影响、年度内合并（汇总）报告范围的变化及对财务报告的影响等。企业应建立重大事项处理流程，并报相关管理层审批后予以执行。

（2）及时地沟通需要专业判断的重大会计事项并确定相应的会计处理。企业应规定下属各部门、各人员及时地将重大事项信息报告至同级财务部门。财务部门定期研究、分析并与相关部门组织沟通重大事项的会计处理，逐级报请总会计师或分管会计工作的负责人审批后下达各相关部门执行，特别是资产减值损失、公允价值计量等涉及重大判断和估计时，财务部门应及时与资产管理部门沟通。

3. 清查资产、核实债务

企业应在编制财务报告前，组织财务和相关部门进行资产清查、减值测试和债权债务核实工作。该环节的管控措施具体如下：

（1）确定具体可行的资产清查、负债核实计划，安排合理的时间和工作进度，配备足够的人员、确定实物资产盘点的具体方法和过程，同时做好业务准备工作。

（2）做好各项资产、负债的清查、核实工作。

（3）分析清查过程中发现的差异产生的原因，提出处理意见，取得合法证据，并按照规定权限报经审批，将清查、核实的结果及其处理办法向企业董事会或者相应机构报告，同时根据国家统一的会计准则制度的规定作出会计处理。

4. 结账

企业在编制年度财务报告前，应在日常定期核对信息的基础上完成对账、调账、差错更正等业务，然后实施关账操作。该环节的管控措施具体如下：

（1）核对各会计账簿记录与会计凭证的内容、金额等是否一致，记账方向是否相符。

（2）检查相关账务处理是否符合国家统一的会计准则制度和企业制定的核算方法。

（3）调整有关账项，合理确定本期应计的收入和应计的费用。例如：计提固定资产折旧、计提坏账准备等；各项待摊费用按规定摊配并分别记入本期有关科目；属于本期的应计收益应确认计入本期收入等。

（4）检查是否存在因会计差错、会计政策变更等原因需要调整前期或者本期相关项目。对于调整项目，需取得和保留审批文件，以保证调整有据可依。

（5）不得为了赶编财务报告而提前结账，或把本期发生的经济业务事项延至下期登账，也不得先编财务报告后结账，应在当期所有交易或事项处理完毕并经财务部门负责人审核签字确认后，实施关账和结账操作。

（6）如果在关账之后需要重新打开已关闭的会计期间，须填写相应的申请表，经总会计师或分管会计工作的负责人审批后执行。

5. 编制个别财务报告

企业应当按照国家统一的会计准则制度规定的财务报告格式和内容，根据登记完整、核对无误的会计账簿记录和其他有关资料编制财务报告，做到内容完整、数字真实、计算准确，不得漏报或者任意取舍。该环节的管控措施具体如下：

（1）企业财务报告列示的资产、负债、所有者权益金额应当真实可靠。

（2）企业财务报告应当如实列示当期收入、费用和利润。

（3）企业财务报告列示的各种现金流量由经营活动、投资活动和筹资活动的现金流量构成，应当按照规定划清各类交易和事项现金流量的界限。

（4）按照岗位分工和规定的程序编制财务报告。

①财务部门制定本公司财务报告编制分工表，并由财务部门负责人审核，确保报告编制范围完整。

② 财务部门报告编制岗位按照登记完整、核对无误的会计账簿记录和其他有关资料对相关信息进行汇总编制，确保财务报告项目与相关账户对应关系正确，计算公式无误。

③ 进行校验审核工作，包括期初数核对、财务报告内有关项目的对应关系审核、报表前后勾稽关系审核、期末数与试算平衡表和工作底稿核对、财务报告主表与附表之间的平衡及勾稽关系校验等。

（5）按照国家统一的会计准则制度编制附注。检查担保、诉讼、未决事项、资产重组等重大事项是否在附注中得到反映和披露。

（6）财务部门负责人要审核报表内容和种类的真实、完整性，通过后予以上报。

6. 编制合并财务报告

企业集团应当编制合并财务报告，分级收集合并范围内分公司及内部核算企业的财务报告并审核，进而合并全资及控股公司财务报告，如实反映企业集团的财务状况、经营成果和现金流量。该环节的管控措施具体如下：

（1）财务部门应依据经同级法律事务部门确认的产权（股权）结构图，并考虑所有相关情况以确定合并范围符合国家统一的会计准则，由财务部门负责人审核、确认合并范围是否完整。

（2）财务部门收集、审核下级企业财务报告，并汇总出本级次的财务报告，报经汇总财务部门负责人审核。

（3）财务部门制定内部交易和事项核对表及填制要求，报财务部门负责人审批后下发至纳入合并范围内的各企业。财务部门核对本企业及纳入合并范围内各企业之间内部交易的事项和金额，如有差异，应及时查明原因并进行调整。相关人员应编制内部交易表及内部往来表交财务部门负责人审核。

（4）合并抵销分录应有相应的标准文件和证据作为支持，由财务部门负责人审核。

（5）对合并抵销分录实行交叉复核制度，具体编制人完成调整分录后即提交相应复核人进行审核，审核通过后方可录入试算平衡表。通过交叉复核，保证合并抵销分录的真实性与完整性。

三、财务报告对外提供阶段的管控措施

1. 财务报告对外提供前的审核

财务报告对外提供前须按规定程序进行审核，主要包括财务部门负责人审核财务报告的准确性，并签名盖章；总会计师或分管会计工作的负责人审核财务报告的真实性、完整性、合法合规性，并签名盖章；企业负责人审核财务报告整体的合法合规

性，并签名盖章。该环节的管控措施具体如下：

（1）严格按照规定的财务报告编制中的审批程序，由各级负责人逐级把关，对财务报告内容的真实性、完整性以及格式的合规性等予以审核。

（2）保留审核记录，建立责任追究制度。

（3）财务报告在对外提供前应当装订成册，加盖公章，并由企业负责人、总会计师或分管会计工作的负责人、财务部门负责人签名并盖章。

2. 财务报告对外提供前的审计

《公司法》等法律法规规定了企业编制的年度财务报告须依法经会计师事务所审计，审计报告应随同财务报告一并对外提供。企业须按规定在财务报告对外提供前，选择具有相关业务资格的会计师事务所进行审计。该环节的管控措施具体如下：

（1）根据相关法律法规的规定，选择符合资质的会计师事务所对财务报告进行审计。

（2）不得干扰审计人员的正常工作，并对审计意见予以落实。

（3）注册会计师及其所在事务所出具的审计报告，应随财务报告一并提供。

3. 财务报告的对外提供

一般企业的财务报告经完整审核并签名盖章后即可对外提供。上市公司还须经董事会和监事会审批通过后方能对外提供。财务报告应与审计报告一同向投资者、债权人、政府监管部门等报送。该环节的管控措施具体如下：

（1）企业应根据相关法律法规的要求，在企业相关制度中明确负责财务报告对外提供的对象，并由企业负责人监督，如：国有企业应当依法定期向监事会提供财务报告，至少每年一次向本企业职工代表大会公布财务报告。上市公司的财务报告须经董事会、监事会审核通过后向全社会提供。

（2）企业应严格按照规定的财务报告编制中的审批程序，由财务部门负责人、总会计师或分管会计工作的负责人、企业负责人逐级把关，对财务报告内容的真实性、完整性，格式的合规性等予以审核，确保提供给投资者、债权人、政府监管部门、社会公众等各方面的财务报告的编制基础、编制依据、编制原则和方法完全一致。

（3）企业应严格遵守相关法律法规和国家统一的会计准则制度对报送时间的要求，在财务报告的编制、审核、报送流程中的每一步骤设置时间点，对未能按时完成的相关人员进行处罚。

（4）企业应设置严格的保密制度，对能够接触财务报告信息的人员进行权限设置，保证将财务报告信息在对外提供前控制在适当的范围，并对财务报告信息的访问情况予以记录，以便了解情况，及时地发现可能的泄密行为；即使泄密，也易于找到相应的责任人。

（5）企业对外提供的财务报告应当及时地整理归档，并按有关规定妥善保存。

四、财务报告分析利用阶段的管控措施

1. 制定财务报告分析制度

企业财务部门应在对企业基本情况进行分析研究的基础上，提出财务报告分析制度草案，并报经财务部门负责人、总会计师或分管会计工作的负责人、企业负责人检查、修改和审批。该环节的管控措施具体如下：

（1）相关人员进行基本情况分析时，应当重点了解企业的发展背景，包括企业的发展史、企业组织机构、产品销售及财务资产变动情况等，熟悉企业业务流程，分析研究企业的资产及财务管理活动。

（2）企业在制定财务报告分析制度时，应重点关注财务报告分析的时间、组织形式、参加的部门和人员；财务报告分析的内容、分析的步骤、分析方法和指标体系；财务报告分析报告的编写要求等。

（3）财务报告分析制度草案经由财务部门负责人、总会计师或分管会计工作的负责人、企业负责人检查、修改和审批后，根据制度设计的要求进行试行，发现问题及时总结上报。

（4）财务部门根据试行情况进行修正，确定最终的财务报告分析制度文稿，并报经财务部门负责人、总会计师或分管会计工作的负责人、企业负责人最终审批。

2. 编写财务分析报告

财务部门应按照财务报告分析制度定期编写财务分析报告，并通过定期召开财务分析会议等形式对分析报告的内容予以完善，以充分利用财务报告反映的综合信息，全面分析企业的经营管理状况和存在的问题，不断提高企业经营管理水平。该环节的管控措施具体如下：

（1）编写时要明确分析的目的，运用正确的财务分析方法，并充分、灵活地运用各项资料。

（2）总会计师或分管会计工作的负责人应当在财务分析和利用工作中发挥主导作用。

（3）企业财务分析会议应吸收有关部门负责人参加，对各部门提出的意见，财务部门应进行充分的沟通、分析，进而修改完善财务分析报告。

（4）修订后的分析报告应及时地报送企业负责人，企业负责人负责审批分析报告，并据此作出决策，对于存在的问题及时地采取措施。

3. 整改落实

财务部门应将经过企业负责人审批的报告及时地报送各部门负责人，各部门负责人根据分析结果作出决策和整改落实。该环节的管控措施具体如下：

（1）定期的财务分析报告应构成内部报告的组成部分，并充分利用信息技术和现有内部报告体系在各个层级上进行沟通。

（2）根据分析报告的意见，明确各部门职责。责任部门按要求落实改正，财务部门负责监督、跟踪责任部门的落实情况，并及时向有关负责人反馈落实情况。

第二节 财务报告内部控制制度

一、财务报告内部控制办法

标准文件		财务报告内部控制办法	文件编号	
版次	A/0		页次	

1. 目的

为了规范公司财务报告的编报，保证会计信息的真实、完整，根据《中华人民共和国会计法》等法律法规和《企业内部控制基本规范》，特制定本办法。

2. 适用范围

本办法适用于公司对外提供的反映公司某一特定日期的财务状况和某一会计期间的经营成果、现金流量等会计信息的文件。财务报告包括财务报表和其他应在财务报告中披露的相关信息和资料。财务报表至少应包括资产负债表、利润表、现金流量表、所有者权益变动表等报表和附注。

3. 风险点和控制措施

公司在财务报告编制与报送过程中，应加强以下风险控制并采取相应控制措施：

3.1 财务报告编制与报送不得违反相关法律法规的规定，避免遭受外部处罚、经济损失和信誉损失。

3.2 财务报告编制与报送必须经过授权审批和适当审核，避免发生重大差错、舞弊、欺诈而导致损失。

3.3 财务报告编制的准备工作应充分及时，确保及时地发现会计差错，核实合并报表范围的准确性，减少由于差错可能导致的损失。

3.4 财务报告的编制不得存在虚假记载、误导性陈述、重大遗漏或对重大业务职业判断的偏差，避免导致损失。

3.5 财务报告的报送程序应适当，避免未按规定报送而导致损失。

4. 关键环节

公司在建立与实施财务报告编报的内部控制过程中，应加强对下列关键方面或关键环节的控制：

4.1 职责分工、权限范围和审批程序应明确规范，机构设置和人员配备应科学合理。

4.2 有关对账、调账、差错更正、结账等流程应明确规范。

4.3 财务报告的编制、审核、批准等流程应科学严密。

4.4 财务报告的报送流程应符合有关规定。

5. 职责分工与授权批准

5.1 公司应建立财务报告编制与报送的岗位责任制，明确相关部门和岗位的职责权限，确保财务报告的编制与报送和审核相互分离、制约和监督。

5.2 公司负责人对财务报告的真实性、完整性负责，公司全体董事、监事和高级管理人员对财务报告的真实性和完整性承担责任。

5.3 公司财务部门是财务报告编制的归口管理部门，其职责应包括但不限于：收集并汇总有关会计信息；制订年度财务报告编制方案；编制年度、半年度、季度、月度财务报告等。

5.4 公司内部参与财务报告编制的各单位、各部门应及时地向财务部门提供编制财务报告所需的信息，并对所提供信息的真实性和完整性负责。

6. 财务报告编制准备阶段的控制

6.1 公司财务部门应制定年度财务报告编制办法，明确年度财务报告编制方法、年度财务报告会计政策及报送的时间要求等。年度财务报告编制方案应经公司财务负责人核准后签发至各参与编制部门。半年度、季度、月度财务报告编制办法可以参照年度财务报告编制办法执行。

6.2 公司应制定对财务报表可能产生重大影响的交易或事项的判断标准。

6.2.1 对财务报表可能产生重大影响的交易或事项，应将其会计处理方法及时提交董事会及其审计委员会审议。

6.2.2 公司应根据实际情况制定重大调整事项的标准，不得随意变更会计政策、调整会计估计事项。公司应将涉及变更会计政策、调整会计估计的事项，及时地提交董事会及其审计委员会审议。公司应对交易或事项所属的会计期间实施有效控制，不得漏记或多记、提前确认或推迟确认报告期内发生的交易或事项。

6.3 公司在编制年度财务报告前，应全面进行资产清查、减值测试和核实债权债务，并将清查、核实结果及其处理方法向董事会及其审计委员会报告。

公司应建立规范的资产管理制度和各项财产物资、结算款项的清查制度，明确相关责任人及相应的处理程序，并及时地对账，将会计账簿记录与实物资产、会计凭证、往来单位或者个人等进行相互核对，保证账证相符、账账相符、账表相符、账实相符。

6.4 公司必须在会计期末进行结账，不得为赶编财务报表而提前结账，更不得预先编制财务报表后结账。

7. 财务报告编制的控制

7.1 公司应按照国家有关规定的财务报表格式和内容，根据登记完整、核对无误的会计账簿记录和其他有关资料编制财务报表，不得漏报或者任意进行取舍。

在报表编制过程中，对于会计科目的合并、冲抵、分类、调整等过程应有适当审核，并保留相关记录。

7.2 公司应通过人工检查分析并利用计算机信息系统自动检查财务报表之间、财务报表各项目之间的勾稽关系是否正确，重点对下列项目进行校验：

7.2.1 财务报表内有关项目的对应关系。

7.2.2 财务报表中本期与上期有关数字的衔接关系。

7.2.3 财务报表与财务报告中相关信息之间的平衡及勾稽关系。

7.3 公司应真实、完整地在报表附注中披露需要说明的事项，但不应以附注披露代替在财务报表中的确认和计量。

7.4 公司发生合并、分立情形的，应按照国家相关法律法规和公司相关制度的规定，作出恰当的会计判断，选择合理的会计处理方法，编制相应的财务报告。

财务部门应将会计处理方法及其对财务报告的影响分析及时地提交董事会及其审计委员会审议。

7.5 公司在清算期间，应全面清查资产和核实债权债务，按照国家相关法律法规和公司的相关规定编制财务报告。

7.6 公司应按照国家相关法律法规和公司的相关规定，定期检查合并财务报表的编制范围，不得随意调整合并报表的编制范围。财务部门应将确定合并财务报表编制范围的方法以及发生变更的情况及时地提交董事会及其审计委员会审议。

8. 财务报告报送的控制

8.1 公司应建立财务报告报送的管理制度，确保在月末、季末、年末，以电子文档等方式，向公司财务部门、财务负责人、公司负责人、董事会、监事会及外部使用者及时地报送财务报告。

8.2 公司应根据国家法律法规和公司的有关规定，履行相关信息披露义务，确保信息披露的真实和完整，及时地披露相关信息，确保所有财务报告使用者同时、同质、公平地获取财务报告信息。

8.3 公司应根据国家法律法规和有关规定，聘请会计师事务所对公司财务报告进行审计。公司应建立聘请会计师事务所的制度，明确选聘的标准和程序，严格执行相应的标准和程序，报董事会及其审计委员会审议，经董事会及其审计委员会批准后，上报股东大会审议。

8.4 公司财务负责人和审计委员会应与负责审计的注册会计师就其所出具的审计意见进行沟通。沟通的最终情况及意见应经财务负责人签字确认后，及时地提交审计委员会及董事会审议。

8.5 审计委员会应审议会计师事务所正式出具的审计报告，评价本年度会计师事务所的审计工作情况，提出下一年度会计师事务所的选聘意见，审议、评价及选聘意见应及时地报送董事会审批。

8.6 公司应按照国家法律法规和公司相关制度的规定，将经注册会计师审计的财务报告装订成册，加盖公章，并由公司负责人、财务负责人、会计机构负责人签名并盖章，并及时地将经审计的财务报告报送监管部门及有关部门备案。

9. 附则

9.1 本制度适用于公司及所属公司，包括公司总部、各分公司及全资子公司、控股子公司。

9.2 公司及所属公司可以参照本制度制定相关实施细则或具体执行办法，实施细则或执行办法不得违反本制度相关规定。实施细则或执行办法须经公司总经理办公会批准后执行，并上报公司备案。

9.3 本制度由公司董事会负责解释和修订。

9.4 本制度自公司董事会审议批准之日起执行，修改时亦同。

拟定		审核		审批	

二、财务报告业务流程规范

标准文件		财务报告业务流程规范	文件编号	
版次	A/0		页次	

1. 业务目标

1.1 保证合并会计报表的真实、完整、准确与适当披露。

1.2 保证及时地满足企业会计信息使用者的需要。

1.3 保证财务报告的校验、编制以及审核批准等流程科学严密。

1.4 保证财务报告编制与披露的机构设置和人员配备科学合理。

1.5 保证财务报告的编制符合国家规定。

1.6 保证财务报告的报送与披露符合国家的相关规定。

1.7 保证财务报告的编制符合企业内部会计制度的要求。

2. 业务风险

2.1 财务报告编制与披露违反国家法律法规，可能遭受外部处罚、经济损失和信誉损失。

2.2 财务报告编制与披露未经适当审核或超越授权审批，可能因重大差错、舞弊、欺诈而使企业遭受损失。

2.3 财务报告编制前期准备工作不充分，可能导致结账前未能及时发现会计差错。

2.4 纳入合并报表范围不准确、调整事项或合并调整事项不完整，可能导致财务报告信息不真实、不完整。

2.5 财务报告披露程序不当，可能因虚假记载、误导性陈述、重大遗漏和未按规定及时披露使企业遭受损失。

3. 业务范围

主要包括公司关于财务报告的准备、个别会计报表的编制及报送、编制合并报表、财务会计报告的对外提供等。

4. 业务步骤流程

4.1 财务报告准备

4.1.1 编制方案。

（1）财务部负责制订年度财务报告编制方案，年度财务报告编制方案提交主管财务副总经理审核，确认无误后签发至各参与编制部门。

（2）财务部编制人员判断对会计报表可能产生重大影响的交易或事项，并将其会计处理方法报主管财务副总经理审核，必要时提交审计委员会及董事会审议。

（3）财务部对于涉及变更会计政策、调整会计估计的事项，应当按照国家法律法规和公司相关制度的规定处理，报主管财务副总经理审核，提交审计委员会及董事会审议。

4.1.2 资产清查和债务核实。

（1）编制年度财务报告前，公司要进行全面资产清查、减值测试和债务核实。

（2）财务部将清查、核实结果及其处理方法提交至主管财务副总经理，必要时报告审计委员会及董事会，并根据国家统一的会计制度的规定进行相应的会计处理。

4.1.3 对账、查账及结账。

（1）在编制财务会计报告前，财务部会计人员应将会计账簿记录与实物资产、会计凭证、往来企业或者个人等进行核对，保证账账相符、账证相符、账实相符。对经查实后的资产、负债有变动的，按照资产、负债的确认和计量标准进行确认和计量，并按照国家统一的会计制度的规定作出相应的会计处理。

（2）在检查账务处理中发现问题的，财务部应当按照国家统一的会计制度的规定调整账目及更正错账。

（3）结账工作必须在会计期末进行，分为月结、季结和年结。不得为编制会计报表而提前结账，不得预先编制会计报表后结账。结账前，必须将属于本期内发生的各项经济业务和应由本期受益的收入、负担的成本费用全部登记入账。结账时，应结出每个账户的期末余额或发生额。

4.2 个别会计报表的编制、报送

4.2.1 各级公司财务部会计报表编制人员根据国家相关法律法规及公司年度财务报告编制要求，编制本公司个别会计报表，经公司财务部主管会计复核后报财务部经理审核。

4.2.2 财务部经理对会计报表审核签字后报公司负责财务的副总经理，副总经理审核签字后报公司总经理（法定代表人）审核签字，形成正式财务报表。

4.2.3 各级子公司财务部收集其所属子（分）公司的会计报表，由财务部主管会计审核上报报表数据的准确性和完整性，编制报表审核记录，发现差异应及时查明原因并进行调整，然后在会计报表以及报表审核记录上签字，报财务部经理审核确认。

4.2.4 各级子公司财务部主管会计根据经审核无误的各子（分）公司会计报表，汇总编制合并报表。

4.2.5 子公司应当按照集团公司编制合并报表和对外披露会计信息的要求，定期报送以下报表：

（1）每月3日（遇节假日顺延）前向集团公司财务部报送上月税收指标表。

（2）每月5日（遇节假日顺延）前向集团公司财务部报送上月财务报告，包括资产负债表、利润及利润分配表、现金流量表、编报说明以及财务分析。

（3）7月10日（遇节假日顺延）前向集团公司财务部报送半年财务报告，包括资产负债表、利润及利润分配表、现金流量表、报表编制说明、半年财务分析和经营情况。

（4）1月15日（遇节假日顺延）前向集团公司财务部报送上年度财务报告，包括资产负债表、利润及利润分配表、现金流量表及全年财务分析和经营情况总结。

4.3 编制合并财务报表

4.3.1 公司合并财务报表编制人员核对公司与合并报表单位的内部交易事项和金额，编制内部交易往来表，发现差异应及时地查明原因并进行调整。

4.3.2 公司财务部负责人对内部交易往来表进行审核，并签字确认。

4.3.3 公司合并财务报表编制人员根据国家相关法律法规及公司编制财务报告的有关规定编制合并抵销分录，报财务部经理、负责财务的副总经理审核确认。

4.3.4 公司财务报表编制人员按核准的合并抵销分录编制合并工作底稿，并形成合并财务报表初稿。

4.3.5 合并财务报表初稿经公司财务部经理审核确认后，报主管财务的副总经理审定。

4.4 财务报告的对外提供

4.4.1 审计财务报告。

（1）公司的年度财务报告应聘请具备资格的会计师事务所审计，半年度、季度财务会计报表按有关规定需审计时，也应聘请具备资格的会计师事务所审计。

（2）企业本部、子公司、分公司财务部及有关部门，按照公司的相关规定和会计师事务所财务报表审计工作方案，配合会计师事务所做好审计工作，及时研究审计中查出的问题。

（3）会计师事务所出具初步审计意见，并提交主管财务副总经理、总经理审阅。主管财务副总经理、总经理应及时地与负责审计的注册会计师就有关意见进行沟通。沟通情况及初步审计意见交经主管财务副总经理、总经理签字确认后，提交董事会及审计委员会审议。

4.4.2 对外提供财务报告

（1）财务报告完成后，公司财务部应将其提交总经理办公会审议，经审定，由公司财务部负责人、主管会计工作的负责人、公司法人代表签字并加盖公章后对外公布。

（2）公司对外公布财务报告，应按规定程序报公司主管会计工作的负责人、公司法人代表批准。

5. 业务流程图

5.1 年度财务报告方案编制流程（见下图）

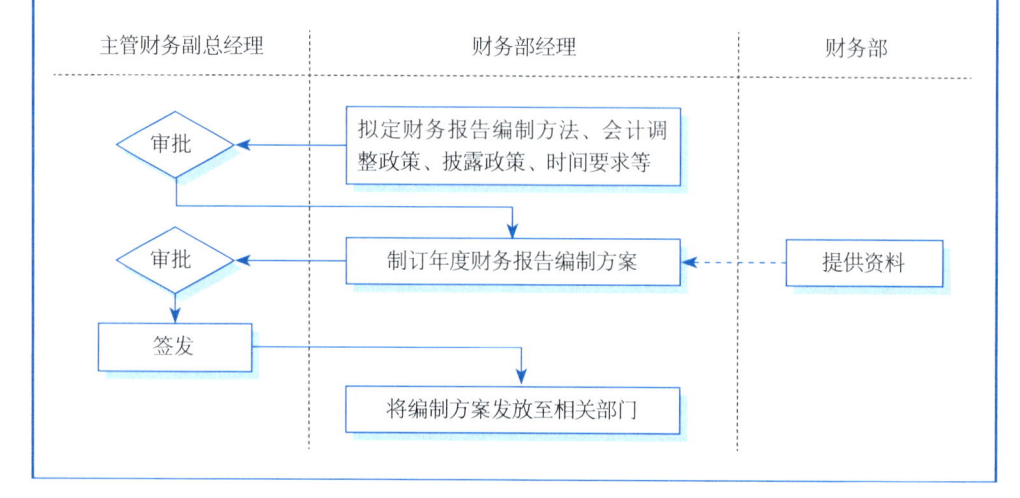

主管财务副总经理	财务部经理	财务部
审批	拟定财务报告编制方法、会计调整政策、披露政策、时间要求等	
审批	制订年度财务报告编制方案	提供资料
签发		
	将编制方案发放至相关部门	

5.2 年度财务报告编制流程（见下图）

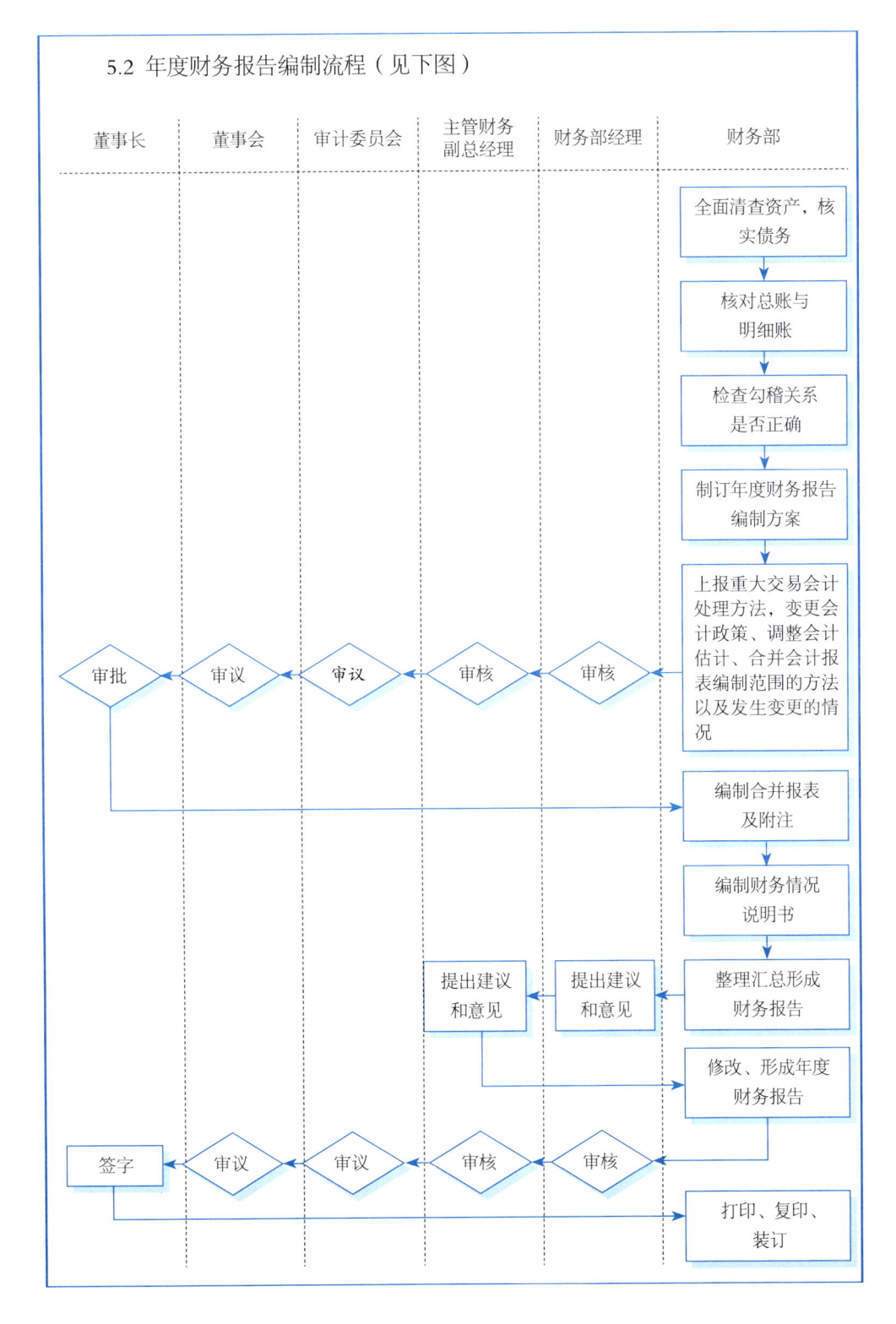

董事长	董事会	审计委员会	主管财务副总经理	财务部经理	财务部
					全面清查资产，核实债务
					↓
					核对总账与明细账
					↓
					检查勾稽关系是否正确
					↓
					制订年度财务报告编制方案
					↓
审批 ←	审议 ←	审议 ←	审核 ←	审核 ←	上报重大交易会计处理方法，变更会计政策、调整会计估计、合并会计报表编制范围的方法以及发生变更的情况
					↓
					编制合并报表及附注
					↓
					编制财务情况说明书
					↓
			提出建议和意见	提出建议和意见	整理汇总形成财务报告
					↓
					修改、形成年度财务报告
					↓
签字 ←	审议 ←	审议 ←	审核 ←	审核 ←	
					打印、复印、装订

5.3 合并会计报表流程（见下图）

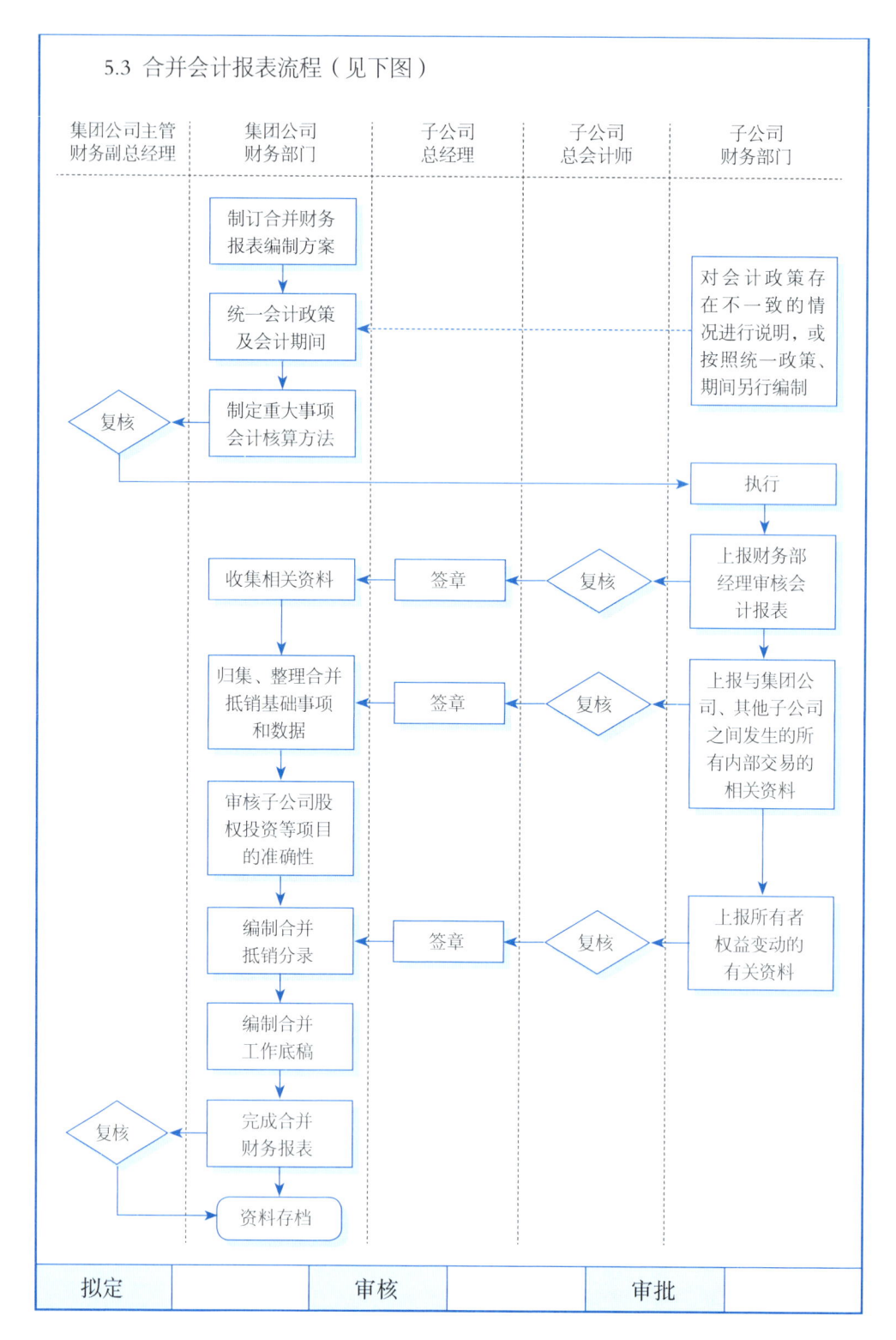

集团公司主管财务副总经理	集团公司财务部门	子公司总经理	子公司总会计师	子公司财务部门

```
集团公司        集团公司         子公司      子公司       子公司
主管财务        财务部门         总经理      总会计师     财务部门
副总经理

                制订合并财务
                报表编制方案
                     ↓
                统一会计政策    ←─────────────────────   对会计政策存
                及会计期间                                在不一致的情
                     ↓                                    况进行说明，或
   ◇复核   ←    制定重大事项                              按照统一政策、
                会计核算方法                              期间另行编制
                     ↓
                                                          执行
                                                           ↓
                收集相关资料 ← 签章 ← ◇复核 ←          上报财务部
                                                          经理审核会
                     ↓                                    计报表
                                                           ↓
                归集、整理合并
                抵销基础事项  ← 签章 ← ◇复核 ←          上报与集团公
                和数据                                    司、其他子公司
                     ↓                                    之间发生的所
                                                          有内部交易的
                审核子公司股                              相关资料
                权投资等项目
                的准确性
                     ↓
                编制合并     ← 签章 ← ◇复核 ←           上报所有者
                抵销分录                                  权益变动的
                     ↓                                    有关资料
                编制合并
                工作底稿
                     ↓
   ◇复核   ←    完成合并
                财务报表
                     ↓
                资料存档
```

拟定		审核		审批

第十五章

内部信息传递内部控制

第一节　内部信息传递内部控制要点

信息在企业内部进行有目的的传递，对贯彻落实企业发展战略、执行企业全面预算、识别企业生产经营活动中的内（外）部风险具有重要作用。因此，企业应当制定内部报告制度。所谓内部报告，就是指企业内部层级之间传递内部经营管理信息的过程。

一、内部信息传递的内控总体要求

企业内部信息有来自业务第一线人员根据市场或业务工作整理的信息，也有来自管理人员根据相关内部信息对所负责部门形成的指示或情况通报。尽管有关信息的来源、内容、提供者、传递方式和渠道等各不相同，但收集和传递相关信息一般应遵循下图所列的三大原则。

真实准确性
虚假或不准确的信息会严重误导信息使用者，导致决策失误，造成巨大的经济损失。内部报告的信息应当与所要表达的现象和状况保持一致，若不能真实反映所计量的经济事项，就不具有可靠性

及时有效性
信息未能及时提供，或者及时提供的信息不具有相关性，或者提供的相关信息未被有效利用，都可能导致企业决策延误，经营风险增加，甚至使企业较高层次的管理陷入困境，不利于对实际情况进行及时有效的控制和矫正，同时也将大大降低内部报告的决策相关性。只有那些切合具体任务和实际工作，并且符合信息使用部门需求的信息才是具有使用价值的

遵守保密原则
企业内部的运营情况、技术水平、财务状况以及有关重大事项等通常涉及商业秘密，内幕信息知情者（包括董事会成员、监事、高级管理人员及其他涉及信息披露有关部门的涉密人员）负有保密义务。这些内部信息一旦泄露，极有可能导致企业的商业秘密被竞争对手获知，使企业处于被动境地，甚至造成重大损失

内部信息传递的三大原则

二、内部信息传递的管控措施

1. 建立内部报告指标体系

企业应当根据自身的发展战略、风险控制和业绩考核特点，系统、科学地规范不同级次内部报告的指标体系，合理设置关键信息指标和辅助信息指标。在设计内部报告指标体系时，企业应当根据内部各信息用户的需求选择信息指标，以满足其经营决策、业绩考核、企业价值与风险评估的需要。该环节的管控措施具体如下：

（1）企业应认真研究企业的发展战略、风险控制要求和业绩考核标准，根据各管理层级对信息的需求和详略程度，建立一套级次分明的内部报告指标体系。企业明确的战略目标和具体的战略规划为内部报告控制目标的确定提供了依据。

（2）企业内部报告指标确定后，应进行细化，层层分解，使企业各责任中心及其各相关职能部门都有自己明确的目标，以利于控制风险并进行业绩考核。

（3）内部报告需要依据全面预算的标准进行信息反馈，将预算控制的过程和结果向企业内部管理层报告，以有效控制预算执行情况、明确相关责任、科学考核业绩，并根据新的环境和业务调整决策部署，更好地规划和控制企业的资产和收益，实现资源最有效配置和管理的协同效应。

2. 收集内外部信息

企业应当完善内（外）部重要信息的收集机制和传递机制，使重要信息能够及时地获得并向上级呈报。企业可以通过行业协会组织、社会中介机构、业务往来企业、市场调查、来信来访、网络媒体以及有关监管部门等渠道获取外部信息，并通过财务会计资料、经营管理资料、调研报告、专项信息、内部刊物、办公网络等渠道获取内部信息。该环节的管控措施具体如下：

（1）根据特定服务对象的需求，选择信息收集过程中重点关注的信息类型和内容，根据信息需求者的要求按照一定的标准对信息进行分类汇总。

（2）对信息进行审核和鉴别，对已经筛选的资料做进一步检查，确定其真实性和合理性。企业应当检查信息在事实与时间上有无差错，是否合乎逻辑，其来源企业、资料份数、指标等是否完整。

（3）企业应当在收集信息的过程中考虑获取信息的便利性及其获取成本的高低，如果需要较大代价获取信息，则应当权衡其成本与信息的使用价值，确保所获取的信息符合成本效益原则。

3. 编制及审核内部报告

企业各职能部门应将收集的有关资料进行筛选、抽取、分析，形成内部报告并按权限进行审核。该环节的管控措施具体如下：

（1）企业内部报告的编制部门应紧紧围绕内部报告使用者的信息需求，以内部报告指标体系为基础，编制内容全面、简洁明了、通俗易懂的内部报告，便于企业各管理层级和全体员工掌握相关信息，正确履行职责。

（2）企业应合理设计内部报告编制程序，提高编制效率，保证将内部报告第一时间提供给相关管理部门。对于重大突发事件，应迅速、及时地编制内部报告并向董事会汇报。

（3）企业应当建立内部报告审核制度，设定审核权限，确保内部报告信息质量。企业必须对岗位与职责分工进行控制，内部报告的起草与审核岗位应相互分离，内部报告在传递前必须经签发部门负责人审核。对于重要信息，企业应当委派专门人员对其传递过程进行复核，确保信息正确地传递给使用者。

4. 构建内部报告流转体系及渠道

企业应当制定严密的内部报告传递流程，充分利用信息技术，强化内部报告信息集成和共享，将内部报告纳入企业统一信息平台，构建科学的内部报告网络体系。企业内部各管理层级均应指定专人负责内部报告工作。企业应当拓宽内部报告渠道，通过落实奖励措施等多种有效方式，广泛收集合理化建议。该环节的管控措施具体如下：

（1）制定内部报告传递制度。企业可根据信息的重要性、内容等特征确定不同的流转环节。

（2）严格按设定的传递流程流转。企业各管理层对内部报告的流转应做好记录，对于未按照流转制度进行操作的事件，应当调查原因，并作出相应处理。

（3）企业应及时地更新信息系统，确保内部报告有效安全地传递。对于重要紧急的信息，可以越级向董事会、监事会或经理层直接报告，便于相关负责人迅速作出决策。

5. 内部报告有效使用及保密要求

企业应当有效利用内部报告进行风险评估，准确识别和系统分析企业生产经营活动中的内外部风险，确定风险应对策略，实现对风险的有效控制。企业对于内部报告反映出的问题，应当及时地解决。企业要制定严格的内部报告保密制度，明确保密内容、保密措施、密级程度和传递范围，防止泄露商业秘密。该环节的管控措施具体如下：

（1）企业在预算控制、生产经营管理决策和业绩考核时充分使用内部报告提供的信息。

（2）企业管理层应通过内部报告提供的信息对企业生产经营管理中存在的风险进行评估，准确识别和系统分析企业生产经营活动中的内外部风险，涉及突出问题和重大风险的，应当启动应急预案。

（3）企业应从内部信息传递的时间、空间、节点、流程等方面建立控制措施，通过职责分离、授权接触、监督和检查等手段防止商业秘密泄露。

6. 内部报告的保管

企业应制定内部报告的保管制度，明确保管人员、保管场所、保管要求，从而对内部报告加以管理。该环节的管控措施具体如下：

（1）建立内部报告保管制度，各部门应当指定专人按类别保管相应的内部报告。

（2）为了便于内部报告的查阅、对比分析，改善内部报告的格式，提高内部报告的有用性，企业应按类别保管内部报告，对影响较大、金额较高的，一般要严格保管，如企业重大重组方案、债券发行方案等。

（3）企业对不同类别的报告应按其影响程度规定保管年限，只有超过保管年限的内部报告方可予以销毁。对影响重大的内部报告，应当永久保管，如公司章程及相应的修改文件、公司股东登记表等。有条件的企业应当建立电子内部报告保管库，按照类别、时间、保管年限、影响程度及保密要求等分门别类地储存电子内部报告。

（4）制定严格的内部报告保密制度，明确保密内容、保密措施、密级程度和传递范围，防止泄露商业秘密。有关企业商业秘密的重要文件要由企业较高级别的管理人员负责，至少由两人共同管理，放置在专用保险箱内。查阅保密文件，必须经该高层管理人员同意，由两人分别开启相应的锁具。

7. 内部报告评估

由于内部报告传递对企业具有重要影响，因此企业应当建立内部报告评估制度。该环节的管控措施具体如下：

（1）建立并完善企业对内部报告的评估制度，严格按照评估制度对内部报告进行合理评估，考核内部报告在企业生产经营活动中所起的真实作用。

（2）为保证信息传递及时准确，企业必须执行奖惩机制。对经常不能及时或准确传递信息的相关人员，应当进行批评和教育，并与绩效考核体系挂钩。

三、反舞弊

1. 舞弊存在的领域

舞弊是指以故意行为获得不公平或者非法的收益，其存在的领域如下图所示。

舞弊存在的领域：虚假财务报告、资产的不适当处置、不恰当的收入和支出、故意的不当关联方交易、税务欺诈、贪污以及收受贿赂和回扣。

舞弊存在的领域

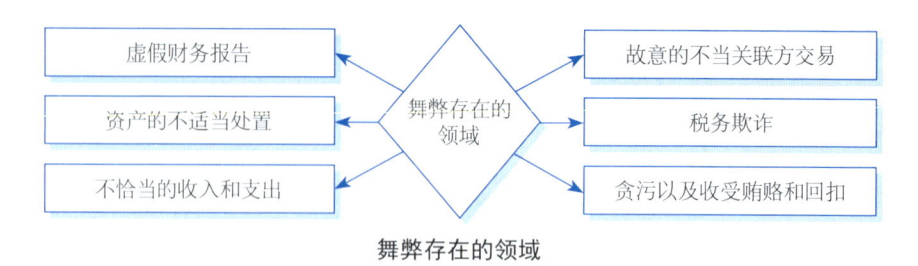

2. 反舞弊的主要风险与管控措施

有效的反舞弊机制是企业防范、发现和处理舞弊行为、优化内部环境的重要制度。有效的信息沟通是反舞弊程序和控制成功的关键。如果信息交流机制不畅通，就会产生信息不对称的问题，舞弊行为产生的机会就会增大。

企业应当建立反舞弊机制，坚持惩防并举、重在预防的原则，明确反舞弊工作的重点领域、关键环节和有关机构在反舞弊工作中的职责权限，规范舞弊案件的举报、调查、处理、报告和补救程序。该环节的管控措施具体如下：

（1）重视和加强反舞弊机制建设，对员工进行道德准则培训，通过设立员工信箱、投诉热线等方式，鼓励员工及企业利益相关方举报和投诉企业内部的违法违规、舞弊和其他有损企业形象的行为。

（2）通过审计委员会对信访、内部审计、监察、接受举报过程中收集的信息进行复查，监督管理层对财务报告施加不当影响的行为、管理层进行的重大不寻常交易以及企业各管理层级的批准、授权、认证程序等，防止企业资产侵占、资金挪用、虚假财务报告、滥用职权等现象的发生。

（3）建立反舞弊情况通报制度。企业应定期召开反舞弊情况通报会，由审计部门通报反舞弊工作情况，分析反舞弊形势，评价现有的反舞弊控制措施和程序。

（4）建立举报人保护制度，设立举报责任主体、举报程序，明确举报投诉处理流程，并做好投诉记录的保存工作。切实落实举报人保护制度是举报投诉制度有效运行的关键。企业应结合实际情况，明确举报人该向谁举报、以何种方式举报以及举报内容的界定等；确定举报责任主体接到投诉报告后的调查流程、办理时限、办结要求及将调查结论提交董事会处理的程序等。

第二节　内部信息传递内部控制制度

一、内部信息传递内部控制办法

标准文件		内部信息传递内部控制办法	文件编号	
版次	A/0		页次	

1. 目的

为了促进生产经营管理信息在内部各管理层级之间的有效沟通和充分利用，根据《中华人民共和国公司法》《企业内部控制基本规范》《企业内部控制应用指引》等有关规定，结合公司实际，特制定本办法。

2. 适用范围

本办法适用于公司内部各管理层级之间通过内部报告形式传递生产经营管理信息的过程控制。

3. 风险防范

公司通过建立科学的内部信息传递机制，全面梳理内部信息传递过程中的薄弱环节，强化内部报告管理，明确内部信息传递的内容、保密要求及密级分类、传递方式、传递范围以及各管理层级的职责权限等，促进内部报告的有效利用，充分发挥内部报告的作用。公司内部信息传递应注重防范下列风险：

3.1 内部报告系统缺失，功能不健全，内容不完整，影响生产经营有序运行。

3.2 内部信息传递不通畅，不及时，导致决策失误，相关政策措施难以落实。

3.3 内部信息传递中泄露商业秘密，削弱公司核心竞争力。

4. 内部报告的形成

4.1 公司依据发展战略目标、年度经营计划和风险控制要求，针对各管理层级对信息需求的详略程度，建立以业绩考核标准为中心的层次分明的内部报告指标体系，具体包括：

4.1.1 满足使用者信息需求的统计报表和分析报告。

4.1.2 过程导向指标，包括产品可靠性、产品质量、产品数量、款项回收率、工程进度偏差、应急响应速度、客户满意度指数、安全事故数、员工培训率和年均培训时间、员工满意度指数等。

4.1.3 结果导向指标，包括销售收入、应收账款回收率、运营维护成本、利润总额、每股收益等。

4.2 以内部报告指标系统的统计分析为中心，明确收集和报送内部报告信息的归口责任部门或责任人，确定定期报送信息的内容和时间要求，促进建立标准化的报告数据收集流程并尽可能实现自动化。信息管理的原则如下：

4.2.1 为使收集的信息更具真实性和有效性，要求信息收集的表格标准化，规定采集信息的统一口径和频率方式。

4.2.2 收集处理信息的人员要统一培训，在思想、方法和行动上保持一致性和协调性，为保证信息流的畅通和有效，要落实具体的负责人、内容和时间。

4.2.3 处理信息的使用者要对信息的真实性、可靠性从多方面进行印证和质询，并关注异常信息。

4.3 负责信息报送的各管理层级负责人对报送信息具有审阅责任，对报送信息的质量、及时性和合规性负责。信息上报的质量、及时性和合规性应列入信息上报人员及其直接主管领导的考核指标中。信息报送归口部门包括：

4.3.1 董事会办公室，负责与董事会决议执行有关的内部信息报告。

4.3.2 总经理工作部，负责与年度经营计划执行、工作总结（述职报告）相关的内部信息报告。

4.3.3 人力资源部，负责以绩效考核为中心的内部信息报告。

4.3.4 生产技术部，负责生产信息子系统的内部信息报告。

4.3.5 电力营销部，负责营销信息子系统的内部信息报告。

4.3.6 财务部，负责财务信息子系统的内部信息报告。

4.4 为支持公司非执行董事更有效地履行战略决策、风险控制和监控公司长期健康状况的职责，在重大信息内部报告制度的基础上，增加行业动态、公司经营状况、针对未来运营的前瞻性非财务指标等方面的信息，具体包括：

4.4.1 战略类信息，包括地区经济发展趋势、市场需求增长状况、市场竞争状况、人才梯队等。

4.4.2 董事会决议执行情况。

4.4.3 公司的月度／季度经营计划和分析报告及关键业绩指标表现。

4.4.4 季度／年度工作总结。

4.4.5 财务预算、预算调整和月度／季度财务报告。

4.4.6 内控评价报告、内审计划和工作报告、专项审计报告。

4.4.7 重大项目可行性研究摘要及项目进度月报／季报。

4.4.8 重要人事变动。

4.4.9 重要的公司级文件和会议纪要。

4.5 公司通过落实奖励措施等有效方式广泛收集合理化建议，加强反舞弊机制建设，通过员工信箱、投诉电话等方式，鼓励员工及公司利益相关方举报和投诉公司内部的违法违规、舞弊和其他有损公司形象的行为。

5. 内部报告的使用

5.1 公司各级管理人员应充分利用内部报告管理和指导生产经营活动，及时地反映全面预算执行情况，协调内部相关部门和各单位的运营进度，严格绩效考核和责任追究，确保实现年度运营目标。

5.2 公司应有效利用内部报告进行风险评估，准确识别和系统分析生产经营活动中的内外部风险，确定风险应对策略，实现对风险的有效控制，对于内部报告反映出的问题应当及时地解决，涉及突出问题和重大风险的，应启动应急预案。

5.3 公司制定严格的内部报告保密制度，明确保密内容、保密措施、密级程度和传递范围，防止泄露商业秘密。

5.4 为保障内部报告的及时性、安全性和有效性，公司将内部报告的评估与绩效考核系统相结合，促进对内部报告的形成和使用的定期评估，及时发现内部报告形成和使用过程中的问题并进行修正。

拟定		审核		审批	

二、内部信息传递管理办法

标准文件		内部信息传递管理办法	文件编号	
版次	A/0		页次	

1. 目的

为了使公司所需的内部信息在公司各管理层及部门之间更加及时、有效地传递，同时加强对公司内部信息的监管，确保信息在传递过程中的安全性及准确性，根据公司实际情况，特制定本办法。

2. 适用范围

本办法适用于公司及各子公司各部门、岗位的内部信息传递管理。

3. 信息报告内容

公司在日常生产经营活动中所需要的信息报告分为定期报告和即时报告。

3.1 定期报告是指公司在某一时间段内业务运转及生产经营状况的周期性信息报告，通过周报、月报、季报等形式定期形成的总结性报告。公司定期信息报告包括但不限于以下内容：

3.1.1 生产经营数据统计分析报告。

3.1.2 经济运行分析报告。

3.1.3 财务相关报告。

3.1.4 生产情况报告。

3.1.5 新产品研发情况报告。

3.1.6 原材料采购报告。

3.1.7 设备运行情况报告。

3.1.8 人力资源报告。

3.1.9 应收账款报告。

3.2 即时信息报告是指公司在经营过程中遇到的可能对公司经营产生重大影响的突发情况的说明性报告，及公司下发的文件、会议纪要等内部资料。公司即时信息报告包括但不限于以下内容：

3.2.1 公司下发文件。

3.2.2 采购价格调整报告。

3.2.3 安全事故报告。

3.2.4 质量事故报告。

4. 职责和要求

4.1 公司信息报告以各子公司、分厂、职能部门为单位，按照不同职能划分负责本子公司、分厂、职能部门所涉及的公司内部信息的归集、分析，并形成报告。各子公司、分厂、职能部门主要负责人为信息报告的义务人和第一责任人。

4.2 信息报告过程中，因信息报告义务人报告不及时、不准确、不完整，给公司造成经济损失或不良影响的，由信息报告义务人承担相应责任。

4.3 公司子公司、分厂、职能部门应指派专人对相关文件、信息进行登记、留存。

4.4 公司信息报告采用逐级报送的方法在公司内部传递。

4.4.1 报告义务人选派专人对指定信息进行收集、分析，形成报告，并负责对该项报告进行审核。

4.4.2 报告义务人向主管该部门的公司副总经理或信息报告特定需求职能部门进行报告，报告方式可以为书面报告、当面报告及电话报告。

4.4.3 公司副总经理负责向公司总经理进行信息报告，报告方式可以为办公会报告、书面报告、当面报告及电话报告。

4.5 出现特殊、紧急情况时，信息报告人可越级向公司高层领导直接报告。

4.6 信息报告应坚持以下原则：

4.6.1 及时性原则，信息报告应在规定时间内完成传递。

4.6.2 准确性原则，事件描述应以实际发生情况为依据，不得含糊其辞或加入主观臆测。

4.6.3 完整性原则，为了提高决策质量，信息报告中对发生事件的描述应连贯、完整，对于部分即时信息报告应通过后续信息上报保证其完整性。

4.6.4 保密性原则，公司所有职工对于公司内部传递的信息负有保密义务，不得以任何方式向外界透露相关内容。

4.7 公司各级管理人员应充分利用内部信息报告指导企业的生产经营活动，确保企业实现发展目标。

5. 内部信息传递流程

5.1 总经办负责公司的文件下发。

公司内部执行的管理文件和经理办公会会议纪要、专题会议纪要等，由总经办负责在文件通过3日内下发各子公司、分厂、职能部门，同时对文件进行归档、留存。

5.2 生产部负责公司的库存报表、经济运行分析报告、安全事故报告。

5.2.1 库存报表。生产部于每月末负责对公司原燃材料购入、消耗、库存情况，产品生产、出库、库存情况进行汇总，编制库存报表。

5.2.2 生产情况报告、经济运行分析报告。生产部于每月末负责对生产经营完成情况等信息资料进行汇总，编制月度生产情况报告、生产经营数据统计分析报告，在每月的经济运行分析会上进行通报。

5.2.3 安全事故报告。当公司出现交通、火灾、电器等意外安全事故时，生产部负责对事故进行调查并于事故发生5日内形成书面说明报告，上报主管副总经理，由副总经理向总经理报告。报告内容需包括完整的事故原因、过程、处理过程、事故造成的损失及对事故后续处置方案提出建议。

5.3 综管部负责公司的经济运行分析报告。

综管部于每季度末负责对公司生产运营、能源消耗、成本情况等信息资料进行汇总，编制季度经济运行分析报告，在经济运行分析会上进行通报。

5.4 财务部负责公司的财务预算报告和财务报告。

5.4.1 财务预算报告。财务部根据各部门及子公司上报的财务资金预算，结合上月的实际发生情况进行汇总、平衡后，编制公司财务预算报告。报告应于每月6日前报财务部主任审核，总会计师审批，7日前报公司总经理审批，同时财务部主任应定期在每月经济运行分析会中、总会计师在总经理办公会中对资金的使用情况作出说明报告。

5.4.2 财务报告。财务部对各部门上报的财务报表进行审核、归集、整理、合并、抵消，并编制合并报表、抵消分录、各部门财务报表、内部交易明细表、合并单位清单等资料。经过总会计师审批后，形成公司财务报告。

报告形式分为月报、季度报、半年报和年报，月报于每月6日前上报公司总经理；季度报、半年报、年报按公司总经理要求时限上报。

5.5 生保部负责公司设备运行报告、原材料采购的相关报告，包括采购报告、采购价格调整报告、采购报表。

5.5.1 设备运行报告。生保部须每月整理、汇总设备运行状况，维修费用使用情况等，于次月5日前报生保部负责人审核后，上报主管副总经理。

5.5.2 采购报告。生保部于每月末负责根据企业库存情况及生产部下发的下月度采购计划编制下月采购报告，每月3日前上报主管副总经理审批后由采购部组织实施采购。

5.5.3 采购价调整报告。生保部在原材料采购过程中遇到重大市场变动，采购价格涨幅超过5%时，应对该项采购进行书面说明报告，上报主管副总经理，内容应包括采购物资的使用单位情况、供应商情况、该项物资的市场情况、价格上涨原因及价格合理性说明。

5.5.4 采购报表。生保部负责于每月末对公司采购信息进行归集、汇总，编制采购报表，于每月5日前报主管副总经理、生产部。

5.6 技术中心负责新产品研发情况报告。

技术中心负责于每月末对公司新产品研发实施情况进行汇总，编制新产品研发情况报告，在每月的经济运行分析会上进行通报。

5.7 质保部负责质量事故报告。

当公司出现重大质量事故时，质保部负责对事故进行调查并于事故发生5日内形成书面说明报告，上报主管副总经理，由副总经理向总经理报告。报告内容需包括完整的事故原因、处理过程、事故造成的损失及对事故后续处置方案提出建议。

5.8 人力资源部负责公司人力资源报告、公司重大人事调整报告。

5.8.1 人力资源报告。人力资源部负责于每年底对公司人力资源情况作出详细的报告，为总经理全面掌握公司人员状况及公司选拔优秀人才提供依据。报告由公司总经理审核。

5.8.2 重大人事变动报告。公司中层正职及以上岗位人员提出离职申请时，人力资源部负责对该项人事变动给公司经营带来的风险进行评估，提出应对措施，于3日内报公司总经理。

拟定		审核		审批	

第三节　内部信息传递内部控制表格

一、销售部信息外传登记表

销售部信息外传登记表

序号	文件等信息名称	谁传	什么时间传	传给谁
1	培训记录		每次	
2	销售日报表		每天早上	
3	销售月报表		每月1日	
4	销售部月度绩效考核		每月30日	
5	成交客户信息		每月	
6	销售数量		每月3日内	
7	投诉单回收		每月3日内	
8	期初末库存		月初	
9	销售目标		每月1日	
10	每月客流量表		下月初	
11	月初库存		下月初	
12	月末库存		下月初	
13	促销信息		每月	
14	每月进货数量		随时	
15	月度培训计划		25日之前	
16	月度培训汇总		5日之前	
17	办公用品申报		月底之前	
18	工资表（绩效）		4日之前	
19	报表（周、月）		次周周一或次月1日	

二、销售部信息接收表

销售部信息接收表

序号	文件等信息名称	传递给本部门谁	什么时间传	谁传
1	月度满意度分析报告		每月3日之前	

续表

序号	文件等信息名称	传递给本部门谁	什么时间传	谁传
2	市场分析		每月7日之前	
3	月度利润报表		每月10日	
4	每日投诉单		每日	
5	每日销售量、销售信息文件		每日+周末	
6	每月市场计划、每周竞品对比分析		月初+周末	
7	竞品资料		月初	
8	培训记录		随时	
9	客户接待批次		随时	
10	市场活动通知		随时	
11	成交客户信息		每月	
12	每日订交表		每天	
13	培训计划		随时	
14	培训会议通知		随时	
15	培训记录		随时	

三、市场部信息外传表

市场部信息外传表

序号	文件等信息名称	谁传	什么时间传	传给谁
1	市场活动方案		活动开始前一天	
2	市场分析		每月7日之前	
3	每月市场计划、每周竞品对比分析		月初+周末	
4	竞品资料		月初	
5	网络宣传计划		随时	
6	市场活动通知		即时	
7	活动执行方案		随时	
8	办公用品申报		月底之前	
9	工资表（绩效）		3日之前	

四、市场部信息接收表

市场部信息接收表

序号	文件等信息名称	传递给本部门谁	什么时间传	谁传
1	满意度成绩		3日内	
2	期初末库存		月初	
3	黄卡数		月初	
4	售后活动信息		活动前1周	
5	每月客流量表		下月初	
6	每月销售报表		下月初	
7	月初库存		下月初	
8	月末库存		下月初	
9	促销信息		每月	

五、售后服务部信息外传表

售后服务部信息外传表

序号	文件等信息名称	谁传	什么时间传	传给谁
1	售后保养客户信息		每日	
2	投诉单回收		每月3日内	
3	客户投诉整改表		每月5日内	
4	售后活动信息		活动前1周	
5	月度培训计划		25日之前	
6	月度培训汇总		4日之前	
7	办公用品申报		月底之前	
8	工资表（绩效）		3日之前	
9	报表（周、月）		次周周一或次月1日	
10	投诉单回收		每月3日内	

六、售后服务部信息接收表

售后服务部信息接收表

序号	文件等信息名称	传递给本部门谁	什么时间传	谁传
1	财务对账表		每日	

续表

序号	文件等信息名称	传递给本部门谁	什么时间传	谁传
2	投诉单		每日	
3	预约记录		每日	
4	产品信息档案		每次	
5	回访信息		每天下班	
6	满意度报告		每月5日	
7	市场活动方案		活动开始前一天	
8	会员信息表		每周一	
9	培训通知文件		随时	
10	满意度报表		每月3日之前	
11	入职新员工提供资料		即时	

七、行政部信息外传表

行政部信息外传表

序号	文件等信息名称	谁传	什么时间传	传给谁
1	培训通知文件		厂家下发时	
2	入职新员工提供资料		即时	
3	培训会议通知		即时	
4	培训效果评估		每月5日	
5	硬件设施整改完成表		每月6日	

八、行政部信息接收表

行政部信息接收表

序号	文件等信息名称	传递给本部门谁	什么时间传	谁传
1	月度培训计划		25日之前	
2	月度培训汇总		4日之前	
4	办公用品申报		月底之前	
5	工资表（绩效）		3日之前	
6	KPI报表		8日之前	

九、财务部信息外传表

财务部信息外传表

序号	文件等信息名称	谁传	什么时间传	传给谁
1	财务对账表		每天	
2	财务利润报表		每月 15 日	
3	月度利润报表		每月 10 日	
4	办公用品申报		月底之前	
5	工资表(绩效)		3 日之前	
6	KPI 报表		8 日之前	

第十六章

信息系统业务内部控制

第一节　信息系统内部控制要点

信息系统内部控制的目标是促进企业有效实施内部控制，提高企业现代化管理水平，减少人为操纵因素；同时，企业要增强信息系统的安全性、可靠性和合理性，以及相关信息的保密性、完整性和可用性，为建立有效的信息与沟通机制提供支持保障。信息系统内部控制的主要对象是信息系统，由计算机硬件、软件、人员、信息流和运行规程等要素组成。

一、信息系统内控的岗位分工与授权审批

1. 建立计算机信息系统岗位责任制

企业应当建立计算机信息系统岗位责任制，具体内容如下表所示。

计算机信息系统岗位职责

序号	岗位	职责
1	系统分析	分析用户的信息需求，并据此制订设计或修改程序的方案
2	编程	编写计算机程序，执行系统分析岗位的设计或修改方案
3	测试	设计测试方案，对计算机程序是否满足设计或修改方案进行测试，根据反馈安排编程岗位修改程序，以最终满足测试方案
4	程序管理	保障并监控应用程序正常运行
5	数据库管理	对信息系统中的数据进行存储、处理、管理，维护组织数据资源
6	数据控制	维护计算机路径代码的注册，确保原始数据经过正确授权，监控信息系统工作流程，协调输入和输出，将输入的错误数据反馈到输入部门并跟踪监控其纠正过程，将输出信息分发给经过授权的用户
7	终端操作	终端用户负责记录交易内容，授权处理数据，并合理利用系统输出的结果

2. 不相容岗位

（1）系统开发和变更过程中不相容岗位（或职责）一般包括开发（或变更）立项、审批、编程和测试。

（2）系统访问过程中不相容岗位（或职责）一般包括申请、审批、操作、监控，即这几个职位是不能由同一人兼任的。

3. 授权批准与管理

（1）企业计算机信息系统战略规划、重要信息系统政策等重大事项应当经董事会（或者企业章程所规定的经理、厂长办公会等类似的决策、治理机构）审批通过后，方可实施。

（2）信息系统战略规划应当与企业业务目标保持一致。信息系统使用部门应该参与信息系统战略规划、重要信息系统政策等的制定工作。

（3）企业可以指定相关部门（或岗位，下称归口管理部门）对计算机信息系统实施归口管理，负责信息系统开发、变更、运行及维护等工作。

二、信息系统开发的内部控制

1. 制订信息系统开发的战略规划

信息系统开发的战略规划是信息化建设的起点，是以企业发展战略为依据制订的企业信息化建设的全局性、长期性规划。该环节的管控措施具体如下：

（1）企业必须制订信息系统开发的战略规划和中长期发展计划，并在每年制定经营计划的同时制订年度信息系统建设计划，促进经营管理活动与信息系统的协调统一。

（2）企业在制定信息化战略过程中，要充分调动和发挥信息系统归口管理部门与业务部门的积极性，使各部门广泛参与，充分沟通，提高战略规划的科学性、前瞻性和适应性。

（3）信息系统战略规划要与企业的组织架构、业务范围、地域分布、技术能力等相匹配，避免相互脱节。

2. 选择适当的信息系统开发方式

信息系统的开发建设是信息系统生命周期中技术难度最大的环节。开发建设主要有自行开发、外购调试、业务外包等方式。

3. 自行开发方式的控制措施

虽然信息系统的开发方式有自行开发、外购调试、业务外包等，但基本流程大体相似，通常包含项目计划、需求分析、系统设计、编程和测试、上线等环节，具体内容如下表所示。

自行开发方式的控制措施

关键环节	控制措施
项目计划	（1）企业应当根据信息系统建设整体规划提出分阶段项目的建设方案，明确建设目标、人员配备、职责分工、经费保障和进度安排等相关内容，按照规定的权限和程序审批后实施 （2）企业可以采用标准的项目管理软件制订项目计划，并加以跟踪。在关键环节进行阶段性评审，以保证过程可控 （3）项目关键环节编制的文档应参照国家标准和行业标准进行，以提高项目计划的编制水平
需求分析	（1）信息系统归口管理部门应当组织企业内部各有关部门提出开发需求，加强系统分析人员和有关部门管理人员、业务人员的交流，经综合分析提炼后形成合理的需求 （2）编制表述清晰、表达准确的需求文档。需求文档是业务人员和技术人员共同理解信息系统的桥梁，必须准确表述系统建设的目标、功能和要求。企业应当采用相关国家标准，提高系统需求说明书的编写质量 （3）企业应当建立健全需求评审和需求变更控制流程。依据需求文档进行设计（含需求变更设计）前评审其可行性，由需求提出人和编制人签字确认，并经业务部门与信息系统归口管理部门负责人审批
系统设计	（1）系统设计负责部门应当就总体设计方案与业务部门进行沟通和讨论，说明方案对用户需求的覆盖情况；存在备选方案的，应当详细说明各方案在成本、建设时间和用户需求响应上的差异；信息系统归口管理部门和业务部门应当对选定的设计方案予以书面确认 （2）企业应参照相关国家标准和行业标准，提高系统设计说明书的编写质量 （3）企业应建立设计评审制度和设计变更控制流程 （4）在系统设计时要充分考虑信息系统建成后的控制环境，将生产经营管理业务流程、关键控制点和处理规程嵌入系统程序，实现手工环境下难以实现的控制功能。例如：对于某一财务软件，当输入支出凭证时，可以让计算机自动检查银行存款余额，防止透支 （5）充分考虑信息系统环境下的新的控制风险。例如，通过信息系统中的权限管理功能控制用户的操作权限，避免将不相容职务的处理权限授予同一用户 （6）针对不同的数据输入方式，强化进入系统数据的检查和校验功能。例如：凭证的自动平衡校对 （7）考虑在信息系统中设置操作日志功能，确保操作的可审计性。对异常或者违背内部控制要求的交易和数据，应当设计系统自动报告以及跟踪处理机制 （8）预留必要的后台操作通道，加强后台操作，建立规范的操作流程，确保足够的日志记录，保证对后台操作的可监控性
编程和测试	（1）项目组建立并执行严格的代码复查评审制度 （2）项目组建立并执行统一的编程规范，在标识符命名、程序注释等方面统一风格 （3）使用版本控制软件系统，保证所有开发人员基于相同的组件环境开展项目工作，协调开发人员对程序进行修改 （4）区分单元测试、组装测试（集成测试）、系统测试、验收测试等不同测试类型，建立严格的测试工作流程，提高最终用户在测试工作中的参与程度，改进测试用例的编写质量，加强测试分析，尽量采用自动测试工具提高测试工作的质量和效率。具备条件的企业，应当组织独立于开发建设项目组的专业机构对开发完成的信息系统进行验收测试，确保在功能、性能、控制要求和安全性等方面符合开发需求
上线	（1）制订信息系统上线计划，并经归口管理部门和用户部门审核批准。上线计划一般包括人员培训、数据准备、进度安排、应急预案等内容 （2）系统上线涉及新旧系统切换的，企业应当在上线计划中明确应急预案，保证新系统失效时能够顺利切换回旧系统 （3）系统上线涉及数据迁移的，企业应当制订详细的数据迁移计划，并对迁移结果进行测试。用户部门应当参与数据迁移过程，对迁移前后的数据予以书面确认

4. 其他开发方式（业务外包、外购调试）控制措施

在业务外包、外购调试方式下，企业对系统设计、编程、测试环节的参与程度明显低于自行开发方式，因此可以适当简化相应的风险控制措施。但同时也因开发方式的差异产生了一些新的风险，所以需要采取有针对性的控制措施。

（1）业务外包。

业务外包方式的控制措施如下表所示。

业务外包方式的控制措施

关键控制点	控制措施
选择外包服务商	（1）企业在选择外包服务商时要充分考虑服务商的市场信誉、资质条件、财务状况、服务能力、对本企业业务的熟悉程度、既往承包服务成功案例等因素，对外包服务商进行严格筛选 （2）企业可以借助外包业界基准判断外包服务商的综合实力 （3）企业要严格执行外包服务审批及管控流程，对信息系统外包业务，原则上应采用公开招标等形式选择外包服务商，并实行集体决策审批
签订外包合同	（1）企业在与外包服务商签约之前，应针对外包可能出现的各种风险损失，恰当拟定合同条款，对涉及的工作目标、合作范畴、责任划分、所有权归属、付款方式、违约赔偿及合约期限等问题作出详细说明，并由法律部门或法律顾问审查把关 （2）开发过程中涉及商业秘密、敏感数据的，企业应当与外包服务商签订详细的"保密协定"，以保证数据安全 （3）在合同中约定付款事宜时，应当选择分期付款方式，尾款需在系统运行一段时间并经评估验收后再支付 （4）在合同条款中明确要求外包服务商应保持专业技术服务团队的稳定性
持续跟踪评价外包服务商的服务过程	（1）规范外包服务评价工作流程，明确相关部门的职责权限，建立外包服务质量考核评价指标体系，定期对外包服务商进行考评，并公布服务周期的评估结果，实现外包服务水平的跟踪评价 （2）必要时，可以引入监理机制，降低外包服务风险

（2）外购调试。

在外购调试方式下，一方面，企业面临与委托开发方式类似的问题，企业要选择软件产品的供应商和服务供应商并签订合约、跟踪服务质量，因此，企业可采用与委托开发方式类似的控制措施；另一方面，外购调试方式也有其特殊之处，企业需要有针对性地强化某些控制措施。

外购调试方式的控制措施如下表所示。

外购调试方式的控制措施

关键控制点	控制措施
软件产品选型和供应商选择	（1）企业应明确自身需求，对比分析市场上的成熟软件产品，合理选择软件产品的模块组合和版本 （2）企业在软件产品选型时应广泛听取行业专家的意见 （3）企业在选择软件产品和服务供应商时，不仅要评价其现有产品的功能、性能，还要考察其服务支持能力和后续产品的升级能力

续表

关键控制点	控制措施
外包服务商选择	企业在选择外包服务商时，不仅要考核其对软件产品的熟悉、理解程度，也要考核其是否深刻理解企业所处行业的特点、是否理解企业的个性化需求、是否有过相同或相近的成功案例

三、信息系统运行与维护的内部控制

信息系统的运行与维护主要包含四方面的内容：日常运行维护、系统变更、安全管理和系统终结。

1. 日常运行维护

日常运行维护的目标是保证系统正常运转，主要工作内容包括系统的日常操作、日常巡检和维修、系统运行状态监控、异常事件的报告和处理等。该环节的管控措施具体如下：

（1）企业应制定信息系统使用操作程序、信息管理制度以及各模块子系统的具体操作规范，及时地跟踪、发现和解决系统运行中存在的问题，确保信息系统按照规定的程序、制度和操作规范持续稳定地运行。

（2）切实做好系统运行记录，尤其是对于系统运行不正常或无法运行的情况，应将异常现象、发生时间和可能的原因记录详细。

（3）企业要重视系统运行的日常维护，在硬件方面，日常维护主要包括各种设备的保养与安全管理、故障的诊断与排除、易耗品的更换与安装等，这些工作应由专人负责。

（4）配备专业人员负责处理信息系统运行中的突发事件，必要时会同系统开发人员或软硬件供应商共同解决。

2. 系统变更

系统变更主要包括硬件的升级扩容、软件的修改与升级等。系统变更是为了更好地满足企业需求，但同时应加强对变更申请、变更成本与进度的控制。该环节的管控措施具体如下：

（1）建立标准流程实施和记录系统变更，保证变更过程得到适当的授权与管理层的批准，并对变更进行测试。

（2）系统变更程序（如软件升级）需要遵循与新系统开发项目同样的验证和测试程序，必要时还应当进行额外测试。

（3）加强紧急变更的控制管理。

（4）加强对将变更移植到生产环境中的控制管理，包括系统访问授权控制、数

据转换控制和用户培训等。

3. 安全管理

安全管理的目标是保障信息系统安全。信息系统安全是指信息系统包含的所有硬件、软件和数据受到保护，不因偶然和恶意的原因而遭到破坏、更改和泄露，信息系统能够连续正常运行。该环节的管控措施具体如下：

（1）企业应在健全设备管理制度的基础上，建立专门的电子设备管控制度，对于关键信息设备（比如银行的核心数据库服务器），未经授权不得接触。

（2）成立专门的信息系统安全管理机构，由企业主要领导总负责，对企业的信息安全进行总体规划和全方位严格管理，由企业的信息主管部门负责具体实施。

（3）按照国家相关法律法规以及信息安全技术标准制定信息系统安全实施细则。

（4）有效利用IT技术手段，对硬件配置调整、软件参数修改严加控制。

（5）委托专业机构进行系统运行与维护管理的，要严格审查其资质条件、市场声誉和信用状况等，并与其签订正式的服务合同和保密协议。

（6）采取安装安全软件等措施防范信息系统受到病毒等恶意软件的感染和破坏。

（7）建立系统数据定期备份制度，明确备份范围、频度、方法、责任人、存放地点、有效性检查等内容。

（8）建立信息系统开发、运行与维护等环节的岗位责任制度和不相容职务分离制度，防范利用计算机舞弊和犯罪。

（9）积极开展信息系统风险评估工作，定期对信息系统进行安全评估，及时发现系统安全问题并加以整改。

4. 系统终结

系统终结是信息系统生命周期的最后一个阶段，在该阶段，信息系统将停止运行。停止运行的原因通常有企业破产或被兼并、原有信息系统被新的信息系统代替。该环节的主要风险与管控措施具体如下：

（1）做好善后工作，不管因何种情况导致系统停止运行，都应将废弃系统中有价值或者涉密的信息进行销毁、转移。

（2）严格按照国家有关法规制度和对电子档案的管理规定（比如审计准则对审计证据保管年限的要求）妥善保管相关信息档案。

第二节　信息系统内部控制制度

一、信息系统内部控制办法

标准文件		信息系统内部控制办法	文件编号	
版次	A/0		页次	

1. 目的

为全面集中建设公司决策支持信息管理系统，构建公司完善、高效、实用、安全的信息管理系统，特制定本办法。

2. 适用范围

本办法适用于公司信息系统的内部控制管理。

3. 控制目标

3.1 战略目标。

保证公司信息系统安全运行和信息流的有效传递，促进信息资源共享，规范信息管理，利用信息系统提高工作效率和管理水平，提高公司核心竞争力。

3.2 经营目标。

3.2.1 合理规划建设信息系统，避免重复建设和资源浪费保证信息系统建设的优质、高效和低成本。

3.2.2 保护公司信息化系统的安全、促进公司信息化系统的应用和发展，保证公司信息化软件系统的正常运行。

3.2.3 加强网站的管理、使用、维护，发挥网站的正面引导作用。

3.3 财务目标。

确保通过信息系统生成的资料真实、准确、完整，报告可靠。

3.4 合规目标。

3.4.1 遵守知识产权的有关法律法规，使用合法软件。

3.4.2 符合合同法等国家法律、法规和公司内部规章制度。

4. 业务风险

4.1 战略风险。

信息系统管理制度设计不合理或控制不当，使信息系统不能安全运行、信息流不能有效传递，从而降低公司的核心竞争力。

4.2 经营风险。

4.2.1 信息系统建设项目不符合公司经营目标，重复建设、低效投资。

4.2.2 技术方案不合理、不规范，系统功能存在问题，导致系统不能满足规划需求。

4.2.3 信息系统安全问题导致网络故障、病毒侵袭、非法入侵及泄密等，或系统灾难无法及时恢复。

4.2.4 未经审核，擅自变更相关合同标准文本中涉及的权利、义务条款，承担违约风险。

4.2.5 系统陈旧，导致不能满足需求。

4.3 财务风险。

信息系统建设、维护费用资料不完整、不准确、不真实，不能正确核算建设成本或费用。

4.4 合规风险。

4.4.1 侵犯知识产权，导致诉讼争议及公司声誉受到损害。

4.4.2 相关合同违反合同法等国家法律、法规和公司内部规章制度的要求，造成损失。

4.4.3 信息系统管理流程设计不合理或控制不当，使对外披露的信息失真而受到外部监管机构的处罚。

5. 信息系统的建设

5.1 编制、审定项目建议书。

5.1.1 综合管理部根据相关职能部门提出的要求，会同相关部门结合公司发展需要进行有关建设信息系统的分析和调查，初步确定有关信息系统建设项目建议书，并提交给领导审批。

5.1.2 经审批同意后，综合管理部组织相关业务部门进行讨论，如有必要应实地考察。经讨论的项目建议书，交公司领导审批。

5.1.3 项目投资金额不超过净资产 2% 的项目须报董事长审批，超过净资产 2% 的项目应由董事会批准。

5.2 组织编制、审定项目解决方案。

5.2.1 项目建议书获审定后，综合管理部组织公司计划财务部等相关业务部门成立项目组，由项目组开展项目前期工作，协同有关软件供应商编制项目解决方案。

5.2.2 项目解决方案如需委托编制，项目组应拟定合同文本，送法律顾问审核后报公司分管领导、总经理、董事长审批，并由董事长或其书面委托人员签订。

外协单位按委托合同规定及时编制项目解决方案，并由项目组聘请有关专家对项目解决方案进行专家独立评审。项目组参与审查项目解决方案。

5.2.3 计划财务部拟订资金筹措方案，经财务总监审批，资金筹措方案纳入解决方案内。

5.2.4 项目组将经审查的项目解决方案、项目建设请示报告和专家独立评审报告送公司相关领导和董事长或董事会审批。

5.3 项目实施。

5.3.1 一般项目由项目组具体组织实施项目方案。

5.3.2 重大或重要的项目应选择外协单位配合执行。

（1）项目组提出重大项目招标方案，送公司分管领导、总经理、董事长审核签字。

（2）董事长审定招标方案，并由项目组负责组织实施，选定具有相应资格的外协单位。

（3）审计监察室参与审核招标方案，并对招（投）标过程的公开、公平、公正性实施监督并签字。法律顾问对招标方案提出法律意见。

（4）项目组起草外协单位合作合同的文本，交法律顾问审核。

（5）公司分管领导、总经理、董事长审批合同文本，并由董事长或其书面委托人员签订，督促合同执行。

（6）外协单位按合同规定执行信息系统的设计、软件的采购等，项目组监督、配合外协单位保质、高效地完成外协工作。

5.4 项目验收。

5.4.1 在信息系统建设达到预定使用目标后，项目组组织有关部门验收。重大项目应同时聘请具备相关资质的外部机构参与验收。

5.4.2 验收部门现场操作、试用信息系统，并填写阶段性的验收报告，报公司分管领导、财务总监、总经理审批。

5.4.3 计划财务部根据验收报告和合同，支付阶段进度款。

5.4.4 各部门操作、试用信息系统至少3个月（或根据合同规定实行期限），随时向综合管理部信息中心反馈信息系统的运行情况。综合管理部信息中心应将各部门反馈的资料进行整理、汇总，测试完毕达到既定的标准，填写验收报告，并向计划财务部申请按合同支付相应尾款。如验收不合格，应及时通知计划财务部暂停付款，并通知外协机构及时维护。验收合格后1年内支付尾款。

5.4.5 综合管理部信息中心在获得软件后，必须做好多套备份。

6. 信息系统的日常维护

6.1 建立健全信息系统管理制度，公司设立信息中心，归口综合管理部管理，信息中心应配备具有相应专业能力的人员。

6.2 计算机机房管理实行专人负责制，机房应严格遵守公司有关管理制度及要求。

6.3 信息设备的维护、维修。

6.3.1 公司使用的计算机由信息中心进行定期检查、维护，一般每个月维护一次并安排专人负责或协调供应商进行信息设备的维护、维修工作。

6.3.2 设备发生故障，使用部门和使用人进行简易处理仍不能排除故障的，要及时向信息中心申请维修，说明设备故障情况，填写维修记录单，经使用人、使用部门主管签字后交综合管理部。

6.3.3 信息中心人员接到信息设备的维护、维修报告后，要及时进行维护、维修。

6.3.4 属于保修期内设备需要进行硬件维修的，由维修人员检查后报信息中心，统一联系保修单位维修或更换。

6.3.5 信息设备的使用人要检查维护、维修情况和设备修复情况，验收后签字确认。

6.3.6 信息中心应做好备用及闲置设备的管理，对淘汰的计算机及设备应进行适当的回收、分拣处理。

6.4 信息设备采购、验收。

6.4.1 公司需用部门提出有关信息设备的采购、升级和更新报告，经公司分管领导审批后送公司信息中心评估。

6.4.2 信息中心对报告进行评估后提出采购或升级、更新计划，按照比质、比价的原则询价，编制询价报告，形成设备采购请示报告，报公司分管领导同意、总经理审批后确定供应商，当采购数量大、费用高（××万元以上）时，还需经董事长审批。采购金额××万元以上的，采用招标的方式进行采购。

6.4.3 信息中心草拟采购合同，交由法律顾问审核。

6.4.4 信息中心将采购合同与法律顾问的审核意见报分管领导、董事长审批，由董事长或授权人员签订。

6.4.5 信息中心根据采购合同采购。

6.4.6 信息中心组织相关部门进行验收，编制验收报告，由验收人员签字。信息中心存档、保管相应软件和说明，并将采购情况报告公司分管领导。计划财务部根据采购合同、发票及验收报告，经财务总监、总经理审批后付款。

6.4.7 信息中心通知公司使用部门领取信息设备，并详细登记领用情况。

6.4.8 信息中心统一建立实物台账，每一台设备均由使用人或使用部门负责保管，使用部门、使用人在实物登记表或设备到货清单上签字确认。未经公司信息中心同意，任何人不得擅自安装、拆卸或改变网络设备，不得损坏、破坏网络设备。

6.5 网络及网络安全管理。

6.5.1 建立健全网络及网络安全管理制度。

（1）信息中心设置专人负责计算机网络及网站的管理，从网络技术上积极采取安全防范措施和监控措施，防止泄密和外来黑客攻击，保证网络正常、安全运行，及时排除网络故障。信息中心组织制订网络安全管理方案，网络安全管理人员负责网络安全工程施工管理、验收和网络安全维护。

（2）网络安全设备的配置和规则设置由网络安全管理人员协同产品供应商进行，并由网络安全管理人员控制掌握。网络安全设备的配置和规则设置更改，由公司网络安全管理人员负责，其他人员不得改动。

（3）信息中心负责组织公司信息系统工作人员学习网络安全相关的法律法规，进行网络安全知识培训，提高工作人员维护网络安全的警惕性和自觉性。

（4）网络安全管理人员负责对本网络的用户进行安全教育和培训，使其具备基本的网络安全知识。公司员工如发现网络运行不正常，应及时通报信息中心进行处理。

（5）网络安全管理人员负责协助信息设备用户正确安装、使用软件、病毒防火墙，并按说明定期进行防火墙升级。信息中心统一购买电脑杀毒软件，并定期升级更新。电脑感染病毒，计算机用户不能杀除的，须即时通知信息中心进行处理。

（6）计算机入网前必须到公司信息中心办理登记手续方可接入。未经许可，不得私自将计算机接入。

6.5.2 建立健全数据备份管理制度。

（1）信息中心安排系统维护人员负责建立数据备份系统，防止系统、数据的丢失。

（2）文件服务器实行双硬盘同时工作，系统维护人员应按照公司规定时间进行备份。

（3）备份数据及相关的数据档案统一保存在信息中心。未经领导批准不得外借。数据备份和数据存储用的磁介质要严格管理、妥善保存。

（4）一旦发生数据丢失或数据破坏等情况，必须由系统维护人员进行备份数据的恢复，以免造成不必要的麻烦或更大的损失；如遇服务器遭受攻击或网络病毒，造成数据丢失或系统崩溃，需要进行数据恢复，需由网络管理员执行恢复程序，同时将具体情况做好记录。

6.5.3 建立健全信息系统保密管理制度，对信息网络的系统软件、应用软件及信息数据要实施保密措施，严格按照保密等级实施保护。

（1）不得向非公司工作人员透露内部网登录用户名和密码，做好各个应用系统的用户名和密码的保密工作。

（2）系统软件应对访问权限严格限制，对不同的操作人员、不同的信息等级分设密码。系统管理员密码绝对保密，根据用户需求严格控制、合理分配用户权限。

（3）使用者由信息中心分配各自的操作密码，严格防止非授权人员接触和修改已存储数据。除系统管理员以及授权人外，其他人不得进入服务器对已存储数据进行查询或修改。

6.6 软件系统维护管理。

6.6.1 软件系统维护。

（1）由于业务政策变化、数据破坏等因素，需对软件的内容、数据进行修改维护时，由业务主管部门负责人提出修改意见，送达信息中心，信息中心系统管理人员进行修改维护，同时做好相应的维护记录。

（2）系统维护员必须定期地检测软件运行情况，及时进行计算机病毒的预防、检查工作。发现潜在危险及时通知操作人员中止软件运行，尽快处理。

6.6.2 程序修正与软件数据调整、数据的修正与恢复按照公司有关规定执行。

7. 网站管理

7.1 公司外网由信息中心负责或协调公司选定的网络公司进行维护、修改和上传信息。

7.2 公司信息中心网站管理人员每天定时（6次以上）登录网站论坛，维护、整理网站内容。公司各部门分别管理与自身业务相关的论坛版块，不定时登录论坛，对具倾向性、普遍性问题的帖子及时地作出回复。如用户发出的帖子与论坛版块内容不符时，一般由信息中心负责通知相关部门处理。

7.3 信息中心根据信息量多少，不定时收集网站论坛相关信息，报送公司相关领导。网管人员应及时更新网站内容，保证网站及时、快捷地反映公司动态。

7.4 如公司内外网需新建或改版，由信息中心联系网络公司，按照公司要求，制订网站建设或改版方案，经公司分管领导、总经理审查批准后实施。公司信息中心参与网站制作方案的制订和功能设计。

8. 建立健全信息收集、传递、上传管理制度

8.1 信息收集。

8.1.1 公司各部门指定专（兼）职信息员，负责公司信息收集、传递和上传。

8.1.2 各部门需传递的信息须经部门负责人审批后传递至公司信息中心。

8.1.3 信息中心每周星期一必须对上周信息进行汇总，若需通过外网发布信息，须由信息中心经公司分管领导、总经理审批并签字。

8.1.4 公司信息中心负责国家相关政策、行业信息（包括竞争对手信息、新技术信息、市场信息）的收集和公司生产经营信息的汇总、分类等，并将收集的信息进行编辑，以书面或电子邮件方式报送相关领导和部门。

8.2 信息收集部门或人员在传递信息的过程中应保证信息的安全。

8.2.1 信息中心与各部门、分公司的信息传递以书面、电子邮件等方式进行，并应做好传递中的信息安全工作。

8.2.2 信息管理人员应做好信息备份工作，保证系统遭破坏后，公司信息不会丢失。

8.2.3 信息管理人员应对信息保密，不得将数据库内的敏感信息和保密信息外泄。公司规定信息资源共享的等级和范围，明确各密级信息的使用权限，信息中心在计算机系统设置用户存取资格检查和身份识别功能，重要信息采取加密措施。

8.2.4 各部门均分配专门的电子邮箱，实现无纸化传递不保密文件，各部门负责人应在每个工作日的上下班时间检查电子邮件，并进行处理。

8.3 信息人员在对信息进行加工时，要对其实质内容加以鉴别，力求真实准确，分清其轻重缓急，认真处理，并反复分析、综合。

8.4 信息中心负责每半年召开一次公司信息工作例会。

8.5 各部门需要通过公司外网发布的信息，须经公司分管领导批准同意后由信息中心上传至外网。

9. 信息系统管理监督及检查

9.1 对信息系统管理情况进行专项检查，也可结合内部审计和外部审计期间检查、审计等工作进行。

9.2 对信息系统管理情况进行专项检查的内容包括但不限于：

9.2.1 信息系统管理业务相关岗位及人员的设置情况。重点检查有关信息系统管理是否存在不相容职务和岗位的情况。信息系统管理业务不相容岗位一般包括：信息设备采购的申请与审批；信息设备采购的询价与确定供应商；信息设备的保管与清查；信息设备采购的审批、执行与相关会计记录；设备登记实物账与登记价值账；软件的使用与维护；信息资源上传的申请与审批等。

9.2.2 信息系统管理授权批准制度的执行情况。重点检查对外披露信息的授权批准手续是否健全，是否存在越权审批行为。

9.2.3 信息系统管理决策责任制的建立及执行情况。重点检查责任制度是否健全，奖惩措施是否落实到位。

9.2.4 信息系统管理制度的执行情况。重点检查信息的收集、传递、上传是否经过授权批准，是否按规定及时处理有关的信息资料。

9.2.5 各类款项支付制度的执行情况。重点检查信息系统建设工程款、材料设备款及其他费用的支付是否符合相关法规、制度和合同的要求。

9.3 综合管理部作为公司信息系统归口管理部门，每年 12 月底前至少检查一次公司各部门信息系统管理制度执行情况。每年末对信息收集、传递工作进行评比，对传递信息及时、质量高、数量足等信息工作成绩突出的集体或个人给予一定的精神和物质奖励。

9.4 审计监察室应在信息系统管理的过程中进行不定期或定期的检查，并将检查情况和有问题部门的整改情况上报董事会。

9.5 董事会将审计监察室上报的检查情况通报各部门，对存在以下问题的部门，在公司内部通报批评，下达整改通知，有关部门应采取有效措施进行整改；确属相关人员工作不力的，视其情节，采取教育、赔偿、经济处罚、通报批评、调离岗位、行政处分等措施，直至移交公安机关依法处理。

9.5.1 连续一个月不报信息和迟报、漏报、虚报重要信息两次以上的部门。

9.5.2 未经允许进入计算机信息网络或者使用计算机信息网络资源。

9.5.3 未经允许对计算机信息网络功能进行删除、修改或者增加。

9.5.4 未经允许对计算机信息网络中存储、处理或者传输的数据和应用程序进行删除、修改或者增加。

9.5.5 故意制作、传播计算机病毒等破坏性程序，危害计算机网络及信息系统的安全，干扰公司信息流通。

9.5.6 利用公司网络从事危害公司利益和发表不适当的言论，发布网络信息危害国家安全、泄露国家秘密，侵犯国家、社会、集体的利益和公民的合法权益。

9.5.7 在局域网上从事干扰网络用户、破坏网络服务和破坏网络设备的活动。

9.5.8 访问宣扬封建迷信、淫秽、色情、赌博、暴力、凶杀、恐怖、教唆犯罪等违法网站。

9.5.9 未经授权侵入计算机网络中心系统和他人计算机系统，解密网络和他人计算机的加密文件。

9.5.10 未经信息中心批准擅自更改设置终端用户。

9.5.11 越权浏览信息，越权修改、删除、增加信息内容。

拟定		审核		审批	

二、信息系统软件变更管理制度

标准文件		信息系统软件变更管理制度	文件编号	
版次	A/0		页次	

1. 目的

为规范软件变更与维护管理，提高软件管理水平，优化软件变更与维护管理流程，特制定本制度。

2. 适用范围

本制度适用于应用系统已开发或采购完毕并正式上线、且由软件开发组织移交给应用管理组织之后，所发生的生产应用系统（以下简称"应用系统"）运行支持及系统变更工作。

3. 变更流程

3.1 系统变更工作可分为下面三种类型：功能完善维护、系统缺陷修改、统计报表生成。功能完善维护指根据业务部门的需求，对系统进行的功能完善性或适应性维护；系统缺陷修改指对一些系统功能或使用上的问题所进行的修复，这些问题是由于系统设计和实现上的缺陷而引发的；统计报表生成指为了满足业务部门统计报表数据生成的需要，而进行的不包含在应用系统功能之内的数据处理工作。

3.2 系统变更工作以任务形式由需求方（一般为业务部门）和维护方（一般为信息部门的应用维护组织和软件开发组织，还包括合作厂商）协作完成。系统变更过程类似软件开发，大致可分为四个阶段：任务提交和接受、任务实现、任务验收和程序下发上线。

3.3 需求部门提出系统变更需求，并将变更需求整理成系统变更申请表，由部门负责人审批后提交给系统管理员。

3.4 系统管理员负责接受需求并上报给 IT 主管。IT 主管分析需求，并提出系统变更建议。IT 经理根据变更建议审批系统变更申请表。

3.5 系统管理员根据自行开发、合作开发和外包开发的不同要求组织实现系统变更需求，将需求提交至内部开发人员、合作开发商或外包开发商，产生供发布的程序。

3.6 实现过程应按照软件开发过程规定进行。系统变更过程应遵循软件开发过程相同的正式、统一的编码标准，并经过测试和正式验收才能下发和上线。

3.7 系统管理员组织业务部门的系统最终用户对系统程序变更进行测试，并撰写《用户测试报告》，提交业务部门负责人和 IT 主管领导签字确认通过。

3.8 在系统变更完成后，系统管理员和业务部门的最终用户共同撰写《程序变更验收报告》，经业务部门负责人签字验收后，报送 IT 经理审批。

3.9 培训管理员负责对系统变更过程的文档进行归档管理，变更过程中涉及的所有文档应至少保存两年。

4. 紧急变更流程

4.1 对于紧急变更，需求部门可以通过电子邮件或传真等书面形式提出申请。

4.2 信息技术部根据重要性和紧迫性做判断，确定其优先级和影响程度，并进行相应处理。

4.3 紧急变更过程中应使用专设的系统用户账号，由专责部门或人员启动紧急修改变更程序。信息技术部应对紧急变更的处理进行规范的文档记录。

4.4 在紧急事件处理完成后，必须在一周内补办正式、完整的文档，其中包括问题发现人填写的紧急变更申请、问题发现人所在部门负责人对该申请的审批、需求部门／信息技术部的测试记录（包括签字确认测试结果）。

5. 系统变更的权责分离

5.1 系统变更过程中，应采取各种措施保证维护环境程序代码访问权限受到良好控制。这些措施包括：

5.1.1 通过系统用户的授权管理，确保只有特定人员才能进行系统维护工作。

5.1.2 专用程序开发工具，只有授权人员才能使用（通常只有特定开发人员拥有程序开发工具）。

5.1.3 通过对源代码的访问控制，限制只有授权人员才能获得源代码以进行系统维护。

5.1.4 在进行自有系统的程序变更时，应建立版本控制制度确保每次在最新的代码基础上进行更改，当多名程序员同时进行更改工作时，能够进行适当协调。

5.1.5 通过对系统日志的审阅，监督系统维护人员在系统中的操作，确认维护工作的授权。

5.1.6 在进行自有系统的程序变更时，应防止源代码在完成测试到正式上线之间的非授权修改。

5.2 系统变更过程中，应采取各种措施保证生产系统应用程序访问权限受到良好控制。这些措施包括：

5.2.1 通过生产环境的访问控制，限制对生产环境的访问。

5.2.2 通过物理隔离的手段，限制对生产环境的访问。

5.2.3 通过逻辑隔离的手段，限制对生产环境的访问。

5.2.4 对授权访问生产环境的人员进行详细记录，使用该记录对生产环境访问权限进行检查，确保只有经授权人员才能访问生产环境。

5.2.5 普通用户只能通过前台登录系统，不能通过后台（如使用生产环境操作系统的命令行）进行操作。

5.2.6 信息技术人员不应该拥有前台应用程序的业务操作访问权限，更不应该在前台应用程序中担任实际的业务操作任务。

5.2.7 从技术角度限制开发人员对生产环境中应用程序文件夹的访问权限，只有经过授权的人员对程序拥有读、写和执行的权限。

5.2.8 禁止信息技术人员共享操作系统级别的账号。

拟定		审核		审批	

第三节　信息系统内部控制表格

一、网络安全系统检查审计数据备份表

网络安全系统检查审计数据备份表

部门：　　　　　　　　　　　　　　　　　　　　　　　文件编号：

备份设备			
备份形式	○全部备份		○增量备份
备份内容	漏洞扫描系统		入侵检测系统
备份介质			
完成情况			
备份人员		备份日期	

二、涉密计算机日常审计记录表

涉密计算机日常审计记录表

部门：　　　　　　　　　　　　　　　　　　　　　　　文件编号：

审计日期		设备编号		主机名称	
审计项目	□USB 接口				
	□打印				
审计项目	□共享文件夹				
	□光驱				
	□软驱				
	□硬件信息				
	□注册表				
处理方案					

续表

部门主管批准签字	
保密办审批签字	
操作人员	

三、设备审计系统检测记录表

设备审计系统检测记录表

部门：　　　　　　　　　　　　　　　　　　　　文件编号：

检测日期		主机名称		设备编号	
事件描述					
系统账户			共享文件		
打印操作			拨号审计		
移动介质			硬件报警		
键盘操作			主机端口		
网络监控			文件操作		
解决方案					
检测人员					

四、设备审计系统审计数据备份表

设备审计系统审计数据备份表

部门：　　　　　　　　　　　　　　　　　　　　文件编号：

设备编号		主机名称	
备份设备			
备份形式	○全部备份	○增量备份	
备份内容			
备份介质			
完成情况			
备份人员		备份日期	

五、安全钥匙领用申请表

安全钥匙领用申请表

部门：　　　　　　　　　　　　　　　　　　　　　　文件编号：

申请部门		申请时间		申请人姓名	
申请类别	□丢失 □损坏 □新发		丢失时间		
是否已向安全管理员挂失			□是 □否		
通知时间		通知方式	□电话 □电子邮件 □其他		
申请原因：					
部门领导审核	签名：　　　　　　　　日期：				
保密办公室审核	签名：　　　　　　　　日期：				
网络管理部门操作记录	签名：　　　　　　　　日期：				
注：本表由申请部门填写，网络管理部门负责存档					

六、系统变更申请表

系统变更申请表

　　　　　　　　　　　　　　　　　　　　　　　　　　编号：

变更请求类型	□用户方变更　□开发方变更 □需求增加　□需求修改　□需求缩减 □其他，请说明：		
变更申请人		申请日期	
实施人员		验证人	
原需求内容描述			
变更内容描述			
变更的影响			
业务部门负责人意见	签名：　　　　　　　　日期：		
IT 人员意见	签名：　　　　　　　　日期：		
备注			

七、用户测试报告

用户测试报告

1. 基本信息

测试依据	例如:参照标准、客户需求、需求规格说明书、测试用例等
测试范围	
测试验收标准	
测试环境描述	
测试驱动程序描述	提示:可以把测试驱动程序当作附件
测试人员	
测试时间 须注明每次回归测试的时间	
测试工具	

2. 实况记录

模块	测试用例编号	期望结果	测试结果	缺陷密度	是否执行了回归测试

3. 测试总评价
对测试结果提出一个关于软件能力的全面分析,需标明遗留的主要缺陷、局限性和软件的约束限制等,并提出软件测试过程中程序中的不足。
根据测试标准及测试结果,综合评价软件的开发是否已达到预定目标。

4. 缺陷修改记录
提示:如果采用了缺陷管理工具,能自动产生缺陷报表的话,则无需本表。

缺陷名称	缺陷类型	严重程度	模块	原因	驻留时间	解决方案
…						

测试人员签字: 　　　　　　　　　　　　　　　　　　　　　　日期:

八、程序变更验收报告

程序变更验收报告

验收报告书	需求部门	
	系统名称	
	系统名称英文缩写	系统版本

任务完成情况栏＊由信息技术部根据任务完成实际情况填写＊		
任务名称		
实际开始时间		实际完成时间
实际工作量	＿＿＿人天，合＿＿＿人月	
本次任务实际税前开发费用（含报酬）	＊注明小写金额和大写金额＊ ￥＿＿＿＿＿＿＿元，（大写＿＿＿＿＿＿＿＿＿＿＿＿＿＿＿＿＿＿＿＿）	

【任务完成情况】＊由信息技术部简要概述任务完成情况＊

【提交文档清单】＊由信息技术部提交相关文档清单＊

业务部门接受人签字：　　　　　　　信息技术部提交人签字：
日期：　　　　　　　　　　　　　　日期：

验收过程信息栏＊由信息技术部根据验收过程填写＊			
验收开始时间		验收完成时间	
验收地点			
需求部门验收人员	角色/职责	信息部门协助人员	角色/职责

任务验收情况栏＊由业务部门根据验收情况出具＊

【验收意见】＊由业务部门项目负责人出具对实际验收结果的意见＊

　　　　　　　　　　　　　业务部门项目负责人签字：　　　　日期：
　　　　　　　　　　　　　任务管理处室项目负责人签字：　　日期：
　　　　　　　　　　　　　任务管理处室负责人签字：　　　　日期：

续表

任务验收结论栏＊由业务部门出具，双方负责人签字确认＊
【验收结论】＊由业务部门根据验收意见出具任务验收结论＊
【下发意见】＊由业务部门根据验收结论出具程序下发意见＊
业务部门负责人签字：　　　　　　　　信息技术部负责人签字： 日期：　　　　　　　　　　　　　　　日期：

注：该表格一式两份，业务部门、信息技术部双方各执一份。